集人文社科之思　刊专业学术之声

集 刊 名：中国经济学
主管单位：中国社会科学院
主办单位：中国社会科学院数量经济与技术经济研究所

JOURNAL OF CHINA ECONOMICS

2025年第2辑（总第14辑）

集刊序列号：PIJ-2022-449
中国集刊网：www.jikan.com.cn / 中国经济学
集刊投约稿平台：www.iedol.cn

创刊时间：2022 年 1 月

封面题字：郭沫若书法集字

社会科学文献出版社"CNI 名录集刊"及"优秀集刊"(2023、2024)

社会科学文献出版社"优秀新创集刊"(2022)

中国人文社会科学学术集刊 AMI 综合评价期刊报告 (2022)"入库"期刊

中国知网"高影响力学术辑刊"（2024）

JOURNAL OF CHINA ECONOMICS

2025 年第 2 辑（总第 14 辑）

中国社会科学院　主管

中国社会科学院数量经济与技术经济研究所　主办

社会科学文献出版社

SOCIAL SCIENCES ACADEMIC PRESS (CHINA)

中国经济学

Journal of China Economics

2025 年第 2 辑（总第 14 辑）

2025 年 6 月出版

7

企业集团发展的历史、问题与治理

曹春方　马晓莉　刘　薇[*]

摘　要： 系统重要性企业集团的发展以及监管问题越来越被关注，本文从企业集团发展的历史、问题和治理三个层面进行探讨。首先，重点分析中国改革开放以来企业集团发展的政策和历程，重点阐述中国企业集团（异地）子公司的性质及其异地发展的驱动因素；论述中国情景下企业集团的内部市场，包括内部资本市场的利润、税收、债务与盈余管理等，以及新型内部市场的污染和擦边球专利转移等问题。其次，回顾历史上美国1888年以来企业集团40年兴起和20年消亡的发展历程，分析受此影响在学术界形成的研究理论，并且重点综合对比中美企业集团发展的理论和实践差异。最后，针对我国企业集团存在的问题，对当前企业集团发展治理的研究方向进行总结，重点探讨内部治理、外部监管及企业集团研究自主知识化等问题。

关键词： 企业集团　集团内部市场　统一大市场　公平竞争审查

一　引言

经济中的大多数资源配置发生在公司内部，而不是市场内部。自2008年国际金融危机以来，系统重要性金融机构的监管问题成为全球范围内金融监管改革的重要内容。与此对应，系统重要性企业的监管问题也逐渐受到越来越多的关注。实际上，长期以来大企业的支配地位持续上升，Kwon等（2024）发表在 *American Economic Review* 上讨论企业集中度上升的100年的论文提出，自20世纪30年代初以来，前1%和前0.1%公司的资产份额分别增加了27个百分点（从70%增长到97%）和41个百分点（从47%增长到88%）。

---

* 曹春方，教授，中山大学管理学院，电子邮箱：caochf@mail.sysu.edu.cn；马晓莉，博士研究生，中山大学管理学院，电子邮箱：maxli3@mail2.sysu.edu.cn；刘薇，博士研究生，中山大学管理学院，电子邮箱：liuw78@mail2.sysu.edu.cn。本文获得国家自然科学基金面上项目（72072189）和广东省基础与应用基础研究基金杰出青年项目（2021B1515020052）的资助。

中国企业与美国企业组织结构存在差异，中国多是法人主体的企业集团，据《中国大企业集团》（国务院发展研究中心企业研究所等，2009）的统计，截至 2006 年底我国共有企业集团 2856 家，其年销售收入之和与国内生产总值的比值达到 82%。以中国 A 股上市公司为样本，含有 1 家以上子公司的集团比例为 97%，即几乎所有的大型上市公司都是集团。仅看上市公司数据，2023 年企业集团的营收与国内生产总值的比值超过 57.7%。企业集团平均拥有 24 家子公司，子公司贡献了企业集团总营收的 51.4%、总专利数量的 50.9%。美国主要是单一法人的联合分部制（Segment/Division）大企业，S&P500 企业中，超过 70% 的资产掌握在联合分部制大企业手中。并且当今美国企业通常被描述为由"独立"（上市）公司组成，这些公司既不控制其他上市公司也不受其他上市公司控制。

系统重要性金融机构规模大、复杂程度高，与其他金融机构关联度强，一旦出现问题，可能对金融体系有较强的传染性，对宏观经济运行也可能产生较大的冲击。而系统重要性企业往往是复杂的企业集团，规模大且内部有较多的关联交易，其衍生风险同样巨大。

那么，如何监管系统重要性企业集团成为本文想讨论但又远远没有讨论完的核心问题。相比现有文献，本文更多的是从实践出发来探讨理论，首先针对中国企业集团的政策和实践发展，探讨相应的问题和研究；其次回顾美国企业集团的发展历程、存在的问题及由此产生的理论，综合对比中美企业集团的理论和实践；最后总结解决我国企业集团发展问题的重点举措和研究方向。

二 中国企业集团发展的实践与学术研究

本文对中国历届党代会关于企业集团发展的表述进行了梳理，具体如表 1 所示。综合分析表明，自改革开放以来，在不同时期我国对企业发展战略的侧重点进行了调整。党的十三大报告鼓励以大中型骨干企业为核心，以优质名牌商品为引领，以科研与生产联合为关键，积极促进企业群体或企业集团的形成与发展。党的十五大报告强调，通过资本纽带，利用市场机制构建具备区域、行业、所有制跨越能力以及跨国经营能力的大型企业集团。党的十七大报告鼓励发展具有国际竞争力的大型企业集团。

表1　历届党代会对企业集团的阐述

党代会	与企业集团相关的内容
党的十三大（1987）	近年来横向经济联合的发展和企业群体、企业集团的兴起，显示了强大的生命力。我们要因势利导，在深化改革中继续加以推进 企业之间的联合，是横向经济联合的基本形式。应当坚决抛弃自我封闭的自然经济观念，改变大而全、小而全的落后状态，通过联合投资、相互参股等多种方式，促进人才、资金、技术、资源等各种生产要素合理的流动与重新组合。应当主要以大中型企业为骨干，以优质名牌商品为龙头，以促进科研和生产的联合为重点，积极发展企业群体或企业集团，以适应专业化分工和规模经济的要求
党的十四大（1992）	鼓励有条件的企业联合、兼并，合理组建企业集团
党的十五大（1997）	以资本为纽带，通过市场形成具有较强竞争力的跨地区、跨行业、跨所有制和跨国经营的大企业集团
党的十七大（2007）	鼓励发展具有国际竞争力的大企业集团

进一步分析中国企业集团发展现状。表2为由A股上市公司数据反映的我国企业集团及子公司情况，2010~2020年，A股企业集团数量实现218.56%的增长，子公司数量增长率达到463.45%，其中本地子公司数量增长率为307.00%，异地子公司数量增长率为563.59%，平均子公司数量增长率为212.00%。这揭示了我国2010~2020年上市公司层面的企业集团增长显著，尤其是异地子公司。

表2　2010年和2020年我国企业集团及子公司情况

单位：家，%

指标	2010年	2020年	2020年/2010年
A股企业集团数量	1993	4356	218.56
A股企业集团子公司数量	25568	118494	463.45
A股企业集团本地子公司数量	9979	30636	307.00
A股企业集团异地子公司数量	15589	87858	563.59
平均企业集团子公司数量	12.83	27.20	212.00

资料来源：子公司（名单）数据来自CSMAR与CNRDS数据库。

（一）外部环境视角下的中国企业集团（异地）子公司发展

1. 中国的企业集团政策导向与监管分歧

本部分需审视的问题是中国的企业集团为何存在如此明显的（异地）子公司式的发展特点？子公司作为独立法人实体，拥有民事权利能力和民事行为能力，依法独立行使民事权利并承担相应的民事义务。然而，子公司是否能够全面地行使这些权利并履行其义务？下文将探讨我国不同监管机构在企业集团监管方面的差异，尝试对此进行回答。

参照上市公司与控股股东的区分标准，依据中国证券监督管理委员会发布的公告（〔2018〕29 号）修订的《上市公司治理准则》，针对上市公司的独立性，明确提出控股股东、实际控制人与上市公司之间必须实行"三分开、两独立"的原则。这意味着控股股东、实际控制人与上市公司在人员配置、资产管理和财务运作上必须保持独立，同时在组织机构和业务活动上也应保持独立性，各自进行独立核算，并各自承担相应的责任与风险。详细的相关法律条款已在表3中列出。

表3 控股股东、实际控制人与上市公司"三分开、两独立"条款

条款	具体内容
第六十八条	控股股东、实际控制人与上市公司应当实行人员、资产、财务分开，机构、业务独立，各自独立核算、独立承担责任和风险
第六十九条	上市公司人员应当独立于控股股东。上市公司的高级管理人员在控股股东单位不得担任除董事、监事以外的其他行政职务。控股股东高级管理人员兼任上市公司董事、监事的，应当保证有足够的时间和精力承担上市公司的工作
第七十条	控股股东投入上市公司的资产应当独立完整、权属清晰。控股股东、实际控制人及其关联方不得占用、支配上市公司资产
第七十一条	上市公司应当依照法律法规和公司章程建立健全财务、会计管理制度，坚持独立核算。控股股东、实际控制人及其关联方应当尊重上市公司财务的独立性，不得干预上市公司的财务、会计活动
第七十二条	上市公司的董事会、监事会及其他内部机构应当独立运作。控股股东、实际控制人及其内部机构与上市公司及其内部机构之间没有上下级关系。控股股东、实际控制人及其关联方不得违反法律法规、公司章程和规定程序干涉上市公司的具体运作，不得影响其经营管理的独立性
第七十三条	上市公司业务应当独立于控股股东、实际控制人。控股股东、实际控制人及其控制的其他单位不应从事与上市公司相同或者相近的业务。控股股东、实际控制人应当采取有效措施避免同业竞争

资料来源：《上市公司治理准则》。

具体到上市公司子公司，根据《中华人民共和国公司法》（2023年12月29日第四次修订版）第十三条"公司可以设立子公司。子公司具有法人资格，依法独立承担民事责任。公司可以设立分公司。分公司不具有法人资格，其民事责任由公司承担"，因此子公司被视为独立法人。

与此类似的，根据《中华人民共和国企业所得税法》（2018年12月29日修订）第五十条"除税收法律、行政法规另有规定外，居民企业以企业登记注册地为纳税地点；但登记注册地在境外的，以实际管理机构所在地为纳税地点。居民企业在中国境内设立不具有法人资格的营业机构的，应当汇总计算并缴纳企业所得税"。

监管资本市场的证监会和交易所视上市公司和并表的子公司为一体，根据2021年中国证券监督管理委员会令（第182号）《上市公司信息披露管理办法》，上市公司的关联交易是指上市公司或者其控股子公司与上市公司关联人之间发生的转移资源或者义务的事项，但强调："由前项所述法人（或者其他组织）直接或者间接控制的除上市公司及其控股子公司以外的法人（或者其他组织）；关联自然人直接或者间接控制的，或者担任董事、高级管理人员的，除上市公司及其控股子公司以外的法人（或者其他组织）"，对上市公司及其控股子公司进行了排除。按一会两所的监管和上市公司年报披露规则，我国公司内与子公司的内部交易不算在信息披露的关联交易范畴，资本市场监管层面，更多的是将子公司作为上市公司的附属来看，并不认为子公司是完全的独立行为组织。我国不同监管部门在企业集团监管领域（具体到子公司）的差异已在表4中列出。

表4　我国不同监管部门在企业集团监管领域（具体到子公司）的差异

监管部门	对子公司的法律地位认定	政策依据
法院	子公司具有法人资格，依法独立承担民事责任	《中华人民共和国公司法》（2023年12月29日第四次修订版）第十三条
税务局	子公司具有法人资格，独立缴税	《中华人民共和国企业所得税法》（2018年12月29日修订）第五十条
证监会/交易所	上市公司应独立于控股股东、实际控制人，但上市公司及其控股子公司一般被视为一体	《上市公司治理准则》（2018年9月30日修订）第七十三条、《上市公司信息披露管理办法》（2021年3月18日修订）第六十二条

以上分析可见，中国上市公司的子公司更可能处于附属地位，而非独立地位，即我国实质上具备独立行为能力的子公司可能比现存的子公司少。

2. 中国的企业集团异地发展与统一大市场建设

本部分的核心问题可以转化为"企业集团为何会出现这种附属组织以子公司形式异地发展？"现有研究发现我国区域间的市场分割效应严重制约了全国性市场整合（Poncet，2003）和总体经济增长（郑毓盛和李崇高，2003）。而企业异地子公司在异地注册，以独立法人的形式在异地配置资源，并且将就业、税收、GDP等留在异地，除与母公司的股权联系外，基本可以视为异地本土公司，这种形式能较好地破解市场分割问题。由此，曹春方等（2015）对中国式企业集团发展的研究发现，市场分割会增加9%的异地子公司分布。此外，异地子公司还能够利用当地的政策优势和资源优势，促进当地经济发展，也可为企业集团带来更多的发展机遇（范子英和周小昶，2022）。

2022年3月《中共中央 国务院关于加快建设全国统一大市场的意见》指出，"清理废除妨碍依法平等准入和退出的规定做法。除法律法规明确规定外，不得要求企业必须在某地登记注册，不得为企业跨区域经营或迁移设置障碍"。统一大市场建设的核心目标是打破地方保护和区域壁垒（李文静等，2024），促进资源在全国范围内的自由流动和优化配置。这需要采取一系列政策措施，如加强监管、优化资源配置（陈斌开和赵扶扬，2023）。需要注意的是，曹春方等（2018）发现市场分割背景下，子公司本地化的国有集团的市场竞争地位提升，说明统一大市场建设中需要特别关注本地化国企的利益协调。

3. 网络视角的中国企业集团异地子公司布局

本部分的核心问题继续转化为"企业集团异地发展去向何处"。根据中国上市公司协会的披露，2023年全A股5330家上市公司实现营业收入72.70万亿元。而按照本文统计的数据，子公司贡献了集团总营收的51.4%。其实际经济带动效果会更强。简单看某城市子公司数量对该城市生产总值的回归结果，其拟合程度高达91%，是经济建设中的重要力量。而地区经济发展除本地企业之外，异地企业的进入也有重要影响，就城市层面而言，80%以上的子公司为异地企业集团建立的。

（1）社会网络与中国企业集团异地子公司布局

企业跨地区发展存在诸多障碍，如何架起跨地区发展的"桥梁"尤为重要。对此，大量研究探讨的是区域内要素对当地企业发展的影响；本文将重点探讨如何架起地区间的"桥梁"，促进企业集团跨地区发展，具体有以下三类"桥梁"作用及其潜在的成本。一是异地商会"桥梁"。曹春方和贾凡胜（2020）提出并检验了企业集团跨地区发展中异地商会的"桥梁"作用，发现家乡地企业在异地商会所在地平均新增子公司约47.3%。其政策含义是促进和发挥异地商会正式社会网络作用，可能是解决我国区域发展不平衡、不充分的重要路径。二是地区间信任"桥梁"。曹春方等（2019）将企业边界理论扩展到企业集团，与普遍认为的市场交易成本机制不同，其证明了地区间信任会降低企业集团组织成本进而促进集团异地发展这一新机制。地区间信任每增加1个单位，异地子公司就增加28.6%。其政策含义是地区间的信用环境建设，有助于缓解我国区域发展不平衡、不充分问题。三是高管家乡"桥梁"。与前文不同，跨地区网络驱动企业集团异地发展未必没有损失方。曹春方等（2018）检验了中国情景下企业集团子公司投资中的家乡偏好，在信息、熟悉假说之外，基于身份认同经济学理论提出并验证了代理问题假说。发现CEO因为家乡原因会向家乡多投资3.8%的异地子公司，是一般情况下的4倍；向家乡投资存在代理问题动机，子公司绩效会降低5.1%。

（2）地理交通网络与中国企业集团异地子公司布局

交通基础设施影响经济增长的一个重要渠道是促进跨地区的资本流动。马光荣等（2020）分析2006~2018年高铁开通和上市公司异地投资数据发现，高铁开通之后上市公司赴异地投资的情况明显增加。与此同时，高铁对城市间资本流动的促进作用具有方向上的不对称性，高铁开通导致资本从中小城市净流向大城市。随后，王媛和唐为（2023）验证了区域间的交通连通可以突破行政区划边界对于要素流动的限制，具体表现在交通网络的扩张显著推动了地级市间的投资流动。交通便利不仅降低了运输成本，还促进了产业集聚、劳动力流动和技术与信息交流，推动了区域经济协调发展，将有效增强上市公司异地子公司的投资意愿。蓝发钦等（2024）研究指出，企业所在城市的数据开放有利于优化地区营商环境，进而破除企业异地投资制度壁垒。同时，数字基础设施建设，将通过与地理交通网络的互补来弥合地区间的"距离鸿沟"，进而利用地区资源禀赋来提升企业异地投资预期收益。这一过程不仅优化了地区的信息环境，降低了企业的制度成本，而且有利于寻找到更好的投资机会、贴近市场、了解消费者需求，以及利用当地的人才、技术和资源优势，提升集团企业的创新能力和生产效率。

（二）内部职能视角下的企业集团内部市场发展

上文从外部环境视角了解了企业集团子公司发展现状，本部分进一步从内部职能视角探讨企业集团发展带来的影响，核心问题是"企业集团广泛的异地发展会带来什么影响"。针对企业集团内部众多子公司在经济体系中的职能定位，本部分将着重探讨在监管压力下，跨区域子公司如何进行税收策略的调整、环境污染的转移以及对边缘性专利策略的应对。

1. 基于利润和税收转移的内部资本市场

相对来说，税收转移类研究重点关注社会整体福利以及公平，而非公司本身收益。国内学者基于中国数据对内部资本市场的探讨由来已久，并对此进行了较多的拓展。

首先，企业集团的税收转移与资本流动方面，冯晨等（2023）发现税收稽查体制改革有利于促进当地企业纳税遵从，但同时企业集团内部的避税动机可能增强，企业集团将债务转移至母公司以获"税盾"效应，导致母公司债务上升，子公司债务下降；同时，企业集团通过关联购销和利息收付将利润转移至未受影响的子公司，后者通过真实活动盈余管理来降低利润，试图避税；这种债务转移活动会削弱税收稽查政策效应约24.78%。另外，冯晨等（2024）利用政府税收预算及企业集团数据发现，地方税收预算压力的空间失衡会导致企业集团利用内部网络实行策略性利润转移，从而与无法释放压力的独立企业相比，存在税负不公平的问题。然而，新《中华人民共和国预算法》出台对地方政府预算目标的制定实行约束，上述转移动机得到了明显抑制，有效降低了企业间的税负不均倾向。赵仁杰等（2024）对农业企业所得税优惠政策的研究发现，针对农业的税收优惠会使非农行业集团公司的涉农经营和避税行为显著增加，非农行业母公司中农业子公司占比增加10%，母公司和集团公司实际税率分别下降0.86%和1.71%，涉农经营显著提升了非农企业的避税倾向。此外，张茜茜（2024）以税收"放管服"改革作为政策冲击，实证检验了优化税收营商环境对企业有效投资的影响，研究发现优化税收营商环境能够通过缓解企业融资约束扩大投资，并通过减少管理层寻租行为来提高投资效率。上述研究进一步说明了企业集团内存在税收转移与资本流动问题，可以考虑通过调整与优化税收监管政策来缓解这些问题带来的负面影响。

其次，企业集团的内部资本市场与融资模式方面，何捷等（2017）用内部资本市场相关逻辑进行了更深入的分析，通过利用我国上市公司同时披露合并报表和母公司报表这一条件，综合分析合并报表和母公司报表披露的相关数据，考察货币政策对企业集团负债模式选择的影响。研究发现，当货币政策紧缩时，企业集团选择集中负债模式的可能性大，这与已有文献关于集中负债属于企业集团主动战略行为的观点一致。同时，国有企业的内部资本市场管理问题也得到了较多关注，如王化成和曾雪云（2012）揭示了专业化战略对企业价值的重要性，以及内部资金支持机制的有用性与效用边界，发现在专业化产业战略下三峡集团的内部资本市场是以战略意义和行业惯例为优先级的项目资金支持性活动，与多元化企业的资金竞争机制存在显著差异。进一步研究显示，项目资金支持性活动提供了低成本的资金来源，降低了融资成本和财务风险，价值创造效应显著。

最后，企业集团的财务报表分析方面，Luo 等（2024）研究了上市公司通过转移非全资子公司利润进行盈余管理的新机制，提出原创测度模型。该机制将归母净利润作为监管和计算参数，研究发现，若上市公司将利润从非全资子公司转移到母公司，则能增加归母净利润，掏空少数股东损益，实现盈余管理目标。张超等（2024）研究指出，上市公司会通过"特殊合营安排"，将其持股超过50%的被投资主体认定为合营企业或联营企业，从而排除在自身合并范围之外，以此降低合并报表账面杠杆率，将2015年去杠杆政策视作外生冲击，则高杠杆率公司特殊合营安排情况显著增加，表明其操纵账面杠杆率的动机更强。

2.污染转移和擦边球专利转移的新型内部市场

除内部资本市场之外，企业集团还存在内部溢出和转移的其他要素市场，比如污染的转移。Chen 等（2025）基于详细的公司层面数据通过双重差分研究设计发现，受监管的公司减少了产量，并将部分生产转移到其企业集团内不受监管的公司，而不是选择提高能源效率。考虑到市场溢出效应，该研究通过一个包含企业集团生产的行业均衡模型来解释这些结果。如果碳排放减少的效益每吨超过161美元，实施该政策有利于提高福利。利用商业网络的公共信息替代政策可以使总体能源节约增加10%。

此外，曹春方等（2024）进一步探讨了擦边球专利转移问题。国家知识产权局2023年发布的《中国专利调查报告》中对企业申请的发明专利主要用途的调查发现，对竞争对手形成抑制或封锁的占19.2%，对抗竞争对手提起的侵权指控的占13.8%。这种情况在策略上被称为"专利丛林"。本文按此定义擦边球专利，重点探讨在区域监管加强之后，擦边球专利如何在企业集团内部转移。研究发现公司所在地的知识产权监管加强后，受直接影响的公司的专利申请显著减少，但未被管辖的企业集团异地公司专利申请显著增加，且主要是擦边球专利，说明企业集团内部存在策略性的专利转移。这种内部转移是企业集团的风险应对行为。这表明在区域间知识产权监管措施存在差异的情况下，企业集团会通过内部专利转移来规避监管，这势必会削弱知识产权保护效果。这些结论表明，要想实现整体创新驱动的高质量发展，在知识产权保护层面推进监管"基础制度规则统一"的大市场建设是不可忽视的一环。

三 美国企业集团发展的理论与实践

（一）美国企业集团发展的历史、问题与学术研究

本部分关注美国企业集团发展历史，聚焦的核心问题是"为什么美国现在的企业集团数量比其他经济体少？"美国企业集团是一直很少，还是曾经兴盛过但后来衰落了，答案是后者。美国企业集团在1888~1932年高速发展，在1933~1950年迅速衰落。Kandel等（2019）对此有专门的论述，对应的数据如表5所示，美国企业集团资产占比经历了由低到高再到低的倒"U"形发展历程。

表5 主要年份美国企业集团资产比例

单位：%

指标	兴盛时期			衰落时期		
	1926年	1929年	1932年	1937年	1940年	1950年
企业集团资产比例	17.3	23.5	34.5	25.9	22.2	4.2
企业集团非金融公司资产比例	27.5	40.2	55.2	46.2	45.4	9.3

资料来源：根据Kandel等（2019）的数据整理。

1. 美国企业集团的发展时期：1888~1932 年

1890 年，美国通过了《谢尔曼反托拉斯法》（Sherman Antitrust Act），是美国历史上第一部反垄断法，标志着美国开始通过立法手段来限制垄断行为，以保护市场竞争和消费者利益。1888 年，新泽西州将控股公司合法化，即允许资产包括其他公司股份的公司存在（Nelson，1959；Grandy，1989）。很快，特拉华州和其他州允许控股公司通过金字塔控制多家公司，从而找到替代方式（Keller，1979）。反托拉斯法对于控股公司及其子公司并不适用的观点，使得这一时期集团作为控股公司大量发展起来，这些公司逐渐掌握了多家公司的股权，同时又控制着其他级别的子公司，由此形成了多层集团结构。自1918 年起，公司间股息免税政策进一步促进了多层集团结构的形成。在政策开放下，如表 5 所示，企业集团资产占比从 1926 年的 17.3%（非金融类占比 27.5%）增加到 1932 年的 34.5%（非金融类占比 55.2%）。与当今的新兴市场一样，许多美国企业集团都是由家族控制的（如杜邦家族、梅隆家族和洛克菲勒家族），也有大约一半的股票被大公司所持有（Kandel 等，2019）。

这个阶段社会公众的普遍看法是企业集团是有利于经济发展的。学术界与企业集团相关的文献认为，企业集团能够有效地分配资本、削减分销成本、引入专业管理、协调支出以及通过地域多样化和相互共同保险降低成员公司的资本成本（Waltersdorf，1926；Ruggles，1929；Buchanan，1936）。

2. 美国企业集团的衰落时期：1933~1950 年

经历过 40 多年的快速发展之后，美国企业集团在 1933~1950 年逐渐消亡，这一时期主要与富兰克林·D. 罗斯福（Franklin D. Roosevelt，任期 1933~1945 年共 12 年）任期重合。作为带领美国走出 1929 年大萧条的总统，罗斯福新政（New Deal）在经济学史上具有重要地位，新政旨在通过政府的积极干预来刺激经济复苏、提供就业机会以及改革金融体系。罗斯福总统认为金字塔结构的企业集团会威胁到消费者、公众股东和美国价值观，因此开展了一系列限制企业集团发展的改革。在那个时期，社会普遍认为大型集团掌握了巨大的经济和政治权力，拥有全资附属公司的集团（通常见于发达经济体）可以运营内部资本或中间产品市场，建立有限责任防火墙，在多个业务中应用创新，并具有与业务集团组织形式相关的其他特征。

按 Kandel 等（2019）的总结，罗斯福总统针对企业集团的政策主要有以下三类。第一，1935 年《公用事业控股公司法》。该法于 1940 年进一步强化，禁止了两层以上的金字塔控股结构，并迫使集团剥离那些单一行业（例如电力或天然气）之外，或在非相邻州内运营的子公司。罗斯福总统（1935）将其定义为"通过废除控股公司的邪恶特征来恢复公用事业领域健康状态的良好条件"。第二，1935 年公司间股息征税。1935

年6月，尽管石油等主要行业以及杜邦等化工行业大公司积极游说（Harland，2000），但罗斯福总统仍向国会提出了一项特别提案，呼吁对公司间股息征税，以明确取缔金字塔式的企业集团。法人间的股息税于1935年开始征收，并在20世纪40年代初大幅增加，各层子公司向母公司支付红利时都会被征收该税，因此金字塔的层数越多，税负就越重。该税最初在1935年为2%，20世纪40年代初上升到约14%。第三，1940年《投资公司法》。该法被视为共同基金管理法规，规定公司（投资公司）不得干涉其所持股份公司的管理，同时对这些公司提出额外的监管和报告要求，投资公司持股比例超过50%的除外。

在多重政策下，如表5所示，美国企业集团资产占比由1932年巅峰时期的34.5%（非金融类占比55.2%）降低到1950年的4.2%（非金融类占比9.3%）。这一阶段，企业集团理论开始强调其黑暗面，如掏空理论，法律和金融领域的学者强调与集团关联公司所有权和控制权分离相关的资源错配问题，其中控股股东的决策权往往远远超过其股权或现金流权（La Porta等，1999）。经济学、金融学、历史学和政治学等学者都描述了自利的精英控制着大型群体，而这些群体阻止了改革的现象（Morck等，2005）。同时，事实证明，控股股东掏空现象的盛行会降低集团效率，妨碍经济发展。

（二）美国企业集团理论与实践

对美国企业集团发展的历史和理论形成进行对比（见表6），发现美国历经了40多年的企业集团大发展以及政策转向之后十余年的企业集团大衰落，其间伴随着企业集团发展在不同阶段的学术研究导向。企业集团发展的优势和劣势同时存在。这意味着，在学术研究上企业集团的作用可能存在光明面和黑暗面，并不能简单地一分为二。

表6　美国企业集团理论与实践情况

维度	实践	理论研究
光明面	企业集团快速发展期（1888~1932年）	企业集团是有利于经济发展的。相关文献认为，企业集团能够有效地分配资本、削减分销成本、引入专业管理、协调支出以及通过地域多样化和相互共同保险降低成员公司的资本成本（例如，Buchanan，1936；Ruggles，1929；Waltersdorf，1926）
黑暗面	企业集团衰败期（1933~1950年）	企业集团理论开始强调其黑暗面，包括掏空理论，法律和金融领域的学者强调与集团关联公司所有权和控制权分离相关的资源错配问题，其中控股股东的决策权往往远远超过其股权或现金流权（La Porta等，1999）。经济学、金融学、历史学和政治学等学者都描述了自利的精英控制着大型群体，而这些群体阻止了改革（Morck等，2005）

四 中国企业集团发展可能的研究方向与政策建议

首先，我国绝大多数大型企业均采用企业集团的组织架构，特别是那些规模庞大的国有企业。其次，改革开放以来，我国各地区发展水平存在显著差异，同时，各项制度建设在不同部门间也存在差异，这些因素共同作用，使得众多地方的企业集团仍具备发挥其优势的条件。最后，鉴于当前世界正经历百年未有之大变局，国际交易成本显著上升，企业集团的竞争优势有可能得到进一步强化。因此，本部分旨在探讨如何更有效地发挥企业集团的优势，同时规避其潜在风险，将重点从企业集团内部监管机制、外部统一监管标准以及自主知识化三个维度进行分析。

（一）内部治理：新公司法的纵向与横向穿透（泛化集团边界）

企业集团通过子公司转移一些不良行为，是企业集团治理面临的主要问题。其在司法上的原因是有限责任使得母公司可以避免其子公司的财务责任。而对此，国际上典型的做法是"刺破法人面纱"（Pierce the Corporate Veil），如在债权司法案例中，法院可以无视子公司独立法人资格，将子公司的债务强加给母公司。我国判例中，存在较多的纵向穿透，即"纵向人格否认"。纵向穿透是指当法人股东滥用公司法人独立地位和股东有限责任，逃避债务，严重损害公司债权人利益时，法律可以否认公司的独立人格，要求股东对公司债务承担连带责任。

2024 年 7 月 1 日，新《中华人民共和国公司法》正式实施，其中规定，公司股东滥用公司法人独立地位和股东有限责任，逃避债务，严重损害公司债权人利益的，应当对公司债务承担连带责任。股东利用其控制的两个以上公司实施前款规定行为的，各公司应当对任一公司的债务承担连带责任。只有一个股东的公司，股东不能证明公司财产独立于股东自己的财产的，应当对公司债务承担连带责任。这意味着在纵向穿透之外，引入了横向穿透，即"横向人格否认"。横向穿透是指由同一实际控制人控制的两个或者多个具有关联关系的公司，在实施人格混同、财产混同的行为严重损害公司债权人利益时，法律可以否认各关联公司的独立人格，并要求各公司应当对任一关联公司的债务承担连带责任。

以上制度改进使得纵向穿透的企业集团或横向穿透的泛化的企业集团的风险转移更难，如债务等转移会被更有效地追偿，提高债权人保护水平。对这部分新制度下的影响研究值得继续探讨。但需要特别注意的是，除了债务转移之外，本文提到的企业集团内部污染转移以及擦边球专利转移，其实都更难通过纵向和横向穿透维权，需要进一步研究拓展。学术上需要进一步探讨新型集团内部市场的转移，解释其机理。实践上需要监管部门对这些新型集团内部市场的转移做出进一步的规范和管制优化。

（二）外部监管：统一大市场建设的地区间监管标准统一

当前国家在积极推进统一大市场建设。其中的关键性政策是2024年中华人民共和国国务院令（第783号）《公平竞争审查条例》。本文特别关注其第十条"起草单位起草的政策措施，没有法律、行政法规依据或者未经国务院批准，不得含有下列影响生产经营成本的内容：（一）给予特定经营者税收优惠；（二）给予特定经营者选择性、差异化的财政奖励或者补贴；（三）给予特定经营者要素获取、行政事业性收费、政府性基金、社会保险费等方面的优惠；（四）其他影响生产经营成本的内容"。这表明中央政府已对各地税收优惠和财政补贴提出了明确的审查要求，未来各地区的相关优惠政策将更加规范、标准统一。后续，国务院市场监督管理部门还会根据《公平竞争审查条例》制定具体实施办法。

相关政策中，税收优惠和补贴的跨地区标准统一，为企业集团内部市场调整的探讨提供了一些新的研究视角。但同时需要注意的是，相比税收优惠和补贴等，知识产权等监管标准统一的相对难度更高，在已有政策覆盖领域之外的这些标准统一更值得学者们研究，以更好地指导实践。以知识产权监管统一标准为例，其研究方向可以着力于以下几点。其一，加强专业化的跨地区执法的理论研究。目前我国已设立4家知识产权法院和27家知识产权法庭来覆盖更多地区的监管，其效果如何、机制如何仍然需要研究，进而在实践上推广至其他地区，还有10个省份以及部分省份内的地区未成立知识产权法院或法庭。其二，探索跨区域知识产权联合执法机制的理论研究。目前国内首个跨省域强化知识产权保护的指导性文件《关于在长三角生态绿色一体化发展示范区强化知识产权保护推进先行先试的若干举措》强调推动跨区域联动执法监管，探索知识产权案件跨区域立案机制，建立跨区域"行刑衔接"机制、知识产权纠纷多元调解机制等。相应的政策评估能为后续的推广提供有益参考。其三，推动裁判标准的统一。加强统一法律适用的司法指导，尤其是针对弱知识产权保护地区的监管短板，实现不同地区知识产权监管实质性的相对平衡。其如何影响各地的裁判标准、遇到了哪些障碍等问题均值得进一步探明。

（三）中国企业集团研究的自主知识化

实践需要理论指导，也会催生新理论。因此，随着美国企业集团的凋敝、中国及其他国家的企业集团发展实践日益丰富，新的企业集团发展理论不断丰富，以适应各国的具体国情，如日本的"企业集团"模式，通过紧密的股权关系和协同合作，提升企业的竞争力，韩国的"家族控制"模式，通过家族掌控，决策权高度集中，通过集团化管控达到资源共享与战略协同。鉴于不同国家的市场环境、文化背景以及政策法规的差异性，企业集团的理论发展未来并非只在某一个国家，而是需要在全球范围内结合各国的实践不断创新。美国在企业集团理论与实践上具有深厚的基础和优势，但其他国家也在不断探索和创新，共同推动企业集团理论发展。

中国企业集团已有较好的发展，如在推动数字化转型、智能制造和绿色经济等方面取得了显著成效，注重企业与员工、客户、社区等利益相关者的共建共享共治，为全球企业集团治理提供了新路径。可见，中国企业集团的发展在一定程度上也为世界提供了宝贵的经验和启示。但相对来说，中国企业集团的理论发展开放性以及对全球企业集团治理研究的贡献略有不足，需要更好的交流，并积极参与全球企业集团治理。中国企业集团的发展为全球企业集团实践提供了丰富的经验和有益的借鉴，同时也通过迭代发展理念、创新管理模式、规范技术标准等积极参与全球企业集团治理，推动全球经济可持续发展。因此，中国企业集团需要进一步加强与国际社会的沟通和交流，分享发展经验，共同应对全球性挑战，不断提升自身国际竞争力。

参考文献

［1］曹春方、贾凡胜，2020，《异地商会与企业跨地区发展》，《经济研究》第 4 期。

［2］曹春方、刘秀梅、贾凡胜，2018，《向家乡投资：信息、熟悉还是代理问题？》，《管理世界》第 5 期。

［3］曹春方、涂漫漫、刘薇，2024，《知识产权监管与企业集团内部专利转移》，《经济研究》第 2 期。

［4］曹春方、夏常源、钱先航，2019，《地区间信任与集团异地发展——基于企业边界理论的实证检验》，《管理世界》第 1 期。

［5］曹春方、张婷婷、刘秀梅，2018，《市场分割提升了国企产品市场竞争地位？》，《金融研究》第 3 期。

［6］曹春方、周大伟、吴澄澄、张婷婷，2015，《市场分割与异地子公司分布》，《管理世界》第 9 期。

［7］陈斌开、赵扶扬，2023，《外需冲击、经济再平衡与全国统一大市场构建——基于动态量化空间均衡的研究》，《经济研究》第 6 期。

［8］范子英、周小昶，2022，《财政激励、市场一体化与企业跨地区投资——基于所得税分享改革的研究》，《中国工业经济》第 2 期。

［9］冯晨、杨健鹏、张静堃、邓敏，2024，《税收预算增长压力下的财富转移与税负不平等》，《经济研究》第 5 期。

［10］冯晨、周小昶、田彬彬、牛英杰，2023，《税收稽查体制改革与企业集团资本结构调整》，《经济研究》第 8 期。

［11］国务院发展研究中心企业研究所等，2009，《中国大企业集团年度发展报告（紫皮书）·2008》，中国发展出版社。

［12］何捷、张会丽、陆正飞，2017，《货币政策与集团企业负债模式研究》，《管理世界》第5期。

［13］蓝发钦、胡晓敏、徐卓琳，2024，《公共数据开放能否拓展资本跨区域流动距离——基于异地并购视角》，《中国工业经济》第9期。

［14］李文静、赵立萍、许诺、王彦超，2024，《〈公平竞争审查制度〉能缩小企业劳动收入份额的地区差距吗》，《南开管理评论》第9期。

［15］马光荣、程小萌、杨恩艳，2020，《交通基础设施如何促进资本流动——基于高铁开通和上市公司异地投资的研究》，《中国工业经济》第6期。

［16］王化成、曾雪云，2012，《专业化企业集团的内部资本市场与价值创造效应——基于中国三峡集团的案例研究》，《管理世界》第12期。

［17］王媛、唐为，2023，《交通网络、行政边界与要素市场一体化——来自上市公司异地投资的证据》，《经济学（季刊）》第4期。

［18］张超、张新一、郑国坚、张俊生，2024，《去杠杆监管与企业合并范围异化——来自特殊合营安排的证据》，《管理世界》第7期。

［19］张茜茜，2024，《税收营商环境与企业有效投资——基于税收"放管服"改革的证据》，《中国经济学》第4期。

［20］赵仁杰、周小昶、张文文，2024，《税收优惠、多元化经营与集团公司避税》，《数量经济技术经济研究》第8期。

［21］郑毓盛、李崇高，2003，《中国地方分割的效率损失》，《中国社会科学》第1期。

［22］Alstadsæter A., Johannesen N., Zucman G. 2019. "Tax Evasion and Inequality." *The American Economic Review* 109(6)：2073–2103.

［23］Buchanan N. 1936. "The Origin and Development of the Public Utility Company." *Journal of Political Economy* 44(1)：31–53.

［24］Chen Q., Chen Z., Liu Z., Suarez Serrato J., Xu D. Y. 2025. "Regulating Conglomerates：Evidence from an Energy Conservation Program in China." *American Economic Review* 115(2)：408–47.

［25］Grandy C. 1989. "New Jersey Corporate Chartermongering，1875–1929." *Journal of Economic History* 49 (3)：677–692.

［26］Harland P. 2000. *Big Business and the State: Historical Transitions and Corporate Transformations, 1880s–1990s.* Albany, NY: State University of New York Press.

［27］Kandel E., Kosenko K., Morck R., Yafeh Y. 2019. "The Great Pyramids of America：A Revised History of U.S. Business Groups，Corporate Ownership，and Regulation，1926–1950." *Strategic Management Journal* 40 (5)：781–808.

［28］Keller M. 1979. "Business History and Legal History." *The Business History Review* 53(3)：295–303.

［29］Kwon Spencer Y., Yueran Ma, Kaspar Zimmermann. 2024. "100 Years of Rising Corporate Concentration." *American Economic Review* 114 (7)：2111–40.

［30］La Porta R., Lopez–De–Silanes F., Shleifer A. 1999. "Corporate Ownership Around the World." *Journal of Finance* 54(2)：471–517.

［31］Luo M., Zhang F., Zhang X. 2024. "Earnings Management Via Not–Wholly–Owned Subsidiaries." *Management Science* 71(1)：917–941.

［32］ Morck R., Wolfenzon D., Yeung B. 2005. "Corporate Governance, Economic Entrenchment, and Growth." *Journal of Economic Literature* 43(3): 657–722.

［33］ Nelson R. 1959. *Merger Movements in American Industry, 1895–1956.* Princeton: Princeton University Press.

［34］ OECD, "2015 Final Reports." OECD/G20 Base Erosion and Profit Shifting Project, OECD Publishing, Paris.

［35］ Poncet S., 2003. "Measuring Chinese Domestic and International Integration." *China Economic Review* 14 (1): 1–21.

［36］ Ruggles C. 1929. "Regulation of Electric Light and Power Utilities." *American Economic Review* 19(1): 179–182.

［37］ Scharfstein D., Stein J. 2000. "The Dark Side of Internal Capital Markets: Divisional Rent-seeking and Inefficient Investment." *Journal of Finance* 55: 2537–2564.

［38］ Shin H., Stulz R. 1998. "Are Internal Capital Markets Efficient?" *Quarterly Journal of Economics* 113: 531–552.

［39］ Stein J. 1997. "Internal Capital Markets and the Competition for Corporate Resources." *Journal of Finance* 52: 111–133.

［40］ Waltersdorf M. 1926. "The Holding Company in American Public Utility Development." *Economic Journal* 36(144): 586–597.

［41］ Zucman G. 2015. *The Hidden Wealth of Nations.* Chicago: University of Chicago Press.

（责任编辑：张容嘉）

数字政府建设的经济增长效应研究

——基于省级政务服务一体化平台设立的经验证据

张柳钦　黄景卫　陈子芊*

摘　要：政务服务一体化平台是推进数字政府建设的坚实基础，对提升我国政府治理能力和推动经济高质量发展具有重要意义。本文基于中国2009~2019年283个城市的面板数据，采用多期双重差分法实证分析了政务服务一体化平台的经济增长效应，研究发现：一体化平台能够显著促进城市经济增长，可提升城市GDP和全要素生产率约2.8%和1.8个百分点，且这一正向效应随时间的推移而不断增强。营造良好的营商环境、降低制度性交易成本、促进资本快速流动和提高资本配置效率是一体化平台发挥经济增长效应的内在机制。异质性分析表明，一体化平台在市场分割程度较强、地理坡度较大、人口集聚程度和公共数据开放程度较高地区具有更强的经济增长效应。进一步分析表明，一体化平台能有效缩小省内城市间的经济发展差距，助推区域经济协调发展。本研究对于如何深化理解政务服务一体化平台的经济社会效益、促进数字政府建设和推动经济高质量发展具有一定的政策启示。

关键词：政务服务一体化　数字政府　营商环境　资本流动　高质量发展

一　引言

科学的宏观调控、有效的政府治理是发挥社会主义市场经济体制优势的内在要求。[1] 改革开放40多年来，中国经济呈现持续高速增长态势，政府作为调控市场的"有形之手"，在其中扮演了极为重要的角色（蔡昉，2018；路风，2022）。新政治经济学和

---

*　张柳钦，讲师，广西师范大学经济管理学院，广西高校数字赋能经济发展重点实验室，电子邮箱：luchinchang@163.com；黄景卫（通讯作者），硕士研究生，广东外语外贸大学经济贸易学院，电子邮箱：19978713435@163.com；陈子芊，硕士研究生，广西师范大学经济管理学院，电子邮箱：chanziian@163.com。本文获得国家自然科学基金项目（72463002）的资助。感谢《中国经济学》审稿快线点评专家及匿名审稿专家的宝贵意见，文责自负。

[1]　https://www.gov.cn/zhengce/202407/content_6963770.htm? sid_for_share=80113_2.

制度经济学理论强调政府行为决策对区域经济发展的重要影响，并指出一个地区经济高速增长的背后往往伴随着与之相应的制度改革或政策调整（North，1990）。从宏观经济体制市场化改革到微观企业制度变迁，我国政府所实行的一系列"制度改革"改善和规范了社会治理框架与市场秩序，为提高市场环境的公平性与效率性、促进经济健康有序发展提供了重要保障（徐晓萍等，2017；孔祥利和张倩，2023）。政府是区域制度变革背后的决策主体，治理体系变革和治理能力的提升是其做出合理制度/政策决策的重要前提和基础（何启志和彭明生，2024）。党的二十大报告明确指出，要深入推进国家治理体系和治理能力现代化。以此提高政府行政效率和公信力，完善社会主义市场经济体制，助力打造高效规范、公平竞争、公开透明的市场环境，激发市场活力，进一步推动经济高质量发展。

在全球数字化、网络化、智能化快速发展的时代背景下，社会各个细胞都在经历着史无前例的数字化冲击，包括产业数字化、数字基础设施建设产业化和政府数字化转型等。其中，政府数字化转型是指政府依托数字技术转变政府职能，建立起政府、市场、社会多方主体协同的治理结构（孟天广，2021），现已成为创新优化政务服务、加快建设数字政府和提升政府治理能力的重要手段。[①]从过去的电子政务到现在的数字政府，政府数字化转型的宽度和广度不断拓展。以往电子政务只是单一、分散、简单地将线下服务延伸到线上，而现阶段数字政府更强调政务数据信息公开共享、服务标准化与互联互通。以政务服务一体化平台为例，其特点是充分利用人工智能、大数据、区块链等新兴技术，将多个地区政府和各层级部门的政务服务集成到统一线上平台，社会上的居民和企业可在某一地区获得其他地区/部门同等水平和质量的政务服务。从实际作用来看，一体化平台通过整合分散的政务服务资源，实现跨部门协同，用户可在平台上完成大部分的政务服务（如工商注册、项目审批、资质认证、税务服务、社会保障等）。这种"一网通办"的平台特征有效简化了公众获取服务的路径程序，提高了政务服务的效率和质量，同时也大大降低了经济活动中的交易成本、时间成本，为优化市场营商环境、激发市场活力和社会创造力、建设人民满意的服务型政府提供了有力支撑。[②]

已有文献主要从宏观区域、微观企业这两大视角探究数字政府的建设效应。在宏观层面，数字政府建设有利于推动产业数字化转型与技术进步（Yang 等，2024；刘淑春，2018），促进区域可持续性发展（Jiang 等，2024）。在此基础上，学者们发现数字技术与政务服务结合有助于减少腐败（Nam，2018），提高政府治理效率，增进社会福利（Okunogbe 和 Santoro，2023）。如周荃等（2023）基于跨国数据研究发现，数字政府建设

---

① https://www.gov.cn/zhengce/content/2022-06/23/content_5697299.htm.

② https://www.gov.cn/zhengce/content/2018-07/31/content_5310797.htm.

与国家经济发展存在显著的正向联系，主要是通过影响合规成本与财政支出来实现。在微观层面，数字政府建设能够减少企业的制度性交易成本（江文路和张小劲，2021）和非生产性支出（于文超和王丹，2024）、保障企业供应链安全（许家云和廖河洋，2024），促进企业高质量发展（Zhu和Yu，2024）。通过梳理相关文献发现，已有研究主要在理论上对广义、抽象的数字政府建设进行分析，缺乏在经验上深入剖析政府数字化转型及其社会福利效应，更鲜有文献分析政务服务一体化的经济增长效应及其作用路径，这为本文提供了宝贵的研究空间。政务服务一体化平台作为我国政府数字化转型的基础工程和重要形态，其不仅深化和完善了现有政府部门内的政务数据共享机制，更是缩小了地区/部门/层级间政务服务在标准、水平和质量上的差异，实现了政务服务在地区/部门/层级间的并联、统一和协同，是创新政府治理结构与优化政务服务效能的重要手段。因此，随之而来的疑惑是，政务服务一体化平台的开通能否促进区域经济增长，内在机制是什么，又有哪些因素抑制或强化一体化平台的经济赋能效应？针对上述系列问题的剖析，不仅能系统厘清政务服务一体化平台的经济社会福利效应，还有助于深入理解数字政府建设的理论意义与现实价值。

基于此，本文以省级政务服务一体化平台（以下简称"一体化平台"）的开通作为一项准自然实验，利用我国2009~2019年283个城市的面板数据，采用多期双重差分法，从经济"增量"和"质量"两个角度实证考察了一体化平台开通对城市经济增长的实际效应和作用机理，研究发现：第一，一体化平台能够显著促进城市生产总值（Gross Domestic Product，GDP）和全要素生产率（Total Factor Productivity，TFP）分别增长约2.8%和1.8个百分点，且这一正向效应会随着一体化平台运行使用时间增加而持续增强，该基本结论经过系列稳健性检验之后依旧稳健。第二，一体化平台可在改善市场营商环境、降低制度性交易成本的基础上，进一步促进资本流动和提升资本配置效率，最终推动城市经济增长。第三，一体化平台在市场分割程度较强、地理坡度较大、人口集聚程度和公共数据开放程度较高的区域具有更强的经济推动作用。第四，一体化平台有助于缩小省内城市间的经济发展差距，优化城市经济发展的空间布局，推动区域经济协调发展。

本文可能的边际贡献主要体现在以下三个方面：第一，研究视角方面，以一体化平台的开通来反映数字政府建设进程，同时从经济"增量"和"质量"两个维度考察了一体化平台的经济增长效应，既丰富了一体化平台在经济社会方面的福利效应研究成果，也是对数字政府建设领域研究文献的有益补充。第二，机制分析方面，由宏观机制到微观机制层层递进，逻辑紧密衔接，论证了一体化平台通过改善宏观层面的市场营商环境进一步地降低微观层面的制度性交易成本、促进资本跨区域流动和提高资本配置效率，以推动城市经济增长，有助于厘清政务服务一体化与经济增长之间的内在逻辑关系。第三，创新性地分析了一体化平台对省内城市间经济发展不均衡现象的影响，并用实证手段验证了政务服务一体化在促进区域经济协调和均衡发展中的积极作用，为深化和推进区域经济一体化进程提供了有力的理论支撑与实践指导。

二 背景与理论分析

（一）数字政府建设背景

综观世界各国的政府数字化变革与数字政府建设进程，韩国、美国、英国三国起步最早。韩国从 20 世纪 70 年代中后期至 80 年代初期便开启了政务办公自动化革命（即电子政务建设），主要表现为将信息通信技术与政府文件处理、传送和贮存等事务相结合（倪建伟和杨璐嘉，2022）。20 世纪 80 年代中期至 90 年代初期，信息化革命的不断深入将世界推向 IT（信息技术）时代，电子政务建设成为顺应历史浪潮的必然选择。其中，美国和英国分别于 1992 年和 1994 年率先推行电子政府建设，通过在政务服务领域的技术化、电子化、便利化建设，极大地提升了政府行政管理效率和公共服务水平。根据《2022 年联合国电子政务调查报告》，韩国、美国、英国的电子政务指数（EGDI）分别为 0.9529、0.9151、0.9138，位居世界前列。

在我国，政府数字化转型可以追溯到 20 世纪 80 年代初。变革历程大致可分为信息化建设阶段（1980~1998 年）、电子政务建设阶段（1999~2011 年）和数字政府建设阶段（2012 年至今）（辛璐璐，2021）。2011 年中共中央办公厅、国务院办公厅发布了《关于深化政务公开加强政务服务的意见》，正式拉开我国"互联网+政务服务"改革的序幕。经过三年建设，上海市、浙江省、福建省、海南省、贵州省在 2014 年率先建立起了联通"省、市、县"三级政府的政务服务一体化平台，极大地推进了数字政府建设进程。2016 年国务院印发《关于加快推进"互联网＋政务服务"工作的指导意见》，明确指出要建设国家和各省级的政务服务一体化平台，标志着政务服务一体化平台建设已上升到国家战略。此后，全国各省区市的政务服务一体化平台纷纷上线。截至 2019 年，我国的 31 个省级行政区划单位已全部建成覆盖"省、市、县"三级政府的政务服务一体化平台，为推动全国政务服务一体化建设奠定重要的基础。

在一体化平台建设过程中，我国政府政务服务效能提升显著。从内部的服务效率来看，浙江省在平台开通后的短短几个月内便已完成省内 6 万余个办事服务项目的指南和流程梳理，并整理了 2.4 万项便民服务资源。①北京市政务服务中心运行一年多以来，企

---

① https：//www.gov.cn/xinwen/2014-07-02/content_2710856.htm.

业投资项目审批时限平均缩短2/3，累计受理136.6万件各类审批服务事项，事项日均办结3663件，办结率高达97.6%。[1]湖南省"互联网+政务服务"一体化平台上线不到一年，41个省直部门完成了行政许可事项598项、公共服务事项444项，处理了近20万件申办事务和2314件咨询事务。[2]《2022年联合国电子政务调查报告》显示，中国电子政务发展指数（EDGI）排名从2012年的第78位上升到2022年的第43位，在全球EDGI分类级别中处于V2等级；中国在线服务指数（OSI）从2012年的0.53（第62位）上升到2022年的0.89（第15位），增幅明显。从外部的营商环境来看，世界银行于2022年发布的《全球营商环境》显示，中国营商环境指数的全球排名已从2013年的第96位上升到2022年的第31位。上述数据一定程度上表明以一体化平台表征的数字政府建设在提升政府政务服务效率、优化市场营商环境和改善民生方面具有积极作用。

（二）一体化平台的功能定位及其影响

随着经济社会的快速发展，公众的政务服务需求在内容、结构和质量上都有了巨大的变化（宋锴业和徐雅倩，2019）。传统上传下达命令式的政府治理结构在应对复杂的公众需求时存在很大的局限性（Al-Ani，2017）。集数字信息与数字技术于一体的综合性政府在线平台（如政务服务一体化平台）为这一难题提供了创新解决方案，一体化平台不仅优化了政府的治理结构和促进政府数字化转型（宋锴业，2020），还增强了政府对社会复杂且个性化服务需求的回应与处理能力。

从实现目标来看，一体化平台旨在破解"信息孤岛"，推动跨地区、跨部门、跨层级的数据共享和业务协同建设，并系统融合网上办事大厅、线下服务窗口、移动客户端以及第三方应用平台等多种服务渠道，打造多级联动的公共服务数字化平台。在系统架构上，一体化平台主要包括服务界面与工作门户、业务应用、公共服务三个层级，涵盖了从用户数据收集、数据监测与分析到统一化管理、数据共享等各个环节。因此，与单一化的服务系统（如银行系统、融资系统、信用系统和股市系统等）相比，一体化平台的最大特点在于其服务和数据面向更广泛的社会服务和行政管理任务，通过提供集中化、标准化的政府服务来提升公共行政效率和透明度，使政务服务变得更加便捷，进而提升政府政务服务能力与质量。

一直以来，受地方保护主义和政府过度干预的影响，我国各城市的政务服务标准、服务内容、办理环节、审批手续等普遍存在较大差异，导致不同城市中的市场主体面临着严重的信息不对称问题，从而阻碍了跨地区经济活动发展和更广范围的经济分工协作推进。一体化平台借助大数据信息技术可以提高各地区/部门的政务数据开放共享、业务

---

① https：//www.takefoto.cn/viewnews-1164244.html.

② http：//www.hunan.gov.cn/hnyw/dajuan/zwfw/dj/szdw/szffzyjzx/tt/201807/t20180720_5056679.html.

协同和事项办理流程监督水平，这为破除地方制度性壁垒、促进区域经济增长提供了可能。

首先，在政务数据开放共享方面，一体化平台通过大数据信息技术形成系统性的数据网络，能有效解决当前存在的数据利用不充分、信息不对称、数据孤岛等难题。以广西数字政务一体化平台建设为例，政务数据共享平台是主要组成部分之一，其下设多个基础信息数据库（包括基础信息、业务信息、主题信息、宏观经济等），旨在构建统一规范、互联互通、安全可控的政务数据开放系统，推进政务数据与社会数据的融合创新应用。①已有研究显示，开放共享的公共数据资源不仅能够促进企业研发创新，提升企业发展绩效（Zhou 等，2023），还有利于破除区域信息壁垒，缩小不同区域之间的资源禀赋差距，进而推动区域经济协调发展（方锦程等，2023）。

其次，在业务协同方面，一体化平台通过整合各部门业务资源实现了业务的全程在线办理、跨部门协同办理等功能，使不同部门之间的业务在同一平台上完成，市场主体也能够更快更直接地获取相应的政府服务。一体化平台针对企业的审批业务需求设置了"一站式""引导式"服务，并简化了不必要的审批流程，这极大地降低了企业在办事期间的交易成本和时间成本，促进了企业的进入与发展（毕青苗等，2018）。例如，上海市"一网通办"总门户所涉及的所有线上线下服务事项均实现了协同办理模式，即面对社会主体需求时做到"一网受理、只跑一次、一次办成"。②浙江省通过建立省、市、县三级政府高效协同机制，每年能让群众、企业少填表单字段约 6.1 亿项、免交申报材料 6990.8 万份。③显然，这会切实降低居民和企业在执照办理、纳税管理、行政审批等一系列经济活动中的交易成本，优化市场营商环境，有助于进一步释放市场主体的经济活力。

最后，在事项办理流程监督方面，一体化平台结合区块链和大数据技术，使得历史业务办理均可做到有"迹"可循。例如，浙江省全省一体化的"互联网+政务服务"平台建设了全省统一的电子监察系统，对行政审批办件进行全过程监督，增强了政府的"无缝隙"监管能力。④这有助于阻断市场中潜在的"寻租"行为，督促提高政务服务人员的办事效率，为优化营商环境和营造良好的市场秩序提供了强有力的技术支撑。另外，一体化平台还设有投诉、反馈建议体系，并融合了"好差评"体系、12345 政务服

---

① http：//www.gxzf.gov.cn/zfwj/zzqrmzfwj_34845/t1509599.shtml.

② https：//www.gov.cn/xinwen/2018-04/24/content_5285399.htm.

③ http：//www.e-gov.org.cn/egov/web/article_detail.php? id=178144.

④ https：//www.gov.cn/zhengce/2017-01/30/content_5164382.htm.

务便民热线、领导信箱等功能，畅通公众与政府之间的沟通互动、监督投诉渠道，[1]这不仅增进了政府治理的高效性和公正性，还提升了公众/企业对政府工作的满意度和信任度（罗进辉等，2024）。概言之，一体化平台有助于营造良好的营商环境，降低制度性交易成本，赋能区域经济快速发展。据此，本文提出第一个研究假说：

H1：政务服务一体化平台能够显著促进城市经济增长。

（三）影响机理分析

1.营商环境

营商环境作为一种外部环境综合生态系统，涵盖市场准入、生产经营和市场退出等经济活动所需面对的方方面面，包括政府政务服务效率、市场制度、法治环境、对外开放和人文环境等（张三保等，2020；李志军，2022）。营商环境关系着区域市场的自主性、平等性、竞争性、开放性和有序性，会显著影响市场微观主体的经济活跃度（杜运周等，2020；张柳钦等，2023）。理论上，营商环境改善意味着区域市场各子系统形成了更高水平的契合，市场交易规则趋于统一透明，这不仅能够降低经济活动中的制度性交易成本（Standifird 和 Marshall，2000），还有助于更好地发挥市场机制的作用，进而实现生产要素的市场化配置和资源配置效率的提升（杜运周等，2022）。文献上，樊纲等（2011）认为我国经济体制的市场化进程对经济增长的贡献巨大，其中的逻辑便是市场化改革促进了要素流动和推动了要素配置效率提升。董志强等（2012）的研究表明，良好的营商环境有助于释放经济活力，提升区域经济资源和社会承载力，进而促进区域经济增长。这一观点同样也在相关跨国研究中得到了支持（崔鑫生，2020）。

一体化平台是数字政府建设的重要载体，其能够有效改善区域的营商环境。就一体化平台的功能而言，一方面，集中服务访问显著提升了政务服务"一网通办"水平，市场主体能在单一平台上自由切换进入各个政府部门的政务服务系统，增强了政务服务的可获得性和便捷性。另一方面，数据集成与共享突破了各地区政府/部门间存在的信息壁垒，极大地推动了标准化的政务服务管理体系建设。这不仅有助于各个市场主体快速知晓各政府部门的权责信息和政务项目的具体办理信息，还能有效简化传统的政务服务流程（如行政审批、办证纳税和公证业务等），提升政府政务服务效率。因此，一体化平台建设不仅会全面增强政府治理能力，还有助于驱动传统政府模式向智能型、服务型政府模式转变，促使政府提供更为优质的政务服务，从而进一步完善市场制度和塑造良好营商环境。这也意味着一体化平台能有效缓解市场中因信息不对称、制度口径不统一而产生的制度性摩擦，降低市场中的制度性交易成本，便利市场主体的经济活动，有助于

---

[1] https://www.gov.cn/zhengce/content/202309/content_6902008.htm.

实现推动区域经济增长。

2.资本流动与配置效率

资本是决定经济增长的最基本因素之一（Podrecca 和 Carmeci，2001），其不仅能通过要素投入来提高产出，还能带动其他要素再配置以优化市场中的要素配置，进而促进经济增长。①由前文分析可知，当一体化平台建成之后，区域营商环境将会得到改善，市场中的制度性交易成本也将大幅降低，这对推动资本的跨区域快速流动具有重要意义。一方面，对于本地资本而言，良好的营商环境意味着政府不再严苛管制市场主体的经济活动，这大大缓解了企业经营所面对的不确定性风险，能够促使企业减少非生产性的对外公关、招待等经济活动，转而重视企业的核心生产性活动和长期发展，促进企业开展规模扩张型投资和长期实体投资（魏下海等，2015；于文超和梁平汉，2019；赵勇和马珍妙，2023）。另一方面，对于外地资本而言，营商环境的改善显著降低了当地市场主体的经济活动成本，这极大地提升了本地企业的盈利能力和发展能力（于文超和梁平汉，2019），同时也增强了本地市场的投资回报率（胡凯和吴清，2012）。加之一体化平台在破除省内区域间制度性壁垒上具有重要作用（桓德铭，2021；孙伟增等，2024），能有效疏通资本跨地区流动渠道和降低流动成本。显然，资本逐利性的本质特性决定了外地资本会选择进入本地市场进行投资活动。孙伟增等（2024）的研究表明，政务服务一体化平台不仅显著促进了省内资本的跨地区流动，还能吸引省外资本流入。由此可知，一体化平台能通过改善营商环境和降低区域间制度性交易成本，进而激活资本活力和促进资本跨地区流动，最终推动区域经济增长。

一体化平台促进经济增长的另一个关键点便是提高资本配置效率。过去我国区域间普遍存在资本无效率分布（即资本配置效率低）问题，首要致因便是区域间的制度性壁垒严重阻碍了资本流动（卢盛荣和易明子，2012）。从理论上讲，营造良好的营商环境会减少资本流动的制度性障碍，故资本流动将更加受资本边际报酬（即资本价格）的影响。在资本自由流动过程中，资本与配置对象之间会不断进行新的选择和匹配，这有利于降低资本错配水平，实现资本配置的最优状态（王林辉和袁礼，2014）。文献上，Standifird 和 Marshall（2000）、方军雄（2006）、邹薇和雷浩（2021）皆指出推进市场化进程和改善营商环境能有效缓解区域/行业中的资本错配状态。孙伟增等（2024）进一步研究发现，政务服务一体化平台能够驱使资本从配置过剩地区向配置不足地区流动，有效提升资本在空间上的配置效率。综上可知，一体化平台也能够通过优化营商环境来提升区域资本配置效率，促进经济体系内部的良性循环，推动区域经济增长。

---

① http://theory.people.com.cn/GB/n1/2022/0608/c40531-32440968.html.

基于上述分析,一体化平台在推进省内城市间政府政务服务标准化、共享化和协同化方面具有重要作用,这有助于优化城市营商环境,促进资本流动和提升资本配置效率,进一步推动城市经济增长(见图1)。基于此,提出如下研究假说:

H2:政务服务一体化平台能够通过改善营商环境来促进城市经济增长。

H3:在改善营商环境基础上,政务服务一体化平台能够加速资本流动和提高资本配置效率,从而促进城市经济增长。

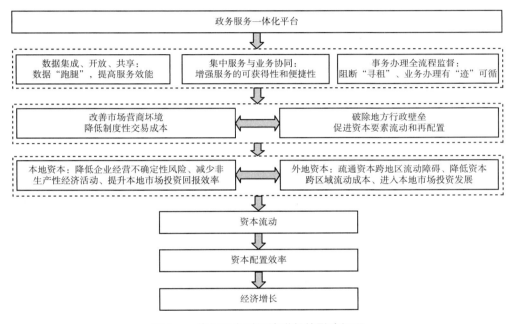

图1 一体化平台对经济增长的影响机理

三 实证设计

(一)模型设定

部分文献通过构建电子政务发展指数(周荃等,2023;徐现祥等,2024)、大数据发展"政用指数"(于文超和王丹,2024)、文本分析(许家云和廖河洋,2024)等衡量数字政府建设水平,但这些变量指标存在较强的内生性问题并无法得到有效解决,且数字政府建设涉及多方面,这些指标并不能全面反映数字政府建设水平。鉴于此,本文关注我国数字政府建设与城市经济增长之间的因果联系。在模型构建方面,选择准自然实验的研究思路,将省级政务服务一体化平台的开通视为推动数字政府建设进程的外生且重要的事件冲击。考虑各省区市一体化平台的建设进程和开通时间并不相同，本文采用多期双重差分模型（Staggered Difference-in-Differences）来考察一体化平台开通对城市经济增长的影响，具体模型构建如下：

$$Y_{it} = \beta_0 + \beta_1 DG_{it} + \gamma Controls_{it} + \delta_i + \mu_t + \varepsilon_{it} \qquad （1）$$

其中，下标 i 代表城市，下标 t 代表时间。Y_{it} 为核心被解释变量，表示城市 i 在第 t 年的经济增长水平。DG_{it} 为核心解释变量，是虚拟变量，表示城市 i 在第 t 年是否接入本省区市的一体化平台，若已接入赋值为 1，反之为 0。β_1 是最受关注的估计系数，表示一体化平台对所在城市经济增长的平均处理效应。$Controls_{it}$ 表示一系列可能影响经济增长的控制变量，包括政府支出规模、人力资本水平、基础设施建设水平、通信水平、二产占 GDP 比重、三产占 GDP 比重、人口密度等。δ_i 和 μ_t 分别为城市固定效应和时间固定效应，以控制在城市层面不随时间的推移而变化的因素和全国层面的宏观时间变化因素对城市经济增长产生的影响。ε_{it} 为随机扰动项。

（二）变量说明与数据来源

1. 核心被解释变量（Y_{it}）

从"增量"和"质量"两个维度测度城市经济增长水平。具体地，在"增量"上，参考程名望等（2019）的研究，选取各个城市的地区生产总值（GDP）的自然对数来度量城市经济增长水平。同时，在"质量"上，借鉴郭庆旺和贾俊雪（2005）的研究，采用索洛残差法（生产函数法）计算城市的全要素生产率（TFP），衡量城市经济增长水平。[1]另外，在后续稳健性检验中还采用 GDP 增长率、人均 GDP、夜间灯光指数来衡量城市经济增长水平；利用广义矩估计（GMM）重新测算城市全要素生产率，衡量经济增长水平。

2. 控制变量（$Controls_{it}$）

为防止其他因素对本文的估计效应造成偏误，控制了在城市层面可能影响经济增长的变量指标。具体包括：①政府支出规模（GES），用政府一般公共预算支出占 GDP 比重衡量；②人力资本水平（LHC），用高校在校大学生数量的对数衡量；③基础设施建设水平（INC），用城市人均道路面积的对数来衡量；④通信水平（COL），用城市移动电话年末用户数的自然对数表示；⑤二产占 GDP 比重（SIS），用第二产业产值占 GDP 的比重衡量；⑥三产占 GDP 比重（TIS），用第三产业产值占 GDP 的比重衡量；⑦人口密度

---

① 具体而言，第一，设定生产函数模型；第二，估算投入指标的弹性系数并将该系数与投入要素交乘；第三，用产出减第二步的交乘值，此时所得差值即全要素生产率。在投入和产出指标选取上，投入指标包括资本和劳动两个生产要素，其中，使用永续盘存法测算资本存量来衡量资本要素投入，用各个城市在岗职工人员衡量劳动要素投入。在产出方面，选取各个地区的生产总值衡量。在资本和劳动两个生产要素的弹性系数计算方面，采用最小二乘法中的固定效应回归模型（FE）测算。

（*POD*），用城市年末常住人口总数与地方行政面积之比的对数衡量。表 1 为上述变量的描述性统计分析结果。上述指标数据均来源于《中国城市统计年鉴》和城市历年的《国民经济和社会发展统计公报》。

表 1　变量描述性统计分析

类别	变量	简称	样本量	均值	标准差	最小值	最大值
核心解释变量	是否开通"政务服务一体化平台"	*DG*	3101	0.290	0.454	0.000	1.000
核心被解释变量	地区生产总值	*GDP*	3101	16.470	0.942	13.690	19.760
	全要素生产率水平	*TFP*	3101	7.798	0.504	6.498	9.607
	政府支出规模	*GES*	3101	0.194	0.103	0.044	1.485
	人力资本水平	*LHC*	3101	10.45	1.529	2.303	13.900
	基础设施建设水平	*INC*	3101	16.65	7.062	1.370	60.100
控制变量	通信水平	*COL*	3101	4.726	1.991	1.099	8.313
	二产占 GDP 比重	*SIS*	3101	0.474	0.106	0.117	0.822
	三产占 GDP 比重	*TIS*	3101	0.402	0.099	0.144	0.835
	人口密度	*POD*	3101	5.760	0.903	1.609	7.882

注：为减小异方差影响，对地区生产总值、人力资本水平、基础设施建设水平、通信水平、人口密度取对数处理。

（三）策略有效性检验

采用双重差分法的一大前提假设是该政策具有条件外生性，即一体化平台的建设与经济增长及相关区域因素是没有显著关联的。各省区市一体化平台建设进程具有良好的条件外生性，具体的解释为：第一，上海市、浙江省、福建省、海南省、贵州省、广东省、江西省在 2014~2015 年先后推出了一体化平台，从地理分布上看，东中西部省份均有覆盖，较为均匀。尤其是在 2016 年后，政务服务一体化平台建设上升到国家性的发展战略部署高度，我国开始强力推行各个省（自治区、直辖市）的一体化平台建设工作，且截至 2019 年，我国 31 个省（自治区、直辖市）全部建成覆盖省市县三级政府的一体化平台。因此，一体化平台建设在地理区位选择上没有明显的偏向。第二，一体化平台建设的直接目标在于提高政府政务服务水平，而非促进经济增长，这明显不同于基建投资拉动经济增长的传统手段。第三，从实证的角度检验了一体化平台的条件外生性。参考张柳钦等（2023）的做法，利用 2009~2013 年（一体化平台最早开通时间为 2014 年）的总样本和具体年份的子样本进行回归分析，分析城市层面的经济、政治、文化、地理环境等变量（如固定资产投资、是否为直辖市、政府财政规模等）对一体化平台开通时间的影响。具体而言，采用一体化平台的开通时间作为被解释变量，以此度量一体化平台的建设进程，开通时间越早代表建设进程越快。表2汇报了相关的回归结果，可以看出，无论是2009~2013年总体样本还是分年份子样本，大部分区域经济发展特征变量的回归系数都不显著，说明这些特征变量不会影响一体化平台开通时间（建设进程），通过了条件外生性检验。

表2　策略有效性结果

变量	(1)	(2)	(3)	(4)	(5)	(6)
	一体化平台开通时间					
	2009~2013年总样本	2009年子样本	2010年子样本	2011年子样本	2012年子样本	2013年子样本
FIXI	−0.340	1.479	0.859	−0.966	−0.101	−1.592
	(0.881)	(1.408)	(1.646)	(2.381)	(2.815)	(1.889)
ZXS	0.198	1.087	0.807	0.301	0.303	−0.802
	(0.519)	(1.370)	(1.288)	(1.597)	(1.438)	(1.302)
CZGM	0.771	−5.788	−8.104	−1.544	−1.023	6.545
	(4.123)	(16.912)	(15.353)	(13.682)	(14.362)	(5.727)
JRFZ	−0.305	0.175	−0.111	−0.354	−0.352	−0.394
	(0.285)	(0.612)	(0.631)	(0.725)	(0.759)	(0.756)
WSTZ	−14.819	−69.709	22.628	−7.645	−29.033	13.931
	(34.748)	(105.187)	(48.365)	(120.949)	(105.278)	(104.847)
DWMY	−1.224	−2.029	−1.264	−1.203	−0.921	−1.120
	(0.983)	(2.533)	(2.197)	(2.474)	(2.851)	(2.696)
RKMD	−3.562	−2.498	−3.620	−4.210	−4.271	−3.676
	(3.992)	(8.422)	(9.765)	(11.004)	(10.932)	(10.774)
DLPD	0.363**	0.186	0.502	0.430	0.410	0.431
	(0.171)	(0.497)	(0.463)	(0.512)	(0.564)	(0.405)
城市固定效应	否	否	否	否	否	否
时间固定效应	是	是	是	是	是	是
调整 R^2 值	0.227	0.291	0.246	0.252	0.216	0.269
样本量	150	30	30	30	30	30

注：FIXI（固定资产投资）为城市固定资产投资总额与GDP之比；ZXS（直辖市）为虚拟变量，若是直辖市则赋值为1，反之赋值为0；CZGM（政府财政规模）为政府一般公共预算支出与GDP之比；JRFZ（金融发展水平）为金融机构贷款余额与GDP之比；WSTZ（外商直接投资水平）为外商实际投资额与GDP之比；DWMY（对外贸易水平）为进出口总额与GDP之比；RKMD（人口密度）为城市年末总人口与行政面积比值的对数；DLPD（地理坡度）用城市平均高程坡度度量。考虑到西藏地区的数据缺失，故将其剔除。*、**、***分别表示在10%、5%、1%的水平上显著，括号中为稳健标准误。

四　实证结果分析

（一）基准回归分析

表3汇报了一体化平台影响城市经济增长的基准回归结果。其中，第（1）~（2）列为只加入核心解释变量和控制城市、时间双向固定效应的估计结果。可知，一体化平台的回归系数均在1%统计水平上显著为正，表明开通一体化平台对促进城市经济增长具有积极作用。第（3）~（4）列为加入一系列控制变量后的回归结果，可以看出，一体化平台的回归系数仍在1%统计水平上显著为正。该结果表明，在经济"增量"方面，一体化平台显著提升了省内城市经济增长水平约2.8%；在经济"质量"方面，一体化平台能够显著提升省内城市全要素生产率约1.8个百分点。另外，从模型设定的角度来看，无论是否添加控制变量，第（1）~（4）列的拟合优度均处于较高水平，说明基准模型设定有效且合理。综上，本文在实证上验证了假说H1，即一体化平台能够显著促进城市经济增长。

表3　基准回归分析结果

变量	(1) GDP	(2) TFP	(3) GDP	(4) TFP
DG	0.035***	0.022***	0.028***	0.018***
	(0.009)	(0.007)	(0.006)	(0.005)
GES			−0.772***	−0.585***
			(0.276)	(0.185)
LHC			−0.008	−0.045***
			(0.009)	(0.011)
INC			0.000	−0.000
			(0.001)	(0.001)
COL			0.099***	0.059***
			(0.012)	(0.010)
SIS			3.167***	2.071***
			(0.194)	(0.167)
TIS			1.783***	0.914***
			(0.196)	(0.180)
POD			0.359***	0.177***
			(0.072)	(0.056)

续表

变量	(1) GDP	(2) TFP	(3) GDP	(4) TFP
Constant	16.463***	7.792***	11.935***	5.730***
	(0.003)	(0.003)	(0.493)	(0.387)
城市固定效应	是	是	是	是
时间固定效应	是	是	是	是
调整 R^2 值	0.981	0.955	0.990	0.973
样本量	3101	3101	3101	3101

注：*、**、***分别表示在10%、5%、1%的水平上显著，括号内为稳健标准误。

（二）稳健性检验

1. 平行趋势检验

在采用双重差分法进行实证分析时，平行趋势检验是判断其因果效应的重要前提，即要保证在事件冲击前，处理组和对照组的经济增长变化趋势是一致的。为此，本文采用事件研究法（Event Study）构建动态效应模型进行检验分析，具体模型如下：

$$Y_{it} = \beta + \sum_{k=-5, k \neq -1}^{5} \beta_{1k} DG_{i, t_0+k} + \gamma Controls_{it} + \delta_i + \mu_t + \varepsilon_{it} \qquad (2)$$

其中，t_0 为一体化平台推出当年时点，DG_{i, t_0+k} 为一体化平台推出前后的相对时间虚拟变量，若处理组中的城市 i 在第 t_0+k 年接入本省区市的一体化平台，则赋值为 1，否则赋值为 0。k 代表一体化平台开放的第 k 年，一体化平台最早开通时间为 2014 年，到 2019 年全部省级行政区划单位均已开通。因此，在样本研究期（2009~2019 年），k 的取值范围为 $[-8, 6]$。但考虑到 k 取两边值时样本数量过少，单独估计可能会引发小样本偏误。对此，采取"合并"样本的处理方式，具体为将 $k \leqslant -5$ 和 $k \geqslant 5$ 的样本分别合并，最终样本取值范围为 $[-5, 5]$。同时，为避免可能存在的多重共线性问题，以一体化平台开通前一年（即 2013 年）作为基期。其余符号参数与式（1）相同。系数 β_{1k} 代表一体化平台对城市经济增长的动态效应。

图 2 汇报了一体化平台对 GDP 和 TFP 的动态效应。其中，纵轴为一体化平台的处理效应系数值，横轴为一体化平台开通的相对时间点。可知，在一体化平台开通的前 5 期，系数 β_{1k} 均分布在零值附近且并不显著，说明在一体化平台开通之前，处理组和对照组的经济增长变化趋势相近，并不存在显著差异，满足平行趋势假设。同时，研究发现在一体化平台开通之后，处理组城市的经济增长水平明显上升，系数 β_{1k} 呈现递增态势，这表明一体化平台对经济增长的积极效应具有一定的可延续性，也体现了数字政府建设对经济增长具有长期的推动作用。

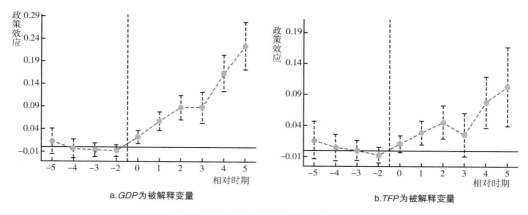

图2　平行趋势检验（95%置信区间）

2.安慰剂检验

为排除潜在不可观察的随机因素对基本结果的影响，本文采用随机抽样的方法进行安慰剂检验。具体而言，随机生成各省区市一体化平台的开通时间，并将该虚拟开通时间匹配到样本中的283个城市，依据式（1）中核心解释变量的构造方式便可生成虚拟的一体化平台变量。随后，将该虚拟的一体化平台变量引入式（1）中以替换真实的一体化平台变量进行回归分析，并采用bootstrap对这一过程重复1000次。通过提取每次回归得到的估计系数和P值，绘制了相应的点估计系数核密度值和对应P值的分布图（见图3），其中，黑色横虚线表示95%的置信区间，即P值为0.05。图3的（a）和（b）分别汇报了以GDP、TFP为被解释变量的安慰剂检验结果。可以看出，随机抽样得到虚拟的一体化平台的估计系数基本在零值附近分布，绝大多数的P值均在0.05以上，且虚拟的一体化平台的系数值与真实的一体化平台对GDP的影响系数值（0.032）和TFP的影响系数值（0.020）相差甚远，说明"伪"解释变量并不会对式（1）中被解释变量产生显著的影响，即本文的基本结果并不是由偶然因素所驱动得到的，证明了上文估计结果的稳健性。

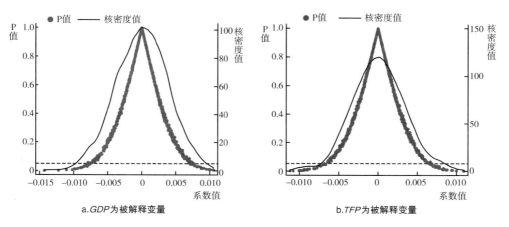

图3　安慰剂检验

3.其他稳健性检验

（1）更换被解释变量

本研究所关注的是城市经济增长水平，但除了前文所采用的 GDP 外，还可以使用 GDP 增长率、人均 GDP 来衡量城市经济增长水平。此外，徐康宁等（2015）研究表明夜间灯光亮度和 GDP 有着非常显著的正向相关关系，故夜间灯光亮度也是衡量地区经济发展水平的一个客观指标。由此，本部分将选择更换被解释变量的衡量方式来继续验证基本结果的稳健性。具体地，采用 GDP 增长率、人均 GDP、夜间灯光指数①均值重新衡量城市经济增量，并参考 Blundell 和 Bond（1998）以及鲁晓东和连玉君（2012）的研究思路，采用广义矩估计（GMM）重新测算城市的全要素生产率，度量城市经济增长水平，将上述变量分别引入式（1）中进行回归分析。表 4 中的第（1）~（4）列汇报了相应的回归结果，可以看出，一体化平台的回归系数均显著为正，说明一体化平台能显著促进 GDP 增长率、人均 GDP、夜间灯光指数和全要素生产率的增长，再一次证实了前文基本结果的可靠性。

表 4 更换变量与控制时间趋势

变量	(1) GDP 增长率	(2) 人均 GDP	(3) 夜间灯光指数	(4) TFP2	(5) GDP	(6) TFP
DG	0.009***	0.015**	1.033***	0.019***	0.023***	0.017***
	(0.002)	(0.007)	(0.148)	(0.005)	(0.005)	(0.005)
Constant	−0.480***	6.610***	−0.152	5.938***	13.164***	6.153***
	(0.118)	(0.609)	(8.766)	(0.386)	(0.435)	(0.374)
控制变量	是	是	是	是	是	是
城市固定效应	是	是	是	是	是	是
时间固定效应	是	是	是	是	是	是
省份-时间趋势	否	否	否	否	是	是
调整 R²值	0.560	0.956	0.957	0.975	0.992	0.974
样本量	3101	3101	3101	3101	3101	3101

注：*、**、***分别表示在 10%、5%、1% 的水平上显著，括号内为稳健标准误。

① 夜间灯光指数来源于 NOAA 所提供的全球夜间灯光成像栅格数据，依据中国城市行政区划分信息进行匹配，最终获得"城市—年份"夜间灯光面板数据。

（2）控制时间趋势项

为排除各省区市的一些固有差异（如历史文化、地理特征和资源禀赋等）在不同时间维度对城市经济增长水平所产生的异质性影响，本部分还进一步控制了省级层面的时间趋势项。具体地，在式（1）中引入省份—时间趋势项，结果如表4第（5）～（6）列所示。在控制了省份上固有特征的时间趋势效应后，一体化平台的系数值虽略有减小，但仍然在1%水平上显著为正，表明一体化平台对城市经济增长的正向效应并不会因各省区市特征差异时间趋势的影响而发生根本性改变。

（3）剔除重要外生事件的干扰

在本研究期间，国家出台了较多的试点政策/事件冲击，如"信息惠民""智慧城市""宽带中国"等试点政策。显然，这些试点政策/事件冲击都可能会影响城市经济增长，进而干扰本文基本研究结论的准确性。由此，为避免其他试点政策/事件冲击对前文基本结果造成的影响偏差，在式（1）的基础上还控制了"信息惠民""智慧城市""宽带中国"等试点政策冲击的影响。具体地讲，依据上述试点政策构造了同一体化平台相似的0、1变量指标，并引入式（1）中重新进行回归。表5中的第（1）～（6）列分别汇报了各个试点政策/事件冲击的相关估计结果，第（7）～（8）列则是将所有试点政策/事件冲击纳入式（1）中进行回归的估计结果。我们发现在控制其他外生的试点政策/事件冲击后，各列结果中的一体化平台的系数值均在1%统计水平上显著为正，且和基准回归结果并无太大差异。这表明一体化平台对城市经济增长的正向效应不会受到同期其他试点政策/事件冲击的干扰，证实了本文基本结果的稳健性。

表5　剔除重要外生事件干扰

变量	(1) GDP	(2) TFP	(3) GDP	(4) TFP	(5) GDP	(6) TFP	(7) GDP	(8) TFP
DG	0.028***	0.018***	0.030***	0.018***	0.028***	0.018***	0.029***	0.018***
	(0.006)	(0.005)	(0.006)	(0.005)	(0.006)	(0.005)	(0.006)	(0.006)
信息惠民	0.010	0.014**					0.001	0.015**
	(0.008)	(0.007)					(0.008)	(0.007)
智慧城市			0.033***	−0.002			0.032***	−0.003
			(0.007)	(0.007)			(0.007)	(0.007)
宽带中国					0.022**	0.001	0.020**	−0.002
					(0.009)	(0.007)	(0.009)	(0.007)

续表

变量	(1) GDP	(2) TFP	(3) GDP	(4) TFP	(5) GDP	(6) TFP	(7) GDP	(8) TFP
Constant	11.938***	5.735***	11.866***	5.734***	11.916***	5.729***	11.851***	5.743***
	(0.494)	(0.385)	(0.498)	(0.390)	(0.489)	(0.388)	(0.495)	(0.390)
控制变量	是	是	是	是	是	是	是	是
城市固定效应	是	是	是	是	是	是	是	是
时间固定效应	是	是	是	是	是	是	是	是
调整 R^2 值	0.990	0.973	0.990	0.973	0.990	0.973	0.991	0.973
样本量	3101	3101	3101	3101	3101	3101	3101	3101

注：*、**、***分别表示在10%、5%、1%的水平上显著，括号内为稳健标准误。

（4）更换估计模型

与传统的双重差分方法相比，双重机器学习（Double/Debiased Machine Learning，DDML）方法突破了传统方法中对变量线性关系的严格假设，允许更灵活的非线性关系存在。通过应用先进的机器学习技术，DDML能够有效地从众多高维控制变量中识别并选择出具有高预测精度的变量子集。这有利于缓解因控制变量过多而导致的"维度诅咒"问题，并减少了可能因遗漏关键控制变量而产生的估计偏误（Chernozhukov 等，2018）。此外，DDML还能够通过精确的算法处理非线性数据，从而有效降低模型误设的风险（Yang等， 2020），进一步提升了模型估计的准确性。

基于此，本文将采用双重机器学习（DDML）进行稳健性检验。在具体算法选择方面，参考张涛和李均超（2023）的做法，选择随机森林、套索回归、梯度提升这三种预测算法。同时，考虑到主要控制变量的有限性，我们还计算了控制变量的二次项，并引入部分线性双重机器学习模型进行估计。表6汇报了利用双重机器学习模型的估计结果，其中，Panel A第（1）～（3）列和Panel B第（4）～（6）列均为在默认样本分割比例（1：4）下采用随机森林算法、套索回归算法、梯度提升算法的估计结果。可以看出，无论因变量为经济"增量"（GDP）还是"质量"（TFP），一体化平台估计系数均显著为正，且这些估计系数值与基准回归估计结果的差异较小。这些结果表明本文基准回归结果并未出现主要控制变量有限导致的估计有偏；且在高维控制变量下，也并未陷入"维度诅咒"问题，再次有力地证明了本文基本结论的稳健性。

表6　双重机器学习估计结果

变量	Panel A		
	(1)	(2)	(3)
	GDP		
	随机森林算法	套索回归算法	梯度提升算法
DG	0.023*	0.029***	0.069***
	(0.013)	(0.007)	(0.018)
Constant	−0.007**	−0.001	−0.001
	(0.004)	(0.002)	(0.005)
控制变量一次项	是	是	是
控制变量二次项	是	是	是
城市固定效应	是	是	是
时间固定效应	是	是	是
样本量	3101	3101	3101
	Panel B		
	(4)	(5)	(6)
变量	*TFP*		
	随机森林算法	套索回归算法	梯度提升算法
DG	0.016**	0.016***	0.020*
	(0.008)	(0.006)	(0.011)
Constant	0.002	−0.001	−0.000
	(0.002)	(0.002)	(0.003)
控制变量一次项	是	是	是
控制变量二次项	是	是	是
城市固定效应	是	是	是
时间固定效应	是	是	是
样本量	3101	3101	3101

注：*、**、***分别表示在10%、5%、1%的水平上显著，括号内为稳健标准误。

（5）异质性处理效应检验

鉴于多期双重差分模型的估计结果会受到异质性处理效应的影响，即由于各省区市一体化平台的接入时间存在先后差异，"坏控制组"会导致负权重的出现，进而对基准结果造成严重的偏误（Goodman-Bacon，2021）。针对这一问题，Callaway 和 Sant'Anna（2021）提出了多时期双重稳健估计量（Callaway and Sant Difference-in-Differences，CSDID），该方法相较于传统的双重差分（DID）更具灵活性和准确性，其缓解了可能存在的处理时间异质性（不同个体在不同时间接受处理）和处理效应异质性（在不同时间与不同个体中处理效应存在差异）问题。其基本原理为：将研究样本划分为若干个子组，对每个子组分别估计处理效应，随后采用特定的加总策略，汇总各子组的处理效应，以计算整个样本期间的平均处理效应（*ATT*）。在加总过程中，该策略旨在减少可能存在偏误的子组对总体估计的影响。在操作上，借鉴汤玉刚和张鹤鹤（2024）的做法，分析了简单加权平均处理效应、动态平均处理效应、日历时间平均处理效应、分组平均处理效应这四种回归结果。

表 7 汇报了异质性处理效应的估计结果，Panel A 是因变量为 *GDP* 的结果，Panel B 是因变量为 *TFP* 的结果。可以看出，无论被解释变量为 *GDP* 还是 *TFP*，简单加权平均处理效应、日历时间平均处理效应均显著为正，动态平均处理效应在事前（*Pre_avg*）不具显著性、事后（*Post_avg*）显著为正，该结果充分表明了一体化平台的设立能够显著提升城市经济增长水平，且系数大小和统计水平与基准回归结果没有太大差异，进一步证实了潜在的"坏控制组"并不会改变本文的基本结果。

表 7　异质性处理效应估计结果

	Panel A			
	（1）	（2）	（3）	（4）
变量	*GDP*			
	简单加权平均处理效应	动态平均处理效应	日历时间平均处理效应	分组平均处理效应
Simple ATT	0.050***			
	(0.012)			
Pre_avg		0.001		
		(0.004)		
Post_avg		0.093***		
		(0.016)		
Caverage			0.051***	
			(0.011)	
Gaverage				0.026***
				(0.008)
	Panel B			
	（5）	（6）	（7）	（8）
变量	*TFP*			
	简单加权平均处理效应	动态平均处理效应	日历时间平均处理效应	分组平均处理效应
Simple ATT	0.025***			
	(0.009)			
Pre_avg		0.002		
		(0.003)		
Post_avg		0.066***		
		(0.012)		

	Panel B			
	(5)	(6)	(7)	(8)
变量	*TFP*			
	简单加权平均处理效应	动态平均处理效应	日历时间平均处理效应	分组平均处理效应
Caverage			0.031***	
			(0.009)	
Gaverage				0.009
				(0.007)

注：Callaway 和 Sant'Anna（2021）提出了一种基于权重选择的方法，用以计算四种平均处理效应（*ATT*），具体为：①简单加权平均处理效应（Simple ATT），即对所有子组赋予等权重后加权求和的平均处理效应；②动态平均处理效应（Dynamic ATT），依据各子组距离首次处理的时间远近赋予权重，并进行加权求和的平均处理效应；③日历时间平均处理效应（Calendar Time ATT），利用自然年份为分组依据，并对子组进行加权求和的平均处理效应；④分组平均处理效应（Group ATT），根据子组首次被处理的时间赋予分组权重，并进行求和的平均处理效应。上述四种平均处理效应有助于综合考量时间因素和子组异质性对处理效应估计的影响，并通过加权策略降低偏误风险，进而得到更精确稳健的平均处理效应估计。*、**、***分别表示在10%、5%、1%的水平上显著，括号内为稳健标准误。

五　机制检验与异质性分析

上文结果显示一体化平台对城市经济增长具有显著的推动作用。本部分将基于前文的理论分析，进一步实证分析一体化平台对经济增长的作用机制和异质性效应。

（一）机制检验

基于前文的理论分析，本部分将从实证视角进一步验证一体化平台能否改善营商环境，且在此基础上，是否会加速资本流动和提高资本配置效率，最终促进城市经济增长。

1.营商环境

在营商环境上，从宏观和微观两个视角验证该机制。首先，在宏观层面，借鉴王小鲁等（2019）和张柳钦等（2023）的研究，构建包含政府服务效率、非国有化程度、对外开放水平、金融发展水平和法治环境建设五个二级指标的营商环境综合指标体系，并采用主成分分析法测算城市—年份层面的营商环境综合指数，①最后将其作为新的被解

---

① 具体来说，政府服务效率采用城市公共管理、社会保障和社会组织人均服务的人口数衡量；非国有化程度涉及规模以上非国有工业企业的产值占规模以上工业企业总产值的比重以及非国有经济就业人数占城镇就业总人数的比重；对外开放水平涉及城市的进出口总额和外商直接投资总额；金融发展水平涉及城市外资银行网点数量和金融机构的贷款总额；法治环境建设采用城市每万人拥有的律师事务所数量衡量。

释变量代入式（1）进行回归分析。表 8 第（1）列汇报了相关回归结果，我们发现一体化平台的系数值为 0.032，且在 10% 统计水平上显著，说明一体化平台能够显著改善城市的营商环境，为城市经济增长提供有效、高质量的制度供给。

在微观层面，从企业制度性交易成本进行讨论分析。逻辑上讲，企业想要在某地区发展，难以避免的前期交易成本支出主要体现在经济交易活动是否被允许和交易的便利程度。若某地区的营商环境很差，那么外地企业就很可能无法进入本地市场或在进入过程中的政务服务业务（如资质认证、营业执照申领、公章刻制、社保参保、银行开户等）办理流程上需要较长的等待时间，甚至存在严重的契约执行效率低的现象（夏杰长和刘诚，2017）。因此，企业制度性交易成本降低是地区营商环境改善的微观体现。

在指标识别上，参考 Lesmond 等（1999）、李寿喜（2007）、孙伟增等（2024）的研究，采用管理费用/营业总收入、管理费用/营业总成本、超额管理费用三个指标来度量企业制度性交易成本。表 8 中 Panel A 的第（2）~（4）列汇报了相关回归估计结果，我们发现一体化平台的估计系数值均在 1% 水平上显著为负，说明一体化平台有效降低了企业的制度性交易成本，其原因在于一体化平台提高了政府政务服务效率和政府透明度，为企业塑造了良好的发展环境，从而有效降低了企业的非生产性负担。

此外，从 CSMAR 数据库中收集整理了企业的招待费、差旅费等数据，并用企业招待费/营业总收入（$ITC1$）、（招待费+差旅费）/营业总收入（$ITC2$）这两个指标来进一步度量企业跟外界主体交涉过程中所产生的交易成本。但由于数据缺失，无法直接回归一体化平台对企业招待费及"招待费+差旅费"的影响。对此，将上述数据在省份—年份层面进行加总平均，得到省份—年份层面企业所面临的平均制度性交易成本。同时，为规避一体化平台对上述变量产生影响，采用 2013 年的截面数据进行下一步分析。具体地，参考江艇（2022）的分析思路，采用交乘项的方式进行机制检验分析。首先，依据上述两个变量在 2013 年截面数据的中位数将样本分为"外部"制度性交易成本较高组（$ITC1$ 高/ $ITC2$ 高赋值为 1）和较低组（$ITC1$ 高/ $ITC2$ 高赋值为 0）。随后，将这两个虚拟变量与一体化平台的交乘项分别纳入模型进行回归分析。表 8 中 Panel B 的第（5）~（8）列结果表明，在"外部"制度性交易成本越高的环境中，一体化平台发挥的经济增长效应越强，这一结果也正吻合了本文营商环境机制的核心逻辑。

表8 营商环境机制

	Panel A			
	（1）	（2）	（3）	（4）
变量	营商环境指数	管理费用/营业总收入	管理费用/营业总成本	超额管理费用
DG	0.032*	−0.012***	−0.012***	−0.006***
	（0.018）	（0.002）	（0.002）	（0.001）
$Constant$	−4.678***	0.063	0.123**	−0.128***
	（1.130）	（0.065）	（0.060）	（0.047）
企业控制变量	否	是	是	是
企业固定效应	否	是	是	是
城市控制变量	是	是	是	是
城市固定效应	是	否	否	否
时间固定效应	是	是	是	是
调整 R^2 值	0.976	0.084	0.084	0.117
样本量	3101	25525	25510	25977

	Panel B			
	（5）	（6）	（7）	（8）
变量	GDP	TFP	GDP	TFP
$DG×ITC1$高	0.017***	0.014***		
	（0.004）	（0.003）		
$DG×ITC2$高			0.012***	0.012***
			（0.004）	（0.003）
DG	−0.034***	−0.016***	−0.032***	−0.016***
	（0.004）	（0.003）	（0.005）	（0.004）
$Constant$	6.256***	2.295***	6.262***	2.298***
	（0.229）	（0.153）	（0.230）	（0.154）
企业控制变量	是	是	是	是
企业固定效应	是	是	是	是
城市控制变量	是	是	是	是
城市固定效应	否	否	否	否
时间固定效应	是	是	是	是
调整 R^2 值	0.983	0.969	0.983	0.969
样本量	29400	29400	29400	29400

注：$ITC1$，招待费/营业总收入；$ITC2$，（招待费+差旅费）/营业总收入。企业控制变量为董事会规模、独立董事占比、总资产收益率、公司规模、第一大股东持股比例、资产负债率、机构投资者持股比例（相对总股本）、两职合一。*、**、***分别表示在10%、5%、1%的水平上显著，括号内为稳健标准误。

2. 资本流动

在资本特征方面，风险投资在众多资本种类中最具市场敏感性，只有当城市的营商环境和市场期望收益真实得到大幅提升时，风险资本才会选择流入。相比之下，固定资产投资一定程度体现在经济生产活动中，可视为资本流动的一种常见形式（罗浩，2003），基于此，本文借鉴龙玉等（2017）和罗浩（2003）的研究，采用城市的风险投资笔数[①]和固定资产投资额来度量资本流动，并作为新的被解释变量代入式（1）中进行回归分析。表9的第（1）~（2）列汇报了相应的估计结果，可以看到一体化平台的系数值分别为0.163和0.085，且均在1%统计水平上显著，表明一体化平台会显著促进城市的资本流动。具体地，当一体化平台开通后，城市风险投资和固定资产投资规模分别提升了约16.3%和8.5%，能为城市经济增长提供重要的资本支撑。

3. 资本配置效率

在资本配置效率方面，本文借鉴Hsieh和Klenow（2009）、刘诚和夏杰长（2023）的做法测算了城市层面的资本错配指数。该指数为负向指标，反映了资本要素的错配程度，一般是用于反向度量城市的资本配置效率，即资本错配指数越大表明资本配置效率越低，同时也意味着经济效率出现越大程度的损失，越不利于城市经济增长。表9第（3）列汇报了一体化平台影响资本配置效率的回归结果，可以看到，一体化平台的回归系数值为-0.003，且在1%的统计水平上显著，说明一体化平台的开通显著提升了城市资本配置效率约0.3%，有助于促进城市经济增长。

表9　资本流动和资本配置效率机制

变量	(1) 风险投资笔数	(2) 固定资产投资额	(3) 资本错配指数
DG	0.163***	0.085***	−0.003***
	(0.055)	(0.020)	(0.001)
Constant	−4.790**	6.180***	7.702***
	(2.296)	(1.121)	(0.035)
控制变量	是	是	是
城市固定效应	是	是	是
时间固定效应	是	是	是
调整 R^2 值	0.801	0.915	0.999
样本量	3101	3101	3101

注：风险投资笔数和固定资产投资额均进行了加1对数化处理。*、**、***分别表示在10%、5%、1%的水平上显著，括号内为稳健标准误。

———————————

① 该数据为清科私募通数据库所整理，本文依据投资年份和投资企业注册地所在城市进行匹配，最终得到了"城市—年份"层面的风险投资面板数据。

（二）异质性分析

前文发现一体化平台具有显著的经济增长效应，但对于不同城市而言，资源禀赋、经济发展基础、文化等特征都大为不同，故一体化平台对城市经济增长的积极影响可能也存在异质性效应。关于这一议题的分析，不仅能丰富本文的研究结果，还能深化理解一体化平台的经济增长效应，以期为更好地发挥出一体化平台的赋能作用提供相应的实践启示。

1.市场分割异质性

市场分割可分为生产要素和商品服务两方面的市场分割（陆铭和陈钊，2009）。从理论上讲，市场分割会阻碍区域经济增长。由此，进一步分析一体化平台在区域市场分割方面的异质性效应。参照Parsley和Wei（1996）、余泳泽等（2022）的方法测算省级层面的市场分割指数，指数越大代表该地区的市场分割程度越高。为规避一体化平台对市场分割水平的影响，文中采用2013年各省区市的市场分割指数衡量市场分割水平，并依据其中位数将样本划分为市场分割水平较强、较弱两组，其中，大于中位数的样本将其赋值为1，反之赋值为0，最后将该0、1变量与一体化平台构建交乘项，并代入式（1）中进行回归分析。

表10 Panel A中的第（1）~（2）列汇报了基于市场分割的异质性回归结果。可以看出，一体化平台与市场分割的交乘项系数均在1%统计水平上显著为正。该结果表明，相较于市场分割程度低的地方，一体化平台在市场分割程度高的地区更能显著提升城市*GDP*和*TFP*。究其原因，一体化平台作为政府数字化建设的新形态，能够以制度手段干预和协调市场运行，打破市场分割，有效改善区域营商环境，从而有效降低区域之间因分割而带来的制度差异和制度阻碍，切实减小市场分割带来的制度性交易成本，进一步推动城市经济增长。

2.地理坡度异质性

通常，地理坡度在一定程度上能够反映地区的基础设施建设水平。地理坡度越大，城市基础设施建设成本就越高（卞元超等，2019），与外界交流不便，使得该地的营商环境相对较差，企业入驻较困难，资本流动受阻，进一步制约当地经济发展。鉴于此，继续分析一体化平台在区域地理坡度方面的异质性效应。具体地，计算城市个体层面的地理平均坡度，并依据中位数将其划分为地理坡度较高、较低两组，如若城市地理平均坡度大于所测算的中位数，将其赋值为1，反之赋值为0。最后将该变量与一体化平台构建交乘项，并代入式（1）中进行回归分析。

表10 Panel A中的第（3）~（4）列汇报了基于地理坡度的异质性回归结果。研究发现，无论被解释变量是*GDP*还是*TFP*，一体化平台与地理坡度的交乘项回归系数均在

1%统计水平上显著为正，表明一体化平台在地理坡度较高的地区更能有效地促进经济增长。对此，可能的解释为：地理坡度较高地区的突出特征为基础设施建设水平较低，而由此带来的交通不便、信息不畅等现实问题会使得居民/企业的行政事务处理成本大大增加；而一体化平台的设立将大部分的政务服务集中于线上，用户可高效办理相关业务，有效打破了地理壁垒，促使该地区的居民/企业获得等同于大城市的政府政务服务水平和质量，达成服务便民化、高效化、精准化的目标，故能产生更强的经济增长效应。

3.人口集聚异质性

理论上，集聚是指各类要素、产业乃至经济活动在地理空间上集中的现象。已有研究表明，集聚是影响经济增长的重要因素（Baldwin 和 Forslid，2000；Martin 和 Ottaviano，2001）。在现实经济生活中，人作为区域中最为活跃的要素，人口集聚程度的提高显然会对区域经济发展产生重大影响（Fogarty 和 Garofalo，1988；González-Val，2011）。为分析一体化平台在区域人口集聚方面的异质性效应，参照刘世锦等（2023）的研究，用人口密度衡量城市人口集聚程度。类似地，为规避一体化平台对城市人口集聚程度的影响，选取2013年我国各个城市的人口密度作为截面变量，并依据人口密度的中位数将样本划分为人口集聚程度高、低两组，其中，如若城市人口密度大于该中位数，则赋值为1，反之赋值为0。最后将该0、1变量与一体化平台构建乘项，并代入式（1）进行回归分析。

表10 Panel B 中的第（5）~（6）列汇报了基于人口集聚的异质性回归结果。可知，无论被解释变量为 GDP 还是 TFP，一体化平台与人口密度的交乘项系数分别在5%和10%的统计水平上显著为正，说明一体化平台在人口密度大的城市中发挥的经济增长效应更强。可能的原因在于：一方面，公众是政府服务的主要对象，在人口集聚水平高的地区，一体化平台的服务范围更大、服务对象更多，能够通过规模优势发挥出更强的经济增长推动作用。另一方面，某一地区的人口出现集聚现象，会给社会治理带来巨大压力和挑战，阻碍当地经济增长（孙浦阳等，2011）；而一体化平台能够有效提高政府的治理能力和治理效率，缓解人口集聚对当地经济增长带来的负面作用。

4.政府公共数据开放异质性

公共数据在数据资源中占据重要地位，不仅包含政府政务数据，还覆盖企业、消费者等市场主体在经济活动中所产生的相关数据。有研究表明，地方政府推行公共数据开放有利于促进数据要素与生产体系相融合，发挥数据要素价值，进而推动区域经济高质量发展（Goldfarb 和 Tucker，2019；陈晓红等，2022）。为分析一体化平台在政府公共数据开放方面的异质性效应，采用开放数林指数[①]（open data index）来评估各个地方政府

① 数据来源于中国开放数林指数网（ifopendata.fudan.edu.cn）。

公共数据开放情况。同时，为更好地反映各个地方政府公共数据开放的建设情况，选用2019年参与评分的86个城市的政府开放数林综合指数①进行分析，具体处理方式为：依据综合指数排名判断城市的公共数据开放程度，处于前10名（包括第10名）的城市赋值为1，其余参与评价的城市赋值为0。最后将该虚拟变量与一体化平台构建交乘项，并代入式（1）中进行回归分析。

表10 Panel B 中的第（7）~（8）列汇报了基于公共数据开放的异质性回归结果。可以看出，一体化平台与开放数林指数的交乘项分别在5%和1%统计水平上显著为正，说明在政府公共数据开放程度较高区域，一体化平台对城市经济增长的推动效应较强。该结果表明了以下逻辑：一体化平台以人工智能、大数据、区块链等新兴技术为重要基础，能破除区域信息壁垒和弥合区域间制度差距（方锦程等，2023），但"巧妇难为无米之炊"，一体化平台若能结合公共数据开放，则可以更大程度地发挥出潜在的公共数据要素价值，从而促进区域经济快速发展。

表10 异质性分析

	Panel A			
	（1）	（2）	（3）	（4）
变量	GDP	TFP	GDP	TFP
DG×市场分割指数	0.056***	0.056***		
	（0.009）	（0.008）		
DG×地理坡度			0.073***	0.034***
			（0.009）	（0.008）
DG	0.000	−0.010	−0.011	0.000
	（0.009）	（0.007）	（0.008）	（0.007）
Constant	11.810***	5.604***	12.068***	5.792***
	（0.501）	（0.387）	（0.490）	（0.388）
控制变量	是	是	是	是
城市固定效应	是	是	是	是
时间固定效应	是	是	是	是
调整 R^2 值	0.991	0.974	0.991	0.973
样本量	3101	3101	3101	3101

---

① 综合指数包括准备度指数（20%）、服务层指数（20%）、数据层指数（40%）、利用层指数（20%），能够较为全面地表征地方政府公共数据开放平台建设基本情况。由于统计范围有限，2019年仅评估了86个城市的得分情况，其中，前10名为贵阳市、深圳市、哈尔滨市、济南市、青岛市、成都市、福州市、广州市、威海市、银川市。

续表

	Panel B			
	(5)	(6)	(7)	(8)
变量	GDP	TFP	GDP	TFP
DG×人口密度	0.023**	0.015*		
	(0.011)	(0.009)		
DG×开放数林指数			0.048**	0.062***
			(0.021)	(0.017)
DG	0.016*	0.010	0.005	−0.007
	(0.009)	(0.007)	(0.009)	(0.009)
Constant	12.027***	5.791***	13.144***	5.243***
	(0.481)	(0.380)	(0.751)	(0.571)
控制变量	是	是	是	是
城市固定效应	是	是	是	是
时间固定效应	是	是	是	是
调整 R^2 值	0.990	0.973	0.994	0.976
样本量	3101	3101	915	915

注：*、**、***分别表示在10%、5%、1%的水平上显著，括号内为稳健标准误。

六　拓展性分析

我国各个地区的资源禀赋、社会经济条件和历史文化差异较大，区域经济发展不平衡、不充分的问题突出，为此，国家相继实施了"西部大开发"、"振兴东北地区老工业基地"、"中部地区崛起"和各类区域一体化建设等区域协调发展政策，取得了成效。尽管如此，我国区域经济发展差距仍然存在（段光鹏和王向明，2022），且呈现出新的分化态势（孙三百和张可云，2022）。特别是在推进"强省会"和"城市群"战略以来，中心城市对周边城市的虹吸效应持续强化，导致大城市对小城市的辐射与带动能力不足，各省份内部城市经济发展的马太效应愈加明显（陈玉和孙斌栋，2017），反而加剧了区域经济发展不平衡。

已有研究表明，生产要素资源在空间上的分布不均是形成区域经济发展差距的重要原因（Gennaioli 等，2013；Alesina 等，2016）。由前文分析可知，一体化平台会有效打破区域间地理、行政和信息壁垒，优化营商环境，促进资本流动和资本配置效率提升。这能实现资本的空间均等化发展（孙伟增等，2024），进一步缩小城市间经济增长水平差距，推进区域经济协调、均衡发展。为探究一体化平台是否能够有效缩小城市间的经济发展差距，利用城市对数据进行分析，并构建如下模型：

$$EA_{ijt} = \beta_0 + \beta_1 DG_{it} + \gamma X_{it} + \lambda X_{jt} + \delta_{ij} + \mu_t + \varepsilon_{ijt} \tag{3}$$

其中，被解释变量 EA_{ijt} 表示在第 t 年城市 i 和城市 j 的经济收敛水平，包括 GDP、TFP 和夜间灯光指数这三方面的数据。具体地，分别计算省内城市对 GDP、TFP 和夜间灯光指数的差值，并取绝对数以消除符号带来的干扰。在此基础上，考虑到绝对值过大可能会对估计结果造成偏误，进一步对 GDP 绝对值和夜间灯光指数绝对值进行加 1 对数化处理。由指标定义可知，经济收敛水平 EA 的取值越大说明省内城市之间的经济增长水平差距越大，经济发展越不均衡，就越不趋于收敛性增长。X_{it} 和 X_{jt} 分别为城市 i 和城市 j 中随时间的推移且可能会影响城市经济增长水平的一系列特征变量，包括政府一般公共预算支出占 GDP 比重、高校在校大学生数量、城市人均道路面积、移动电话用户数、二产占 GDP 比重、三产占 GDP 比重、地方人口密度。δ_{ij} 为城市对交互固定效应，以控制城市对样本中不随时间的推移而变化的变量，如地理区位、自然禀赋和历史文化等。其余参数同式（1）相似。

表 11 汇报了一体化平台影响同省份内城市经济收敛性的回归结果，从第（1）~（3）列的估计结果可以看出，一体化平台（DG）的回归系数均至少在 5% 统计水平上显著为负，表明当一体化平台开通后，省内城市间 GDP、TFP 和夜间灯光指数的差异分别下降了约 3.9%、0.7%、4.8%。这一结果充分论证了一体化平台能够有效促进省内城市间的经济实现收敛性增长，进而推动区域经济协调发展。

表11　一体化平台对同省份内城市间经济收敛性的影响

变量	EA		
	（1）	（2）	（3）
	GDP	TFP	夜间灯光指数
DG	−0.039**	−0.007***	−0.048***
	(0.018)	(0.001)	(0.015)
Constant	12.538***	0.025	6.910***
	(0.765)	(0.116)	(0.994)
城市 i 特征变量	是	是	是
城市 j 特征变量	是	是	是
城市对固定效应	是	是	是
年份固定效应	是	是	是
调整 R^2 值	0.861	0.901	0.806
样本量	36602	36602	36602

注：*、**、***分别表示在 10%、5%、1% 的水平上显著，括号内为稳健标准误。

七 研究结论与政策启示

政务服务一体化平台既是实现我国治理体系和治理能力现代化的重要抓手，也是推动经济社会智能化、网络化、现代化发展的重要路径，对促进区域经济高质量发展具有重要意义。本文将省级政务服务一体化平台开通视为一项准自然实验，利用我国 2009~2019 年 283 个城市的面板数据，采用多期双重差分方法实证检验了一体化平台对经济增长的影响及其内在作用机制。研究表明：首先，一体化平台能显著地促进城市 GDP 和 TFP 增长，这一基本结论在考虑异质性处理效应等诸多稳健性检验后依然成立，表明一体化平台对城市经济增长兼具增量和提质效应。其次，机制分析表明，一体化平台能够通过营造良好的营商环境、降低制度性交易成本、促进资本快速流动和优化资本配置发挥经济增长效应。再次，异质性结果显示，一体化平台在市场分割更严重、地理崎岖度更大、人口集聚程度和公共数据开放程度更高的地区具有更为显著的经济增长效应。最后，一体化平台有助于缩小省内城市间经济发展水平差距，显著改善区域发展不均衡、不充分问题，优化经济发展空间布局，为推动高质量发展提供了关键性支撑。基于上述的研究结论，可能的政策启示如下。

第一，提高各类服务的一体化平台建设水平，加快推进国家治理体系和治理能力现代化。本文的研究表明政务服务一体化平台能够显著促进城市经济增长。因此，在数字经济蓬勃发展的背景下，既要持续完善政务类一体化平台，更需要充分利用大数据、区块链、云计算等新兴技术在其他公共民生领域（如医疗卫生、住房保障、公共安全、劳动就业、养老托育、环境保护等）设立垂直化、专业化的数字一体化平台，通过模块化功能设计满足社会多方主体个性化、多样化的需求，提升公共服务水平。或是要系统推进地方冗余信息化资源的集约化改革，将存在职能交叉重复、营运效率低、数据标准不一等问题的分散化服务平台合并为统一的一体化服务中心，建立服务目录动态管理机制，以缓解系统重复建设、资源碎片化等突出问题，促进经济社会一体化、网络化、智能化发展。这样不仅能够降低政府在这些公共领域的监管成本，提高公共服务供给水平与质量，还能加快政府数字化建设，更好地发挥政府在经济社会发展中的引导与调控作用。

第二，丰富拓展人工智能技术的应用场景，强化一体化平台的赋能效应。本文发现营商环境是政务服务一体化平台发挥经济增长效应的主要作用机制。因此，为构建与经济社会高质量发展需求相适应的营商环境体系，一体化平台仍需深度运用最新的人工智能技术来进一步丰富其在经济社会领域的功能与应用，如持续加强大数据、人工智能、图像识别、云计算等新一代信息技术在一体化平台中的场景应用，提升政府部门获取和分析海量数据的能力，为宏观经济的精准有效调控提供决策依据。又如探索机器学习、大语言模型等前沿技术的应用以破解一体化平台中的人工智能语义理解偏差、服务流程断点等问题，提升线上智能客服快速收集信息资料、精准识别问题和处理问题的能力，优化高频事务智能导办、常见事务智能预填和智能预审等功能，更好引导企业和群众高效率办理事务。同时，还需定期开展平台服务效能评估与促进算法模型优化升级，确保技术应用与市场主体的需求保持动态适配。由此可进一步拓展一体化平台服务功能，增强对市场营商环境的优化作用，提高市场主体发展活力，助推经济高质量发展。

第三，持续扩大政府公共数据开放程度，充分发挥数据要素潜在价值。本文发现一体化平台在公共数据开放程度较高的区域能够产生更为显著的经济增长效应，故应积极推进政府公共数据开放，进一步释放公共数据要素的潜在价值和扩大一体化平台经济社会效益。具体来说，在全国层面，应当建立专项基金支持机制，重点支持欠发达地区公共数据开放平台的基础建设、系统维护与迭代升级。在此基础上，需加快构建全国统一的公共数据开放技术架构体系，制定涵盖数据分级、接口规范、安全审核等环节的标准化准则，通过中央平台统筹联通省级及地市级数据开放节点，实施标准化运营管理，形成跨地域、跨层级的公共数据共享网络。在地方政府层面，要根据区域经济发展特点"因地制宜"地拓展规范化、多样化的公共数据开发机制，基于经济社会发展需求灵活调整公共数据开放的范围和目录清单，规范引导市场力量深挖数据要素价值，缓解数据要素在市场中"失灵"的问题，进一步提高数据的利用效率，以充分发挥数据要素在推进地方经济高质量发展中的重要作用。

参考文献

[1] 毕青苗、陈希路、徐现祥、李书娟，2018，《行政审批改革与企业进入》，《经济研究》第2期。

[2] 卞元超、吴利华、白俊红，2019，《高铁开通是否促进了区域创新?》，《金融研究》第6期。

[3] 蔡昉，2018，《中国改革成功经验的逻辑》，《中国社会科学》第1期。

[4] 陈晓红、李杨扬、宋丽洁等，2022，《数字经济理论体系与研究展望》，《管理世界》第2期。

[5] 陈玉、孙斌栋，2017，《京津冀存在"集聚阴影"吗——大城市的区域经济影响》，《地理研究》第10期。

[6] 程名望、贾晓佳、仇焕广，2019，《中国经济增长（1978—2015）：灵感还是汗水?》，《经济研究》第7期。

[7] 崔鑫生，2020，《"一带一路"沿线国家营商环境对经济发展的影响——基于世界银行营商环境指标体系的分析》，《北京工商大学学报（社会科学版）》第3期。

［8］董志强、魏下海、汤灿晴，2012，《制度软环境与经济发展——基于 30 个大城市营商环境的经验研究》，《管理世界》第 4 期。

［9］杜运周、刘秋辰、陈凯薇等，2022，《营商环境生态、全要素生产率与城市高质量发展的多元模式——基于复杂系统观的组态分析》，《管理世界》第 9 期。

［10］杜运周、刘秋辰、程建青，2020，《什么样的营商环境生态产生城市高创业活跃度？——基于制度组态的分析》，《管理世界》第 9 期。

［11］段光鹏、王向明，2022，《建设现代化经济体系：战略价值、基本构成与推进方略》，《改革》第 3 期。

［12］樊纲、王小鲁、马光荣，2011，《中国市场化进程对经济增长的贡献》，《经济研究》第 9 期。

［13］范爱军、李真、刘小勇，2007，《国内市场分割及其影响因素的实证分析——以我国商品市场为例》，《南开经济研究》第 5 期。

［14］方锦程、刘颖、高昊宇、董纪昌、吕本富，2023，《公共数据开放能否促进区域协调发展？——来自政府数据平台上线的准自然实验》，《管理世界》第 9 期。

［15］方军雄，2006，《市场化进程与资本配置效率的改善》，《经济研究》第 5 期。

［16］郭庆旺、贾俊雪，2005，《中国全要素生产率的估算：1979—2004》，《经济研究》第 6 期。

［17］何启志、彭明生，2024，《数字时代的有为政府：公共治理的视角》，《学术月刊》第 3 期。

［18］何颖、李思然，2022，《"放管服"改革：政府职能转变的创新》，《中国行政管理》第 2 期。

［19］胡凯、吴清，2012，《制度环境与地区资本回报率》，《经济科学》第 4 期。

［20］桓德铭，2021，《"互联网+政务服务"一体化建设及改革实践》，山东大学出版社。

［21］江艇，2022，《因果推断经验研究中的中介效应与调节效应》，《中国工业经济》第 5 期。

［22］江文路、张小劲，2021，《以数字政府突围科层制政府——比较视野下的数字政府建设与演化图景》，《经济社会体制比较》第 6 期。

［23］孔祥利、张倩，2023，《市场准入负面清单制度引导规范民营经济发展的价值导向、制度安排与施策重点》，《南开经济研究》第 12 期。

［24］李寿喜，2007，《产权、代理成本和代理效率》，《经济研究》第 1 期。

［25］李志军，2022，《我国城市营商环境的评价指标体系构建及其南北差异分析》，《改革》第 2 期。

［26］刘诚、夏杰长，2023，《线上市场、数字平台与资源配置效率：价格机制与数据机制的作用》，《中国工业经济》第 7 期。

［27］刘世锦、蔡颖、王子豪，2023，《人口密度视角下的中国经济潜在增长》，《经济纵横》第 1 期。

［28］刘淑春，2018，《数字政府战略意蕴、技术构架与路径设计——基于浙江改革的实践与探索》，《中国行政管理》第 9 期。

［29］龙玉、赵海龙、张新德等，2017，《时空压缩下的风险投资——高铁通车与风险投资区域变化》，《经济研究》第 4 期。

［30］卢盛荣、易明子，2012，《中国省际资本边际报酬再估算及无谓损失评估》，《数量经济技术经济研究》第 4 期。

［31］鲁晓东、连玉君，2012，《中国工业企业全要素生产率估计：1999—2007》，《经济学（季刊）》第 2 期。

［32］陆铭、陈钊，2009，《分割市场的经济增长——为什么经济开放可能加剧地方保护？》，《经济研

究》第3期。

[33] 路风，2022，《中国经济为什么能够增长》，《中国社会科学》第1期。

[34] 罗浩，2003，《中国劳动力无限供给与产业区域粘性》，《中国工业经济》第4期。

[35] 罗进辉、巫奕龙、刘海潮，2024，《亲清政商关系的创业赋能效应——来自中国城市层面的经验证据》，《系统工程理论与实践》第9期。

[36] 孟天广，2021，《政府数字化转型的要素、机制与路径——兼论"技术赋能"与"技术赋权"的双向驱动》，《治理研究》第1期。

[37] 倪建伟、杨璐嘉，2022，《数字政府发展国际经验比较及其对中国的启示》，《经济体制改革》第6期。

[38] 宋锴业，2020，《中国平台组织发展与政府组织转型——基于政务平台运作的分析》，《管理世界》第11期。

[39] 宋锴业、徐雅倩，2019，《"社会吸纳"何以失效？——一个国家项目运作过程的分析》，《公共管理学报》第3期。

[40] 孙浦阳、武力超、张伯伟，2011，《空间集聚是否总能促进经济增长：不同假定条件下的思考》，《世界经济》第10期。

[41] 孙三百、张可云，2022，《中国区域经济分化与空间动能解析》，《经济理论与经济管理》第5期。

[42] 孙伟增、张柳钦、万广华、王傲，2024，《政务服务一体化对资本流动的影响研究——兼论政府在全国统一大市场建设中的作用》，《管理世界》第7期。

[43] 汤玉刚、张鹤鹤，2024，《中国特色对口帮扶及其效应研究：来自珠三角"飞地经济"的证据》，《财贸经济》第4期。

[44] 王林辉、袁礼，2014，《资本错配会诱发全要素生产率损失吗》，《统计研究》第8期。

[45] 王小鲁、樊纲、胡李鹏，2019，《中国分省份市场化指数报告（2018）》，社会科学文献出版社。

[46] 王艳、李善民，2017，《社会信任是否会提升企业并购绩效？》，《管理世界》第12期。

[47] 魏下海、董志强、张永璟，2015，《营商制度环境为何如此重要？——来自民营企业家"内治外攘"的经验证据》，《经济科学》第2期。

[48] 夏杰长、刘诚，2017，《行政审批改革、交易费用与中国经济增长》，《管理世界》第4期。

[49] 辛璐璐，2021，《国际数字政府建设的实践经验及中国的战略选择》，《经济体制改革》第6期。

[50] 徐康宁、陈丰龙、刘修岩，2015，《中国经济增长的真实性：基于全球夜间灯光数据的检验》，《经济研究》第9期。

[51] 徐现祥、周荃、葛尔奇等，2024，《数字政府影响收入差距的U型模式：来自全球的证据》，《经济理论与经济管理》第7期。

[52] 徐晓萍、张顺晨、许庆，2017，《市场竞争下国有企业与民营企业的创新性差异研究》，《财贸经济》第2期。

[53] 许家云、廖河洋，2024，《数字政府如何影响企业供应链安全》，《国际贸易问题》第5期。

[54] 于文超、梁平汉，2019，《不确定性、营商环境与民营企业经营活力》，《中国工业经济》第11期。

[55] 于文超、王丹，2024，《数字政府建设能降低企业非生产性支出吗？——来自中国上市公司的经验证据》，《财经研究》第1期。

[56] 余泳泽、胡山、杨飞，2022，《国内大循环的障碍：区域市场分割的效率损失》，《中国工业经济》

第 12 期。

[57] 张柳钦、李建生、孙伟增，2023，《制度创新、营商环境与城市创业活力——来自中国自由贸易试验区的证据》，《数量经济技术经济研究》第 10 期。

[58] 张三保、康璧成、张志学，2020，《中国省份营商环境评价：指标体系与量化分析》，《经济管理》第 4 期。

[59] 张思涵、张明昂、王雨坤，2022，《服务型政府建设与企业高质量发展》，《财经研究》第 9 期。

[60] 张涛、李均超，2023，《网络基础设施、包容性绿色增长与地区差距——基于双重机器学习的因果推断》，《数量经济技术经济研究》第 4 期。

[61] 赵勇、马珍妙，2023，《营商环境对企业长期投资决策的影响——基于上市公司的面板数据分析》，《改革》第 9 期。

[62] 周荃、葛尔奇、陈希路、徐现祥，2023，《数字政府促进经济发展：理论机制与跨国证据》，《数量经济技术经济研究》第 12 期。

[63] 邹薇、雷浩，2021，《营商环境对资源错配的改善效应及其作用机制——基于制造业层面的分析》，《武汉大学学报（哲学社会科学版）》第 1 期。

[64] Al-Ani A. 2017. "Government as a Platform: Services, Participation and Policies." *Digital Transformation in Journalism and News Media: Media Management, Media Convergence and Globalization*, Cham: Springer International Publishing: 179-196.

[65] Alesina A., Michalopoulos S., Papaioannou E. 2016. "Ethnic Inequality." *Journal of Political Economy* 124(2): 428-488.

[66] Baldwin Richard E., Rikard Forslid. 2000. "The Core-periphery Model and Endogenous Growth: Stabilizing and Destabilizing Integration." *Economica* 67(267): 307-324.

[67] Blundell R., Bond S. 1998. "Initial Conditions and Moment Restrictions in Dynamic Panel Data Models." *Journal of Econometrics* 87(1): 115-143.

[68] Brouthers K. D. 2002. "Institutional, Cultural and Transaction Cost Influences on Entry Mode Choice and Performance." *Journal of International Business Studies* 33: 203-221.

[69] Cai H., Fang H., Xu L. C. 2011. "Eat, Drink, Firms, Government: An Investigation of Corruption from the Entertainment and Travel costs of Chinese Firms." *The Journal of Law and Economics* 54(1): 55-78.

[70] Callaway B., Sant'Anna P. H. C. 2021. "Difference-in-differences with Multiple Time Periods." *Journal of Econometrics* 225(2): 200-230.

[71] Chernozhukov Victor, et al. 2018. "Double/debiased Machine Learning for Treatment and Structural Parameters." *The Econometrics Journal* 21(1): 1-68.

[72] Dahlman C. J.1979. "The Problem of Externality." *The Journal of Law and Economics* 22(1): 141-162.

[73] Daron Acemoglu, James Robinson A. 2012. *Why Nations Fail: Origins of Power, Poverty and Prosperity*. Crown Business.

[74] Fogarty Michael S., Gasper A. Garofalo. 1988. "Urban Spatial Structure and Productivity Growth in the Manufacturing Sector of Cities." *Journal of Urban Economics* 23(1): 60-70.

[75] Gennaioli Nicola, et al. 2013. "Human Capital and Regional Development." *The Quarterly Journal of Economics* 128(1): 105-164.

［76］ Goldfarb A., Tucker C. 2019. "Digital Economics." *Journal of Economic Literature* 57(1)：3–43.

［77］ González–Val R. 2011. "Deviations from Zipf's Law for American Cities：An Empirical Examination." *Urban Studies* 48(5)：1017–1035.

［78］ Goodman–Bacon A. 2021. "Difference–in–differences with Variation in Treatment Timing." *Journal of econometrics* 225(2)：254–277.

［79］ Hsieh C. T., Klenow P. J. 2009. "Misallocation and Manufacturing TFP in China and India." *The Quarterly Journal of Economics* 124(4)：1403–1448.

［80］ Jiang Z., Yuan C., Xu J. 2024. "The Impact of Digital Government on Energy Sustainability：Empirical Evidence from Prefecture–level Cities in China." *Technological Forecasting and Social Change* 209：123776.

［81］ Lesmond D. A., Ogden J. P., Trzcinka C. A.1999. "A New Estimate of Transaction Costs." *The Review of Financial Studies* 12(5)：1113–1141.

［82］ Martin P., Ottaviano G. I. P. 2001. "Growth and Agglomeration." *International Economic Review* 42(4)：947–968.

［83］ Nam T. 2018. "Examining the Anti–corruption Effect of E–government and the Moderating Effect of National Culture：A cross–country Study." *Government Information Quarterly* 35(2)：273–282.

［84］ North Douglass C. 1990. *Institutions, Institutional Change and Economic Performance*. Cambridge University press.

［85］ Okunogbe O., Santoro F. 2023. "The Promise and Limitations of Information Technology for Tax Mobilization." *The World Bank Research Observer* 38(2)：295–324.

［86］ Parsley D. C., Wei S. J.1996. "Convergence to the Law of One Price Without Trade Barriers or Currency Fluctuations." *The Quarterly Journal of Economics* 111(4)：1211–1236.

［87］ Podrecca E., Carmeci G. 2001. "Fixed Investment and Economic Growth：New Results on Causality." *Applied Economics* 33(2)：177–182.

［88］ Standifird S. S., Marshall R. S. 2000. "The Transaction Cost Advantage of Guanxi–based Business Practices." *Journal of World Business* 35(1)：21–42.

［89］ Yang J. C., Chuang H. C., Kuan C. M. 2020. "Double Machine Learning with Gradient Boosting and Its Application to the Big N Audit Quality Effect." *Journal of Econometrics* 216(1)：268–283.

［90］ Yang X., Ran R., Chen Y., et al. 2024."Does Digital Government Transformation Drive Regional Green Innovation？Evidence from Cities in China." *Energy Policy* 187：114017.

［91］ Zhou M., Wang Y., Huang X., et al. 2023. "Can Open Government Data Policy Improve Firm Performance？Evidence from Listed Firms in China." *Managerial and Decision Economics* 44(5)：2593–2603.

［92］ Zhu Y., Yu D. 2024. "Can Government Digitalization Promote Firm Productivity？Evidence from Chinese Listed Firms." *Applied Economics* 56(33)：3939–3952.

（责任编辑：唐跃桓）

数字基础设施如何影响产业结构转型?

——基于"宽带中国"战略的实证检验

吴茂华　　王弟海[*]

摘　要：本文以"宽带中国"战略为切入点，聚焦探讨数字基础设施如何影响产业结构转型。具体而言，首先从理论层面分析了数字基础设施影响产业结构转型的逻辑机制；其次，将"宽带中国"实施方案作为数字基础设施发展的外生冲击代理变量，结合中国城市层面的面板数据，运用双重差分模型实证检验数字基础设施对产业结构转型的影响及其作用机制。研究结果表明，数字基础设施通过偏向型技术进步显著影响产业结构转型，具体表现为降低服务业与工业产值比的增长率。机制分析进一步验证了工业部门具有更高资本产出弹性的研究假设，并间接证实了数字基础设施在劳动偏向型技术进步中的重要作用。本文的研究不仅为深入理解数字基础设施对产业结构转型的影响提供了理论支持，同时也为全面评估数字基础设施在推动产业结构转型与经济增长中的作用奠定了经验基础。

关键词：数字基础设施　产业结构转型　"宽带中国"　准自然实验

一　引言

当前，中国经济正处于从高速增长阶段向高质量发展阶段的转型期，产业结构转型是这一过程的重要特征。根据国家统计局数据，改革开放初期，工业[①]增加值占GDP的比重为47.7%。随着改革开放的推进和工业化进程的加速，工业增加值占比长期稳定在45%左右。然而，自2011年起，随着经济增速的放缓，工业增加值占比也从46.5%逐步下降至2019年的38.6%。与此同时，非农部门中服务业与工业的比重也发生了显著变化，服务业与工业产值比从1978年的0.52上升至2019年的1.41（见图1）。特别是自

---

　*　吴茂华，讲师，南京财经大学财政与税务学院，电子邮箱：wumaohua@nufe.edu.cn；王弟海（通讯作者），教授，复旦大学经济学院，wangdihai@fudan.edu.cn。感谢匿名审稿专家的宝贵意见，文责自负。
　①　全文如无特殊说明，农业指的是第一产业，工业指的是第二产业，服务业指的是第三产业。

2011年以来，服务业与工业产值比的上升速度显著加快，表明产业结构转型已进入加速推进阶段。在此背景下，2023年政府工作报告明确指出，要大力推动创新驱动发展，促进产业结构优化升级。2025年政府工作报告提出，力争使"数字经济核心产业增加值占国内生产总值的比重达到10%左右"。这一战略部署为新时代中国经济高质量发展指明了方向。然而，产业结构转型也面临诸多挑战。王弟海（2021）从价格结构变化视角的研究发现，服务业发展的鲍莫尔成本病在长期内可能对经济增长产生较大阻碍。鲍莫尔成本病表现为服务业因技术进步相对缓慢而成本上升，进而拖累整体经济增长。我国历来高度重视实体经济发展，特别是党的十九届五中全会通过的《中共中央关于制定国民经济和社会发展第十四个五年规划和二〇三五年远景目标的建议》明确提出，要保持制造业比重基本稳定，巩固壮大实体经济根基。基于此，本文以"宽带中国"战略为切入点，探讨数字基础设施对产业结构转型的影响及其作用机制，旨在为相关政策制定提供理论依据和经验支持。

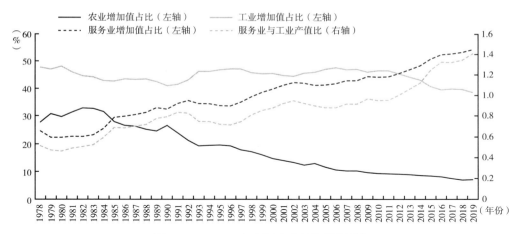

图1　1978~2019年中国产业结构转型特征

资料来源：国家统计局。

随着数字技术的快速发展和广泛应用，数字经济已成为推动经济增长和产业升级的重要引擎。数字经济对优化经济结构、提升生产效率、促进产业升级以及推动人才培养等具有重要意义，是我国实现高质量发展的关键支撑。近年来，我国数字化水平显著提升，数字技术应用已渗透至经济社会各个领域，数字经济发展也取得了积极成效。根据国家统计局数据，2003年互联网宽带接入端口和用户数分别为1802.3万个和1115.1万户，2019年分别增长至91577.98万个和44927.86万户（见图2）。特别是自"宽带中国"战略实施以来，互联网宽带接入端口和用户数均实现显著增长。现有文献对数字基础设施的经济社会影响进行了广泛研究（Goldfarb 和 Tucker， 2019；Kuznetsova 等， 2019），但关于数字基础设施在产业结构转型，尤其是去工业化进程中的具体作用的研究仍显不足。例如，郭凯明和王藤桥（2019）探讨了基础设施的整体影响，但未深入分析数字基础设施对产业结构转型的具体作用机制。"十四五"规划明确提出，加快数字化发展是当前经济社会发展的关键任务之一。基于此，以"宽带中国"战略为切入点，重点探讨数字基础设施对产业结构转型的影响及其内在机制，以期为相关政策制定提供理论依据和实践参考。

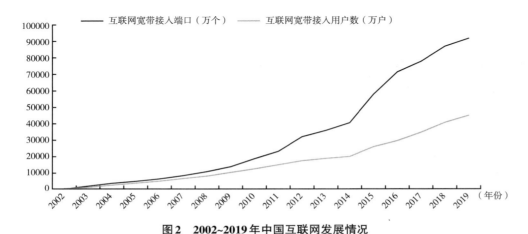

图 2 2002~2019 年中国互联网发展情况

数据来源：国家统计局。

　　本文从理论和实证角度探讨数字基础设施对产业结构转型的影响及其作用机制。然而，要科学回答这一问题面临诸多挑战，其中尤为突出的是现有实证研究中普遍存在的内生性问题。具体而言，不同地区或城市的数字基础设施并非随机分布，而是受到地区特征差异的影响，例如经济发展水平、地理位置等。这些不可观测的特征可能也会影响产业结构转型，从而导致回归结果偏差。为解决这一问题，将 2014 年起分地区实施的"宽带中国"战略试点作为准自然实验，运用双重差分方法（DID）控制地区和时间固定效应，以减少不可观测因素对实证结果的干扰。值得说明的是，"宽带中国"战略是我国推动宽带网络建设、促进数字基础设施发展、提升信息化水平的重要政策，旨在加速信息社会和数字中国建设。

　　在克服上述研究挑战的基础上，实证研究发现，数字基础设施显著降低了产业结构转型的速度。具体而言，以"宽带中国"战略试点作为提升数字基础设施建设水平的准自然实验，实施该战略的地区，服务业与工业产值比的增长率平均下降 0.18 个标准差。

进一步的机制分析验证了工业部门资本产出弹性更高的假设，并间接检验了数字基础设施促进劳动偏向型技术进步的作用。这些结果表明，"宽带中国"战略试点效果符合政策初衷，有效提升了地区数字经济发展水平。本研究为基于地区的数字基础设施发展提供了实证证据，同时也为中国实现产业结构转型升级和经济高质量发展提供了有益启示。

本文的边际贡献主要体现在以下三个方面。第一，从研究视角来看，首次从产业结构转型的角度，系统考察了数字基础设施对产业结构转型速度的影响，深入探讨了数字基础设施在提升生产效率和优化资源配置中的作用。在理论层面，创新性地将鲍莫尔成本病理论引入数字基础设施研究框架，揭示了数字技术通过缩小服务业与工业技术进步率差异来抑制产业结构转型速度的作用机制。这填补了现有文献中关于数字基础设施与产业结构转型之间关系的研究空白，为理解数字经济在经济高质量发展中的关键作用提供了新的理论支撑。第二，在研究方法上，有效解决了数字基础设施与产业结构转型之间普遍存在的内生性问题。通过将"宽带中国"战略试点作为准自然实验，并构建城市—时间层面的双重差分模型（DID），更准确地识别了数字基础设施对产业结构转型的因果效应，为相关研究提供了更为严谨的实证方法。第三，本研究不仅具有重要的理论价值，还具有显著的现实意义。通过深入分析数字基础设施对产业结构转型的影响机制，为政府和决策部门制定更加精准有效的数字经济政策提供了实证依据。研究结果为推动数字基础设施完善、提升服务业发展质量提供了重要参考，有助于实现经济高质量发展目标。

本文的结构安排如下：第二部分梳理相关文献；第三部分阐述理论基础与研究假设；第四部分介绍"宽带中国"战略实施的背景，并构建计量回归模型；第五部分报告实证结果，并对模型的有效性进行检验；第六部分检验理论假设并分析相关机制；第七部分总结并提出政策建议。

二 文献综述

近年来，随着数字技术的快速发展和广泛应用，数字基础设施已成为推动经济增长和产业结构转型的重要驱动力。现有研究主要从两个方向探讨数字基础设施与产业结构转型的关系：一是数字基础设施的经济效应，二是产业结构转型的理论框架。然而，关于数字基础设施如何具体影响产业结构转型的研究仍处于起步阶段，亟待进一步深化。

第一类文献集中于数字基础设施的经济效应。作为数字经济的核心支撑，数字基础设施的经济效应受到广泛关注。数字技术通过降低数据存储、计算和传输成本，显著提高了经济活动效率（Goldfarb 和 Tucker，2019）。研究表明，数字基础设施的发展对经济增长有显著促进作用（Kuznetsova 等，2019；钱海章等，2020）。此外，数字技术的应用不仅提升了企业生产力（Brynjolfsson 和 Saunders，2010；Goldfarb 和 Prince，2008），还通过优化资源配置和提升消费者福利，推动了经济结构优化（柏培文和喻理，2021；李治国和王杰，2021）。例如，Brynjolfsson 和 Saunders（2010）、Goldfarb 和 Prince（2008）指出，数字技术的应用能够提高企业生产力和增加消费者剩余。国内学者如柏培文和喻理（2021）、李治国和王杰（2021）也提供了相关实证支持。此外，针对我国数字基础设施的经济效应，刘秉镰等（2025）研究了数字基础设施对区域间资本要素流动的影响，钞小静等（2023）探讨了数字基础设施建设对产业链韧性的作用，王海等（2023）则分析了数字基础设施对企业数字化转型的推动作用。

在微观层面，数字技术尤其是人工智能的发展，已对就业结构和收入分配产生深远影响。Acemoglu 和 Restrepo（2017，2018）指出，人工智能可能通过替代低技能劳动力和创造高技能岗位，重塑劳动力市场格局。然而，现有研究集中于数字基础设施对经济效率的直接影响，而对其在产业结构转型中的作用机制的探讨仍较为有限。

第二类文献主要聚焦产业结构转型的理论框架。产业结构转型是经济发展中的核心议题之一。Kuznets（1973）提出的三部门框架（农业、制造业和服务业）为理解产业结构转型提供了经典范式。Herrendorf 等（2014）通过分析高收入国家的历史数据，验证了这一框架的普适性。

从供给端来看，Baumol（1967）提出成本病理论，认为技术进步较慢的部门（如服务业）会吸引更多劳动力，导致其相对价格上涨。Herrendorf 等（2014）的研究为这一机制提供了实证支持，表明农业的全要素生产率（TFP）增长较快，而服务业的 TFP 增长较慢。

从需求端来看，非位似偏好驱动的收入效应也被视为产业结构转型的重要动力。Kongsamut 等（2001）、Matsuyama（2000，2002）通过引入恩格尔定律和序列消费偏好，解释了消费者需求结构变化对产业转型的影响。此外，国际贸易（Uy 等，2013）、家庭生产的市场化（Ngai 和 Pissarides，2008；Buera 和 Kaboski，2012）、投入产出联系机制（Sposi，2019）以及人力资本积累（Caselli 和 Coleman，2001；Porzio 等，2022；郭凯明等，2024）等因素，也被纳入产业结构转型的分析框架。这些研究为全面理解产业结构转型的多维度驱动机制提供了重要的理论支持。

　　上述文献为理解产业结构转型提供了丰富的理论视角，但对数字基础设施如何影响产业结构转型的研究仍较少。现有研究主要集中于传统基础设施（郭凯明和王藤桥，2019）或广义新型基础设施（郭凯明等，2020）对产业结构的影响，而专门针对数字基础设施的研究相对较少。Duernecker等（2024）指出，并非所有服务业都呈现低技术进步率，未来主导经济结构转型的部门可能是技术进步率较高的服务业。这一观点引出了一个重要问题：数字基础设施是否能通过提升服务业的技术进步率来影响产业结构转型的方向？

　　基于此，本文旨在系统探讨数字基础设施对产业结构转型速度的影响及其内在机制，以填补这一研究空白。与现有研究相比，本文的创新点主要体现在以下三个方面。第一，理论视角创新，从产业结构转型的理论框架出发，结合数字经济特征，构建数字基础设施影响产业结构转型的理论模型。第二，机制分析深化。通过引入异质性技术进步率，分析数字基础设施对不同领域发展的影响，揭示其影响产业结构转型的作用机制。第三，内生性问题解决，采用前沿计量经济学方法，以"宽带中国"战略试点作为准自然实验，构建双重差分模型（DID），有效解决现有研究普遍存在的内生性问题，提升研究结果的可靠性和科学性。这些创新为深入理解数字基础设施在产业结构转型中的作用提供了新的理论支持和实证依据。

三　理论基础与研究假设

　　数字基础设施对产业结构转型的影响机制源于部门间技术进步率的异质性。根据鲍莫尔成本病理论（Baumol，1967），服务部门技术进步滞后于工业部门，导致服务价格上涨，劳动力不断向服务业转移，这种结构性矛盾可能会拖累整体经济增长。然而，数字经济的兴起为这一经典理论提供了新的解释视角：数字技术凭借其渗透性和通用性，重塑了服务业与工业的技术进步路径，进而改变了产业结构转型的内在逻辑。具体而言，数字基础设施对产业结构转型的影响可能通过以下三条路径实现。第一，数字技术突破了传统服务业的技术限制。云计算、人工智能等技术的广泛应用显著提高了教育、医疗等个性化服务的标准化程度，降低了服务交付的边际成本，突破了传统规模经济的限制。数据要素的指数级增长与平台经济的网络效应进一步放大了这一效应，为服务业技术进步提供了新的动力。第二，数字经济增强了服务业的可贸易性。跨境数字服务打破了地理空间的限制，使服务企业能够通过全球市场分摊固定成本，从而显著提升了服务业的全要素生产率。这种可贸易性的增强不仅扩大了服务业的市场规模，还促进了技术扩散和创新。第三，工业互联网推动了制造业服务化转型，模糊了第二产业与第三产业之间的技术边界。知识密集型服务业与智能制造形成技术共生关系，工业部门的技术外溢效应显著提升了服务业的技术进步率，缩小了部门间的技术进步差距。这种融合趋势为产业结构转型提供了新的动力，推动了经济结构的优化升级。

数字经济的发展带来的技术收敛效应使鲍莫尔成本病的发生机制产生了结构性变化。当数字经济对服务业技术进步的推动作用大于对工业的推动作用时，部门间技术进步率差异趋于缩小，价格效应引发的劳动力再配置动力减弱，从而延缓了产业结构向服务业转型的速度。这一理论推演的政策含义在于，数字基础设施建设不仅改变了产业结构转型的速度，还通过重塑技术进步路径提升了转型质量，使产业结构演进突破了鲍莫尔模型的悲观预期，形成了更具可持续性的发展轨迹。为更严谨地刻画上述机制，本文将构建一个两部门动态模型，将数字基础设施作为技术进步函数的内生变量，分析其对服务业与工业技术进步率差异的影响，并推导出数字经济发展影响产业结构转型速度的均衡条件。这一模型将为理解数字基础设施在产业结构转型中的作用机制提供理论支持，同时为相关政策制定提供科学依据。

考虑一个包含数字基础设施的两部门分散经济的拉姆齐模型。假设经济中存在一种最终产品和两种中间产品，分别为工业产品和服务业产品。最终产品通过中间产品进行生产，并可用于消费和投资；中间产品则通过资本和劳动生产，且仅用于最终产品的生产。家庭依靠劳动和资产获得收入，并通过选择最优的消费路径和资产路径来最大化其效用水平。最终产品厂商通过选择中间投入品以最大化利润，而中间产品厂商则通过选择资本和劳动来最大化利润。所有市场均为完全竞争市场。

（一）效用函数

假设经济中存在一个代表性家庭，不失一般性，总人口单位化为 1，即 $L(t)=1$。家庭效用函数为：

$$\int_0^\infty \exp\left(-\rho t\right) \frac{c(t)^{1-\theta} - 1}{1 - \theta}\, dt \tag{1}$$

其中，$c(t)$ 表示 t 时最终产品的人均消费，$\rho>0$ 表示时间偏好，$\theta>0$ 表示跨期替代弹性的倒数。假设每个人在任意 t 时刻都无弹性地供给一单位劳动。以最终产品作为计价单位，t 时的家庭资产、利率和工资分别为 $W(t)$、$r(t)$ 和 $w(t)$，则家庭的预算约束方程为：

$$\dot{W}(t) = W(t)r(t) + w(t)L(t) - c(t)L(t) \tag{2}$$

家庭优化行为表现为在初始资产 $W(0)$ 给定的情况下，在满足预算约束方程式（2）的条件最大化式（1）。根据这一优化行为可得消费最优路径的欧拉方程为：

$$\dot{c}(t)/c(t) = [(r(t) - \rho)]/\theta \quad (3)$$

另外，横截性条件为：

$$\lim_{t \to \infty} \left[W(t)c(t)^{-\theta}e^{-\rho t} \right] = 0 \quad (4)$$

（二）最终产品部门

根据 Acemoglu 和 Guerrieri（2008），假设生产函数为 CES 形式：

$$Y(t) = \left[\gamma Y_s(t)^{\frac{\varepsilon-1}{\varepsilon}} + (1-\gamma)Y_m(t)^{\frac{\varepsilon-1}{\varepsilon}} \right]^{\frac{\varepsilon}{\varepsilon-1}} \quad (5)$$

其中，Y、Y_s 和 Y_m 分别表示最终产品、服务业产品和工业产品的总产出；$\gamma \in (0,1)$ 表示最终产品对服务业产品的弹性（$1-\gamma$ 表示最终产品对工业产品的弹性）；$\varepsilon \in (0,1)$ 表示服务业产品和工业产品的替代弹性。下标 s 和 m 分别表示服务业和工业。政府无偿收取总产出比例税 τ 用于支持数字基础设施建设。

令 P_s 和 P_m 分别表示服务业和工业的产品价格，最终产品厂商在 P_s 和 P_m 给定的情况下最大化其利润水平：

$$\max_{Y_m(t),Y_s(t)} (1-\tau)Y(t) - P_s(t)Y_s(t) - P_m(t)Y_m(t) = (1-\tau)\left[\gamma Y_s(t)^{\frac{\varepsilon-1}{\varepsilon}} + (1-\gamma)Y_m(t)^{\frac{\varepsilon-1}{\varepsilon}} \right]^{\frac{\varepsilon}{\varepsilon-1}}$$
$$- P_s(t)Y_s(t) - P_m(t)Y_m(t) \quad (6)$$

根据最终产品厂商利润最大化条件可得：

$$P_s(t) = \gamma\left\{ Y_s(t)/\left[(1-\tau)Y(t)\right] \right\}^{-1/\varepsilon}, \quad P_m(t) = (1-\gamma)\left\{ Y_m(t)/\left[(1-\tau)Y(t)\right] \right\}^{-1/\varepsilon} \quad (7)$$

根据式（5）和式（7）可得：

$$(1-\tau)Y(t) = P_s(t)Y_s(t) + P_m(t)Y_m(t) \Leftrightarrow 1 = \gamma^\varepsilon P_s(t)^{1-\varepsilon} + (1-\gamma)^\varepsilon P_m(t)^{1-\varepsilon} \quad (8)$$

第一个等式是国民收入恒等式，表示服务业和工业产值之和正好等于最终产值。第二个等式表示最终产品价格（单位化为1）是中间产品价格的加权平均。

（三）中间产品厂商行为：工业与服务业

假设存在两个代表性厂商，分别生产工业产品和服务业产品，且这两种产品生产都需要使用劳动和资本。假设 t 时的总资本量为 $K(t)$，资本折旧率为 δ_K。参考 Trammell 和 Korinek（2023），假设服务业和工业部门的生产函数分别为：

$$Y_i(t) = H(t)^{\mu_{\alpha}}A_i(t)\left[H(t)^{\mu_i}L_i(t) \right]^{\alpha_i}K_i(t)^{1-\alpha_i}; \quad i = s, m \quad (9)$$

其中，L_s 和 L_m 分别表示服务业部门和工业部门的劳动投入量，K_s 和 K_m 表示服务业部门和工业部门的资本投入量，α_s 和 α_m 表示服务业部门和工业部门的劳动产出弹性，A_s 和 A_m 表示服务业部门和工业部门的外生技术水平。假设服务业生产劳动密集型产品，而工业生产资本密集型产品，即 $\alpha_s > \alpha_m$；服务业部门和工业部门的外生技术进步率分别为 g_s 和 g_m，且 $0 < g_s < g_m$。H 表示数字经济设施存量，在下文的模型中简称为数字存量。μ_a 和 μ_l 分别表示数字基础设施影响中性技术进步和劳动扩张型技术进步的弹性。参考郭凯明等（2020），数字基础设施的投资完全来源于税收收入，数字基础设施折旧率为 δ_H：

$$\dot{A}_s(t)/A_s(t) = g_s, \quad \dot{A}_m(t)/A_m(t) = g_m, \quad H(t+1) = (1-\delta_H)H(t) + Tax(t) \tag{10}$$

中间厂商在要素价格和产品价格给定的情况下选择劳动和资本最大化利润：

$$\max_{K_i(t), L_i(t)} : H(t)^{\mu_a} A_i(t) \left(H(t)^{\mu_l} L_i(t) \right)^{\alpha_i} K_i(t)^{1-\alpha_i} - \delta_K K_i(t) - L_i(t) w_i(t) - K_i(t) r_i(t); \quad i = s, m \tag{11}$$

根据厂商利润最大化条件以及式（5）和式（9）可得：

$$w(t) = \gamma \alpha_s \left(\frac{(1-\tau)Y(t)}{Y_s(t)} \right)^{1/\varepsilon} \frac{Y_s(t)}{L_s(t)} = (1-\gamma)\alpha_m \left(\frac{(1-\tau)Y(t)}{Y_m(t)} \right)^{1/\varepsilon} \frac{Y_m(t)}{L_m(t)} \tag{12}$$

$$r(t) + \delta_K = \gamma(1-\alpha_s) \left(\frac{(1-\tau)Y(t)}{Y_s(t)} \right)^{1/\varepsilon} \frac{Y_s(t)}{K_s(t)} = (1-\gamma)(1-\alpha_m) \left(\frac{(1-\tau)Y(t)}{Y_m(t)} \right)^{1/\varepsilon} \frac{Y_m(t)}{K_m(t)} \tag{13}$$

（四）市场均衡、生产要素占比和经济动态行为方程

政府将所有的税收收入均用于数字基础设施建设，根据政府部门的收支均衡条件有：

$$Tax(t) = \tau Y(t) \tag{14}$$

根据资本市场均衡和劳动力市场均衡条件有：

$$K(t) = K_s(t) + K_m(t) \tag{15}$$

$$1 = L_s(t) + L_m(t) \tag{16}$$

令服务业部门的资本占比和劳动占比分别为 κ 和 λ：

$$\kappa(t) \equiv K_s(t)/K(t), \quad \lambda(t) \equiv L_s(t)/L(t) \tag{17}$$

根据式（12）和式（13）计算可得，服务业资本占比和劳动占比分别为：

$$\kappa(t) = \left\{ 1 + \left(\frac{1-\alpha_m}{1-\alpha_s} \right) \left(\frac{1-\gamma}{\gamma} \right) \left[\frac{Y_s(t)}{Y_m(t)} \right]^{(1-\varepsilon)/\varepsilon} \right\}^{-1} \tag{18}$$

式（18）给出了服务业资本占比同服务业和工业产出之比的关系。

$$\lambda(t) = \left\{ 1 + \left(\frac{1 - \alpha_s}{1 - \alpha_m} \right) \left(\frac{\alpha_m}{\alpha_s} \right) \left[\frac{1 - \kappa(t)}{\kappa(t)} \right] \right\}^{-1} \qquad (19)$$

式（19）给出了服务业资本占比同劳动占比的关系，表明服务业劳动占比是资本占比的单调递增函数。

另外，式（18）和式（19）还表明，本模型中服务业资本占比和劳动占比不仅同外生参数有关，还同两部门的产出之比有关。

把式（13）代入式（3），并经过简单计算可得：

$$\frac{\dot{c}}{c} = \frac{1}{\theta} \left[(1 - \alpha_s) H(t)^{\mu_s + \mu_l \alpha_s} A_s(t) (1 - \tau)^{\frac{1}{\varepsilon}} \gamma^{\frac{\varepsilon}{(\varepsilon-1)}} \left(1 + \frac{1 - \kappa(t)}{\kappa(t)} \frac{1 - \alpha_s}{1 - \alpha_m} \right)^{\frac{1}{\varepsilon-1}} \lambda^{\alpha_s} \kappa^{-\alpha_s} K^{-\alpha_s} - \delta - \rho \right] (20)$$

定义人均有效形式的消费和资本分别为：

$$\hat{c}(t) \equiv \frac{c(t)}{\left[A_s^{\frac{1}{\alpha_s}} H^{\frac{\mu_a}{\alpha_s + \mu_l}} \right]}, \quad \hat{k}(t) \equiv \frac{K}{A_s^{\frac{1}{\alpha_s}} H^{\frac{\mu_a}{\alpha_s + \mu_l}}} \qquad (21)$$

由此，式（20）可写成如下人均有效形式：

$$\frac{\dot{\hat{c}}}{\hat{c}} = \frac{1}{\theta} \left[(1 - \alpha_s)(1 - \tau)^{\frac{1}{\varepsilon}} \gamma^{\frac{\varepsilon}{(\varepsilon-1)}} \left(1 + \frac{1 - \kappa(t)}{\kappa(t)} \frac{1 - \alpha_s}{1 - \alpha_m} \right)^{\frac{1}{\varepsilon-1}} \lambda^{\alpha_s} \kappa^{-\alpha_s} \hat{k}(t)^{-\alpha_s} - \delta - \rho \right] - \frac{g_s}{\alpha_s} \quad (22)$$

最终产品均衡条件为：

$$\dot{K}(t) = (1 - \tau) Y(t) - \delta K(t) - c(t) \qquad (23)$$

把生产函数式（9）和式（5）代入最终产品均衡条件式（23），并把它写成人均有效形式为：

$$\frac{\dot{\hat{k}}}{\hat{k}} = (1 - \tau) \lambda^{\alpha_s} \kappa^{1-\alpha_s} \hat{k}^{-\alpha_s} \gamma^{\frac{\varepsilon}{(\varepsilon-1)}} \left(1 + \frac{1 - \alpha_s}{1 - \alpha_m} \frac{1 - \kappa}{\kappa} \right)^{\frac{\varepsilon}{(\varepsilon-1)}} - \frac{\hat{c}}{\hat{k}} - \delta - \frac{g_s}{\alpha_s} \qquad (24)$$

再根据式（9）、式（18）和式（19）可得，服务业部门资本占比的动态方程为：

$$\frac{\dot{\kappa}}{\kappa} = \frac{(1 - \kappa) \left[(\alpha_s - \alpha_m) \dot{\hat{k}}/\hat{k} + g_m - \alpha_m g_s/\alpha_s \right]}{(1 - \varepsilon)^{-1} + (\alpha_s - \alpha_m)(\kappa - \lambda)} \qquad (25)$$

另外，根据横截性条件式（4），可得到有效资本满足如下条件：

$$
\lim_{t \to \infty} \exp\left\{ -\left[\rho - \frac{(1-\theta)g_s}{\alpha_s} \right] t \right\} \hat{k}(t) = 0 \tag{26}
$$

根据经济系统的动力方程组式（22）、式（24）～（26），可以得到以下有关一般竞争均衡的性质。

性质：本模型的经济动态过程完全由方程组式（22）、式（24）、式（25）和横截性条件式（26）以及初始资本 $K(0)$ 决定，且当参数满足以下条件时：

$$
\rho - (1-\theta)g_s / \alpha_s > 0 \tag{27}
$$

模型动态符合 Acemoglu 和 Guerrieri（2008）定义的平衡增长路径（*Constant Growth Path*，*CGP*），即当时间趋向无穷时人均有效消费增长率为 0，服务业资本占比等于 1。

（五）结构变化特征一般静态分析

根据式（7）和式（12）可得，服务业部门和工业部门总产值之比为：

$$
R_{PY}(t) = \frac{P_s(t)Y_s(t)}{P_m(t)Y_m(t)} = \frac{1-\alpha_m}{1-\alpha_s} \frac{\kappa(t)}{1-\kappa(t)} \tag{28}
$$

两边同时微分，将式（25）代入并经过调整可得：

$$
g\left[R_{PY}(t)\right] = \frac{\dot{R}_{PY}(t)}{R_{PY}(t)} = \frac{d\ln R_{PY}(t)}{dt} = \frac{1-\alpha_m}{1-\alpha_s} \frac{\left[(\alpha_s - \alpha_m)\dot{\hat{k}}/\hat{k} + g_m - \alpha_m g_s/\alpha_s\right]}{(1-\varepsilon)^{-1} + (\alpha_s - \alpha_m)(\kappa - \lambda)} > 0 \tag{29}
$$

式（29）表示，在本文的模型中，服务业工业产值比不断上升，这与 Acemoglu 和 Guerrieri（2008）的结果一致，符合产业结构转型的一般动态变化特征。在静态一般均衡时，将式（24）对数字基础设施存量增长率求偏导可以得到：

$$
\frac{\partial g\left[R_{PY}(t)\right]}{\partial g(H)} = -\frac{(1-\alpha_m)(\alpha_s - \alpha_m)(\mu_a/\alpha_s + \mu_l)}{(1-\alpha_s)\left[(1-\varepsilon)^{-1} + (\alpha_s - \alpha_m)(\kappa - \lambda)\right]} \tag{30}
$$

接下来，将根据式（30）就以下几种情况分别进行讨论：一是数字基础设施仅存在无偏的技术进步路径，即 $\mu_a>0$、$\mu_l=0$ 时，式（30）小于 0，数字基础设施会降低产业结构转型速度；二是数字基础设施仅存在劳动力偏向型的技术进步路径，即 $\mu_a=0$、$\mu_l>0$ 时，式（30）小于 0，数字基础设施会降低产业结构转型速度；三是数字基础设施同时存在两种技术进步路径时，即 $\mu_a>0$、$\mu_l>0$ 时，式（30）小于 0，数字基础设施会降低产业结构转型速度。

基于理论模型的分析，本文提出以下研究假设：

当服务业部门具有更高的劳动产出弹性时，数字基础设施建设会降低产业结构转型的速度，但不会改变产业结构转型的方向。

通过上述分析，本文初步厘清了数字基础设施建设对产业结构转型的影响及其作用机制，并得出以下推论：

推论一：数字基础设施建设能够显著影响产业结构转型。

推论二：当服务业部门具有更高的劳动产出弹性时，数字基础设施建设对劳动偏向型技术进步的促进作用会降低产业结构向服务业转型的速度。

推论三：数字基础设施建设可能通过数字信息技术对服务业偏向型技术进步的促进作用，降低产业结构向服务业转型的速度。

这三条推论与产业结构转型理论一致，即当服务业技术进步速度快于工业技术时，产业结构向服务业转型的速度放缓，工业增加值在经济总产值中的占比下降速度也会减缓。上述理论分析为数字基础设施建设对产业结构转型的影响及其机制提供了坚实的理论基础。下文将利用经验数据对这些理论推论进行实证检验。

四　实证模型与数据介绍

本部分将利用实证模型检验数字基础设施建设对产业结构转型的影响，但也面临现有实证研究中普遍存在的内生性问题。具体而言，数字基础设施在不同地区或城市并非随机分布，而是受到地区或城市特征差异的影响，如经济发展水平和地理位置等。这些不可观测的特征可能会同时影响结构转型，从而导致直接回归估计结果的偏差。为解决这一问题，将2014年起分地区实施的"宽带中国"城市试点作为准自然实验，采用双重差分方法（DID）控制地区固定效应和时间固定效应，以缓解不可观测因素对实证结果的干扰。这一方法能够更准确地识别数字基础设施对产业结构转型的因果效应，从而提升研究结果的可靠性和科学性。

（一）政策背景

"宽带中国"战略是我国政府于2013年提出的，旨在推进我国宽带网络建设，提升网络基础设施的质量与覆盖率，促进数字经济与信息化发展，增强国际竞争力。该战略的实施对数字经济发展产生了深远影响。工业和信息化部、国家发展和改革委员会于2014~2016年分三批遴选了120个城市（群）作为"宽带中国"示范点。示范城市重点增加宽带用户规模，推进宽带网络提速，扩大网络覆盖范围，以服务经济社会发展。①经过约三年的建设期，示范城市需在宽带接入能力、宽带用户渗透率等方面达到全国领先水平（赵涛等，2020）。

"宽带中国"战略主要包括三个方面的内容。第一，加快宽带网络基础设施建设，包括增加基础设施投资、优化建设结构、推进光纤到户和 5G 网络建设等。这些措施有助于提升网络基础设施的质量与覆盖率，推动城乡宽带网络全覆盖，促进数字经济发展。第二，推进宽带应用和发展，具体措施包括推广数字经济和信息化应用、开展"互联网+"行动以及加强人才培养等，旨在促进各行业数字化转型，提升人民生活质量。第三，完善宽带网络管理和监管体系，具体措施包括健全法律法规、加强网络安全管理与技术研发等，以提升网络安全保障能力，防范网络风险。这些举措共同构成了"宽带中国"战略的核心内容，为数字经济快速发展奠定了坚实的基础。

自"宽带中国"战略实施以来，宽带网络建设取得了显著进展。截至 2022 年底，我国固定互联网宽带接入用户达 5.9 亿户，其中农村宽带用户达 1.76 亿户。②数字经济和信息化发展为经济增长及行业转型升级提供了有力支持。宽带网络建设不仅为数字经济发展奠定了基础，还提升了经济增长的质量与效率，推动了各行业的数字化转型，增强了国际竞争力。同时，宽带网络的覆盖范围与人民生产生活质量和幸福感直接相关，推进城乡宽带全覆盖是政府履行民生保障职责的重要举措。

现有文献已从多个角度研究了实施"宽带中国"战略带来的经济社会影响。相关研究从代际收入流动性（方福前等，2023）、创新创业（赵涛等，2020；谢文栋，2022）、企业融资约束（华岳等，2022）、碳排放（薛飞等，2022）、劳动力配置与全要素生产率（牛子恒和崔宝玉，2022；刘传明和马青山，2020）等角度，探讨了数字基础设施对中国社会经济的影响。例如，Li 等（2022）将实施"宽带中国"战略视作网络基础设施建设的政策冲击，发现该战略显著提升了试点城市的风险投资水平。Wang 等（2022）以"宽带中国"战略试点为准自然实验，发现数字化转型显著降低了用电量和用电强度，且这一效应通过技术优化与产业升级得以实现。本文将从去工业化视角分析"宽带中国"战略试点的影响，进一步丰富数字基础设施对社会经济的影响的研究，深化对数字基础设施在产业结构转型与经济发展中的作用的理解。

---

① 《两部委公告 2014 年度"宽带中国"示范城市（城市群）名单》，https://wap.miit.gov.cn/ztzl/lszt/qltjkdzg/kdsfcscsq/wjfb/art/2014/art_47c8f3faaa1c40a794f8f7adac5e2348.html；《2015 年度"宽带中国"示范城市（城市群）名单公告》，https://wap.miit.gov.cn/ztzl/lszt/qltjkdzg/yw/art/2015/art_71703efdf3ec4fedb7fae0c924e9606b.html；《2016 年度"宽带中国"示范城市名单公告》，https://wap.miit.gov.cn/ztzl/lszt/qltjkdzg/yw/art/2020/art_a796b5d88bd94329a3aa719fb59d41a5.html。

② https://wap.miit.gov.cn/gxsj/tjfx/txy/art/2023/art_77b586a554e64763ab2c2888dcf0b9e3.html。

（二）实证模型

本研究关注的核心问题是数字基础设施建设对产业结构转型的影响。为解决文献中普遍存在的内生性问题，利用"宽带中国"战略试点作为准自然实验，构建双重差分模型：该模型的第一层差异来自城市层面（是否为试点城市），第二层差异来自时间层面（试点政策实施前后）。通过这一设计，比较试点城市与非试点城市在政策实施前后结构转型速度的差异。计量模型设定如下：

$$Y_{ct} = \alpha + \beta Treat_{ct} + X'_{ct}\varphi + \eta_c + \gamma_t + \varepsilon_{ct} \tag{31}$$

其中，c 和 t 分别表示城市与年份。Y_{ct} 为本研究关注的主要被解释变量，为 c 城市在 t 年的产业结构转型速度。本研究的基准回归使用服务业工业产值比增长率作为产业结构转型速度的代理变量。$Treat_{ct}$=1 表示城市 c 在 t 年为"宽带中国"战略试点城市，反之，$Treat_{ct}$=0 表示城市 c 在 t 年不是"宽带中国"战略试点城市。X'_{ct} 为城市特征控制变量，包括农业产值占 GDP 比重、城市户籍人口对数、人均 GDP 对数、城镇职工平均工资对数、固定资产投资对数、房地产开发投资对数和 FDI 实际使用额对数；η_c 为城市固定效应，控制了城市层面所有不随时间变化而变化的因素对估计结果的影响，如城市地理位置、原有经济发展水平等；γ_t 为年份固定效应，控制了时间层面不随城市变化而变化的因素对估计结果的影响，如宏观经济波动等；ε_{ct} 为稳健误差项，参考张子尧和黄炜（2023），稳健标准误聚类在城市层面。本研究所关注的核心系数是 β，若在控制了一系列城市特征变量和固定效应后，回归系数 β 显著为负，则表明，与非"宽带中国"战略试点城市相比，"宽带中国"战略试点城市降低了服务业工业产值比增长率，降低了产业结构转型速度。

（三）数据介绍

本文使用的数据主要有以下两个来源。

1. "宽带中国"战略试点城市数据

本文关注数字基础设施建设对城市去工业化进程的影响，为此构建了一个变时点双重差分模型。我们定义了一个"宽带中国"战略试点城市的虚拟变量 $Treat$，若某城市在某年被纳入"宽带中国"战略试点城市，则该城市当年及之后年份的 $Treat$ 变量取值为1，否则为0。具体而言，若某城市属于2014年公布的第一批"宽带中国"试点城市，则该城市的 $Treat$ 变量在2014年之前为0，2014年及之后为1；若某城市属于2015年公布的第二批试点城市，则其 $Treat$ 变量在2015年之前为0，2015年及之后为1；若某城市属于2016年公布的第三批试点城市，则其 $Treat$ 变量在2016年之前为0，2016年及之后为1；其他非试点城市的 $Treat$ 变量均赋值为0。这一设计能够有效捕捉政策实施对试点城市的动态影响。

2.城市特征变量数据

本文所需的城市特征变量数据来源于《中国城市统计年鉴》。衡量产业结构转型速度的代理变量为服务业工业产值比增长率。在稳健性检验中，使用了其他代理变量，包括服务业产值占比增长率、工业产值占比增长率、服务业工业就业比增长率、服务业就业比增长率、工业就业比增长率。为排除农业向非农部门转移的影响，控制农业产值占GDP比重。为缓解城市人口规模效应对工业和服务业发展的差异影响，进一步控制了城市户籍人口（对数）。为控制经济发展水平和居民收入水平对服务业需求的影响，控制了人均GDP（对数）及城镇职工平均工资（对数）。此外，为控制城市层面投资对结果的影响，在计量回归模型中进一步控制了固定资产投资（对数）、房地产开发投资（对数）、FDI实际使用额（对数）。这些控制变量的引入有助于更准确地识别数字基础设施对产业结构转型的净效应。

为排除突发公共卫生事件对基本结果的影响，并减少极端值对回归结果的干扰，将样本年份限定为1996~2019年。同时，剔除了服务业工业产值比增长率中最大和最小1%的极端值，以降低异常值对分析结果的潜在影响。相关被解释变量及城市特征变量的数据说明和描述性统计结果见表1。可以看出，在剔除极端值的影响后，服务业工业产值比增长率的均值为1.66，标准差为9.78，表明工业与服务业产值的差距持续扩大，且地区间产业结构转型速度存在显著差异。

表1 描述性统计

变量	观测值	均值	标准差	最小值	中间值	最大值
服务业工业产值比增长率（%）	4654	1.660	9.781	−20.529	1.036	47.707
服务业产值占比增长率（%）	4646	1.597	5.716	−17.297	1.331	44.192
工业产值占比增长率（%）	4646	0.361	5.235	−25.907	0.176	72.210
服务业工业就业比增长率（%）	3455	−0.445	18.744	−637.375	1.275	98.231
服务业就业比增长率（%）	3459	1.133	11.877	−45.171	0.827	516.072
工业就业比增长率（%）	3488	0.956	12.463	−56.017	−0.290	354.653
农业产值占GDP比重（%）	4654	14.612	9.267	0.034	13.308	51.236
服务业工业产值比	4654	0.897	0.433	0.104	0.808	4.894
城市户籍人口（对数）	4654	8.214	0.643	5.643	8.246	10.432
人均GDP（对数）	4654	9.991	0.860	7.545	10.067	12.281
城镇职工平均工资（对数）	4654	10.143	0.686	8.468	10.207	11.813
固定资产投资（对数）	4654	10.657	1.355	6.815	10.806	14.372
房地产开发投资（对数）	4654	8.578	1.654	1.075	8.673	12.954
FDI实际使用额（对数）	4654	4.865	2.001	−3.912	4.934	10.099

数据来源：《中国城市统计年鉴》。

五 实证结果分析

（一）基准回归结果

根据计量回归模型式（31），本文使用服务业工业产值比增长率作为产业结构转型速度的代理变量。服务业工业产值比增长率越大，表明产业结构转型速度越快；反之，则说明转型速度较慢。表2报告了基准回归结果，列（1）未加入任何控制变量，列（2）~（6）依次加入了城市特征变量，包括农业产值占GDP比重、城市户籍人口（对数）、人均GDP（对数）、城镇职工平均工资（对数）、固定资产投资（对数）、房地产开发投资（对数）、FDI实际使用额（对数）。在逐步加入控制变量的过程中，"宽带中国"战略示范城市虚拟变量的估计系数在−1.3~−1.9波动，且波动范围较小，表明结果具有较高的稳健性。根据表2列（6）的结果，"宽带中国"战略示范城市虚拟变量的估计系数为−1.8，且在5%的统计水平上显著。这表明，在控制城市特征变量后，"宽带中国"战略试点平均降低了服务业工业产值比增长率0.18个标准差（1.8/9.78=0.18），即减缓了城市在产业结构转型中工业向服务业转型的速度，从而验证了推论一。

表2　数字基础设施建设对产业结构转型速度的影响

被解释变量：服务业工业产值比增长率					
(1)	(2)	(3)	(4)	(5)	(6)
Treat					
−1.312[*]	−1.691[**]	−1.681[**]	−1.648[**]	−1.656[**]	−1.807[**]
(0.718)	(0.764)	(0.766)	(0.763)	(0.766)	(0.760)
农业产值占GDP比重					
	−0.176[**]	−0.176[**]	−0.132[*]	−0.132[*]	−0.162[**]
	(0.0703)	(0.0704)	(0.0720)	(0.0720)	(0.071)
服务业工业产值比					
	7.619[***]	7.618[***]	8.057[***]	8.059[***]	8.163[***]
	(1.862)	(1.864)	(1.959)	(1.958)	(2.041)
城市户籍人口（对数）					
		−0.301	0.425	0.364	0.794
		(2.615)	(2.722)	(2.786)	(2.605)
人均GDP（对数）					
			2.364[*]	2.436	2.257
			(1.429)	(1.526)	(1.517)
城镇职工平均工资（对数）					
				−0.261	0.272
				(1.995)	(2.020)
固定资产投资（对数）					
					0.902
					(0.758)

续表

	（1）	（2）	（3）	（4）	（5）	（6）
被解释变量：服务业工业产值比增长率						
房地产开发投资（对数）						−1.492***
						(0.442)
FDI实际使用额（对数）						0.0123
						(0.225)
常数项	1.755***	−2.477**	−0.006	−30.626	−28.189	−31.867
	(0.0521)	(1.175)	(21.648)	(30.483)	(36.361)	(34.772)
年份固定效应	是	是	是	是	是	是
城市固定效应	是	是	是	是	是	是
观测值	4654	4654	4654	4654	4654	4654
R^2	0.322	0.340	0.340	0.340	0.340	0.343

注：表 2 汇报了计量模型式（31）的回归结果。被解释变量为服务业工业产值比增长率，用于衡量去工业化速度。列（1）未加入其他控制变量，列（2）~（6）中依次加入了城市特征变量，包括农业产值占 GDP 比重、城市户籍人口（对数）、人均 GDP（对数）、城镇职工平均工资（对数）、固定资产投资（对数）、房地产开发投资（对数）和 FDI 实际使用额（对数）。括号中是聚类到城市层面的稳健标准误。*、**、***分别表示在 10%、5%、1% 的水平下显著。所有回归均控制了年份和城市固定效应。

（二）平行趋势检验：事件分析法

双重差分法有效性的重要前提假设是满足平行趋势假设，即若未实施"宽带中国"战略试点，试点城市与非试点城市的产业结构转型速度变化趋势应保持一致。为检验这一假设，借鉴 Jacobson 等（1993）的方法，利用事件分析法进行平行趋势检验。具体而言，采用如下估计式：

$$Y_{ct} = \alpha + \sum_{k=-7}^{k=5} \beta_k \times D_k + \eta_c + \gamma_t + \varepsilon_{ct} \tag{32}$$

其中，D_k 是一系列的虚拟变量，k 表示"宽带中国"战略试点开始实施前（后）的第 k 期。具体而言，①k 等于 0 时。第一批"宽带中国"战略试点城市（2014 年启动）在 2014 年定义 D_0=1，第二批"宽带中国"战略试点城市（2015 年启动）在 2015 年定义 D_0=1，第三批"宽带中国"战略试点城市（2016 年启动）在 2016 年定义 D_0=1，其他则为 0。②k 大于 0 时。第一批"宽带中国"战略试点城市在 2015 年定义 D_1=1，第二批"宽带中国"战略试点城市在 2016 年定义 D_1=1，第三批"宽带中国"战略试点城市在 2017 年定义 D_1=1，其他则为 0。当 k 等于 2~9 时以此类推。③k 小于 0 时。第一批"宽带中国"战略试点城市在2013年定义$D_{-1}=1$，第二批"宽带中国"战略试点城市在2014年定义$D_{-1}=1$，第三批"宽带中国"战略试点城市在2015年定义$D_{-1}=1$，其他则为0。当k等于$-2\sim-6$时以此类推。④k等于-7时，表示政策实施前7年及更早的时间段。

在回归分析中，D_{-7}组作为参照组。本文关注的变量系数β_k，表示在加入一系列控制变量后，"宽带中国"战略试点在政策实施第k期时，实验组与控制组之间产业结构转型速度的差异。若β_k在$k<0$期间的趋势较为平缓，则表明符合平行趋势假设；反之，若β_k在$k<0$期间呈现显著上升或下降趋势，则表明实验组与控制组在政策实施前已存在显著差异，不满足平行趋势假设。这一趋势检验结果在图3中展示。可以看出，在$k<0$的区间内，$\hat{\beta}$较为平缓，且未呈现显著的上升或下降趋势，表明试点城市与非试点城市在政策实施前并无显著差异。这一结果验证了双重差分模型的平行趋势假设，支持了本文模型的可靠性。在政策实施后的观测期内（即$k\geq0$的区间），结果表明估计系数呈现显著下降趋势，说明政策实施后服务业工业产值比增长率开始下降，符合事件分析法对事后变化的趋势特征描述。

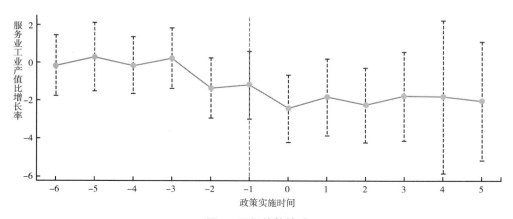

图3　平行趋势检验

注：实点描绘了由式（32）得到的逐年估计系数，被解释变量为服务业工业产值比增长率，虚线部分描绘了估计系数的90%上下置信系数，政策实施前7年及更早的时间段为参照组。

（三）工具变量法

本文参考黄群慧等（2019）的方法，进一步采用工具变量法以解决内生性问题。从中国互联网接入技术的发展历程来看，互联网的普及始于电话线拨号接入（PSTN），随后逐步发展为ISDN、ADSL接入，最终演进至光纤宽带接入。因此，互联网技术的发展与固定电话的普及密切相关。历史上固定电话普及率较高的地区更有可能被选为"宽带中国"战略试点。基于此，本文选取固定电话数量作为地区数字基础设施的工具变量，这一选择满足相关性的要求。同时，历史上固定电话数量对工业技术和服务业技术进步率的影响逐渐消失。在控制其他变量后，选取历史上固定电话数量作为工具变量在一定程度上满足排他性要求。本研究样本为面板数据，若仅使用1984年城市层面的固定电话数量作为工具变量，可能存在度量不足的问题，因此，选择各城市1984年末电话机对数与年份趋势变量作为"宽带中国"战略试点城市和时间的工具变量。

表3报告了工具变量回归的结果。表3列（1）展示了第一阶段回归的结果，工具变量与"宽带中国"战略试点显著正相关，进一步验证了工具变量满足相关性假设。列（2）展示了工具变量回归的结果，表明数字基础设施建设显著减缓了产业结构转型的速度。回归结果均通过了弱工具变量检验、识别不足检验和过度识别检验，支持工具变量的有效性和模型的可靠性。

表3　工具变量法

	第一阶段回归结果	第二阶段回归结果
	Treat	服务业工业产值比增长率
	（1）	（2）
Treat		−11.980**
		(5.193)
1984年末电话机对数×*post*	0.089***	
	(0.022)	
年份固定效应	是	是
城市固定效应	是	是
城市特征变量	是	是
观测值	3782	3782
工具变量检验		
识别不足检验（Kleibergen–Paap rk LM 统计量）	12.576***	
弱工具变量检验（Cragg–Donald Wald F 统计量）	188.958**	
过度识别检验（Hansen J 统计量）	0.000***	

注：控制了农业产值占GDP比重、城市户籍人口（对数）、人均GDP（对数）、城镇职工平均工资（对数）、固定资产投资（对数）、房地产开发投资（对数）和FDI实际使用额（对数）的特征变量。括号中是聚类到城市层面的稳健标准误。*、**、***分别表示在10%、5%、1%的水平下显著。所有回归均控制了年份和城市固定效应。

（四）稳健性检验

在回归模型中，采用了较为严格的设定，控制了丰富的城市特征变量、城市固定效应及年份固定效应。为进一步确保研究结果的可靠性与稳健性，本部分将进行一系列稳健性检验。

1. 安慰剂检验

遵循文献中的常用方法（Chetty等，2009；La Ferrara等，2012；Lu等，2017），利用随机分配"宽带中国"战略试点城市的虚拟变量进行安慰剂检验，其逻辑在于，虽然无法直接证明估计系数的无偏性，但可以通过间接方法进行检验。如果能够找到一个理论上不应影响结果变量的错误变量替代"宽带中国"战略试点城市的虚拟变量，且估计系数接近于零，则表明原估计式可能存在偏误。为此，构建了一个错误的回归变量：随机为每个城市分配一个虚拟变量，并确保该错误虚拟变量的均值和标准差与真实虚拟变量一致。重复这一过程500次，生成500个错误的回归系数。图4展示了这些回归系数的分布情况，结果表明，错误系数集中在零附近且呈正态分布，与真实系数存在显著差异，从而表明估计方程通过安慰剂检验。

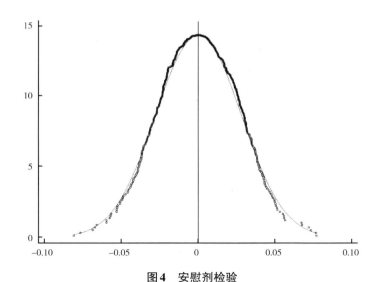

图4 安慰剂检验

注：描绘的是500次回归结果估计值的分布。

2. 其他基于地区数字经济政策的影响

此外，另一个潜在的担忧是其他类似的经济发展政策，特别是基于地区的政策，可能会对估计结果产生影响。为此，收集并整理自2013年以来城市层面的相关政策，包括2013年起实施的智慧城市政策以及2014年起实施的信息消费城市政策。在回归方程中，加入了这些政策的虚拟变量，以控制其对估计结果的潜在影响。同时，由于无法穷尽所有相关政策，为控制省级政策对估计结果的影响，进一步加入省份虚拟变量与年份虚拟变量的交互项。表4列（1）控制了省份—年份固定效应，列（2）进一步控制了智慧城市政策虚拟变量，列（3）进一步控制了信息消费城市政策虚拟变量。结果显示，数字基础设施建设的系数与表2的基准回归结果相似，且其他政策虚拟变量的系数较小，表明这些基于地区的政策未对估计结果造成显著偏误。

3. 考察预期因素对于结果分析的影响

"宽带中国"战略试点城市建设经历了长期的准备过程，不同地区可能对该政策有不同的预期，这些预期可能会影响结果的估计。事件研究法显示，政策实施前一期的被解释变量明显下降，可能反映了预期效应的存在。为避免预期效应的影响，在回归方程中依次加入了"宽带中国"战略试点实施前一至三年的虚拟项。结果在表4列（4）~（6）中汇报，显示主要估计系数仍显著为负，且与表2的估计结果一致，而预期的估计系数较小且不显著，表明"宽带中国"战略试点的预期未对估计结果产生影响。此外，还进行了稳健性检验，剔除政策实施前一期，结果如表4列（7）所示，依然稳健。

表4 稳健性检验：排除其他基于地区的政策以及预期的影响

	（1）	（2）	（3）	（4）	（5）	（6）	（7）
Treat	−1.446**	−1.477**	−1.537**	−1.943**	−2.115**	−2.087**	−1.922**
	(0.586)	(0.592)	(0.621)	(0.809)	(0.839)	(0.854)	(0.814)
智慧城市		0.191	0.163				
		(0.566)	(0.568)				
信息消费城市			0.216				
			(0.572)				
d_{-1}				−0.931	−1.190	−1.152	
				(0.907)	(0.969)	(1.022)	
d_{-2}					−1.352	−1.306	
					(0.820)	(0.885)	
d_{-3}						0.245	
						(0.838)	
年份固定效应	是	是	是	是	是	是	是
城市固定效应	是	是	是	是	是	是	是
省份—年份固定效应	是	是	是	否	否	否	否
城市特征变量	是	是	是	是	是	是	是
观测值	4489	4489	4489	4654	4654	4654	4555
R^2值	0.575	0.575	0.575	0.343	0.344	0.344	0.341

注：被解释变量为服务业工业产值比增长率。括号中是聚类到城市层面的稳健标准误。*、**、***分别表示在10%、5%、1%的水平下显著。所有回归均控制了年份和城市固定效应以及城市特征变量。

4. 加入基准变量缓解选择的影响

双重差分法作为一种准自然实验方法，其理想情况是试点城市与非试点城市的选择是随机的。然而，现实中相关政策的选择通常并非随机，试点城市的确定往往受到地理位置、经济发展水平、社会发展水平和开放程度等因素的影响。这些既有的城市差异可能随着时间的推移而对城市环境产生不同影响，导致估计结果的偏差。为控制这些因素的影响，本文借鉴 Edmonds 等（2010）、Lu 等（2017）的方法，在回归中加入基准因素与时间线性趋势的交互项，具体估计方程如下：

$$Y_{ct} = \alpha + \beta treat_{ct} + X'_{ct}\varphi + Z'_c \times trend_t + \eta_c + \gamma_t + \varepsilon_{ct} \tag{33}$$

其中，Z'_c 包括城市的地理位置与原有的政治经济特征等。具体而言，采用城市是否为省会城市、是否为直辖市以及是否为计划单列市作为这些先决因素的代理变量；$trend$ 代表时间线性趋势。因此，Z'_c 与 $trend$ 的交互项从线性角度控制了城市之间固有特征差异对去工业化速度的影响，在一定程度上进一步缓解了因实验组与控制组选择非随机性而导致的估计偏差。表5列（1）~（3）汇报了依次加入基准变量后的估计结果，数字基础设施建设的系数依然显著为负，且与基准结果相差不大，表明在考虑地区间固有差异的潜在影响后，估计结果依然保持稳健。

5. 不同控制组

与大多数双重差分法研究类似，本文的分析基于全国所有样本，将除试点城市外的其他城市作为控制组。为使实验组与控制组更为相似，进行了两项检验：第一，剔除了所有非试点的省会城市；第二，剔除了所有非试点的直辖市和计划单列市。回归结果分别在表5列（4）和列（5）中汇报。结果显示，主要估计系数仍然显著为负，表明估计结果未受到控制组地区选择的影响，进一步支持了结论的稳健性。

6. 更换被解释变量

本文的基准结果以服务业工业产值比增长率作为产业结构转型速度的代理变量。为进一步验证基准结果的稳健性，采用不同的代理变量来衡量产业结构转型速度。首先，分别使用服务业产值占比增长率和工业产值占比增长率作为被解释变量，回归结果见表5列（6）和列（7）。结果显示，数字基础设施建设显著降低了试点城市的服务业产值占比增长率，同时提高了工业产值占比增长率。其次，使用就业结构作为产业结构转型的代理变量，表5列（8）~（10）的被解释变量分别为服务业工业就业比增长率、服务业就业占比增长率和工业就业占比增长率。表5面板B的结果表明，与服务业工业产值比增长率类似，数字基础设施建设显著降低了试点城市的服务业工业就业比增长率和服务业就业占比增长率，同时提高了工业就业占比增长率。

无论采用何种变量度量方式，表5面板 B 的结果均显示本文的基准结果具有较高的稳健性。

表5 稳健性检验：改变不同控制组和被解释变量

	面板 A				
	被解释变量：服务业工业产值比增长率				
	(1)	(2)	(3)	(4)	(5)
Treat	−1.487*	−1.165	−1.101	−1.991***	−2.044***
	(0.758)	(0.731)	(0.730)	(0.767)	(0.767)
观测值	4654	4654	4654	4541	4523
R^2值	0.345	0.348	0.348	0.343	0.343
	面板 B				
	服务业产值占比增长率	工业产值占比增长率	服务业工业就业比增长率	服务业就业占比增长率	工业就业占比增长率
	(6)	(7)	(8)	(9)	(10)
Treat	−0.903**	0.875**	−2.360**	−0.160	2.305***
	(0.444)	(0.352)	(0.988)	(0.734)	(0.672)
观测值	4646	4646	3453	3457	3486
R^2值	0.271	0.334	0.175	0.130	0.160
年份固定效应	是	是	是	是	是
城市固定效应	是	是	是	是	是
城市特征变量	是	是	是	是	是

注：列（1）~（3）汇报了依次加入城市是否为省会城市、是否为直辖市以及是否为计划单列市与 trend 交互项之后的估计结果。列（4）剔除了所有不是试点城市的省会城市，列（5）进一步剔除了所有不是试点城市的直辖市和计划单列市。列（6）~（10）的被解释变量分别为服务业产值占比增长率、工业产值占比增长率、服务业工业就业比增长率、服务业就业占比增长率、工业就业占比增长率。括号中是聚类到城市层面的稳健标准误。*、**、*** 分别表示在10%、5%、1%的水平下显著。所有回归均控制了年份和城市固定效应以及城市特征变量。

六 假设检验与机制分析

在产业结构转型的相对价格效应中，由于服务业技术进步较慢，随着工业与服务业技术水平差距不断扩大，产业结构会向服务业转型。由于服务业对人力资源的依赖较大，且若其具有更高的劳动密集型特征，数字经济通过促进劳动偏向型技术进步，将显著提升服务业技术进步水平。本部分将检验服务业是否具有更高的劳动产出弹性，并探讨数字基础设施建设如何通过不同渠道影响劳动生产率。

（一）产业资本产出弹性差异

根据推论二，当服务业部门具有更高的劳动产出弹性时，数字基础设施建设对劳动偏向型技术进步的促进作用会减缓产业结构向服务业转型的速度。接下来，将检验这一假设，即工业的资本产出弹性是否大于服务业。为估计工业和服务业的资本产出弹性差异，需要依赖两个部门的资本存量数据。由于现有数据未公布中国省级或市级层面的三次产业资本存量和投资数据，采用徐现祥等（2007）基于《中国国内生产总值核算历史资料：1952—1995》和《中国国内生产总值核算历史资料：1996—2002》估计的1978~2002年各省份三次产业物质资本存量数据。三次产业就业人数数据来自《新中国60年统计资料汇编》。对于部分数据缺失的地区（如天津、浙江和重庆1978~1984年，甘肃1978~1982年，内蒙古、山东和湖北1979年），已作相应处理，其中缺失数据采用插值法或平均值填补。三次产业产值的实际增长率和名义产值数据来自国家统计局。

本文旨在采用索洛剩余法来对资本产出弹性进行估计，使用的估计方程如下：

$$\ln y_{ijt} = \lambda_{0i} + \lambda_{1i}\ln k_{ijt} + \varepsilon_{ijt}; \ i = m, s \qquad (34)$$

其中，i 为部门，j 为省份，t 为年份；$y=Y/L$ 表示劳均产出，$k=K/L$ 表示劳均资本存量，ε 为随机误差项，使用聚类到省级层面的稳健标准误；λ_1 即资本产出弹性估计值，λ_0 为回归模型的常数项。由于使用的是我国30个省份的面板数据，回归过程中控制了省份和年份的双重固定效应，回归结果如表6所示。

表6的结果显示，工业部门的资本产出弹性为0.390，而服务业部门的资本产出弹性为0.226。这表明，服务业的资本产出弹性较低，而劳动产出弹性较高。这一结果与现有文献的估计一致。Acemoglu和Guerrieri（2008）、郭凯明等（2020）在研究资本深化对产业结构转型的影响时，分别基于美国和中国的数据，验证了工业部门具有更高的资本产出弹性，而服务业部门具有更高的劳动产出弹性。因此，推论二得以验证。

表6　机制分析：产业资本产出弹性估计

	（1）	（2）
	工业部门	服务业部门
ln$k$	0.390***	0.226**
	(0.056)	(0.094)
常数项	−0.679***	−1.121***
	(0.005)	(0.028)
省份固定效应	是	是
年份固定效应	是	是

续表

	（1）	（2）
	工业部门	服务业部门
观测值	702	692
R²值	0.974	0.938
F 值	49.26	5.75

注：括号中是聚类到省份层面的稳健标准误。*、**、***分别表示在10%、5%、1%的水平下显著。所有回归均控制了年份和省份固定效应。

（二）数字基础设施的劳动偏向型技术进步

根据推论二和推论三，数字基础设施建设可能通过促进服务业偏向型技术进步来降低产业结构向服务业转型的速度。服务业具有更高的劳动产出弹性，进一步检验数字基础设施建设如何促进劳动偏向型技术进步。由于这一假设无法直接检验，将通过以下三个变量进行间接验证：若数字基础设施建设能够显著作用于影响劳动技术进步的因素，则可以推断其推动了劳动技术水平提升。

第一，城市的创新性水平越高，越可能通过改善技术创新和知识传播的环境，促进劳动技术水平提升（刘青和肖柏高，2023）。城市提供更多的创新资源和机会，为劳动者提供学习、培训和发展的平台，激发其技术创新能力和学习动力。同时，城市创新生态系统的密集度和多样性也促进了知识流动，加速了劳动技术进步。因此，使用（寇宗来和刘学悦，2017）的城市创新指数（2001~2019 年）作为机制变量，分析数字基础设施建设对城市创新水平的影响，结果如表7列（1）所示。回归结果表明，数字基础设施建设可通过提升城市创新水平来促进劳动技术进步。

第二，更好的商业信用环境可能通过降低企业融资成本来促进技术投资与创新，从而间接推动劳动技术水平提升（牛志伟等，2023）。良好的商业信用环境鼓励企业加大创新投资和技术研发，为劳动者提供更多资源和机会，激发其学习和专业发展的动力。同时，高商业信用环境也可吸引优秀人才和创新型企业聚集，促进技术交流与合作，加速技术水平提升。因此，使用商业信用环境指数（2010 年、2011 年、2012 年、2015 年、2017 年和 2019 年）作为机制变量，分析数字基础设施建设对城市商业环境的影响，结果如表7列（2）所示。回归结果表明，数字基础设施建设可能通过改善城市商业信用环境来促进劳动技术进步。

第三，市场化水平的提高可能通过优化资源配置、增强竞争力，促进劳动偏向型技术进步，即更有利于促进以劳动力为基础的技术进步（戴魁早和刘友金，2020）。市场化激发了竞争，推动企业创新与技术进步，劳动者在竞争中不断提升自身技能和知识水平。同时，市场化提供了更多机会和奖励机制，激励劳动者适应市场需求，推动技术水平提升。因此，使用市场化指数（1998~2019年）作为机制变量，分析数字基础设施对城市市场化水平的影响，结果如表7列（3）所示。回归结果表明，数字基础设施建设可能通过提升城市市场化水平来促进劳动技术进步。

综上所述，数字基础设施建设可能通过促进创新、改善商业信用环境和提升市场化水平，推动劳动偏向型技术进步。陈贵富等（2022）研究发现，数字经济发展带动了劳动力就业技能结构和行业结构的升级，体现了技能偏向型技术进步。Autor（2015）认为，数字技术进步提高了生产力水平，进一步增加了对高技能劳动力的需求，推动了整体收入水平的提升。Acemoglu 和 Restrepo（2018）指出，长期来看，低技能劳动者通过不断学习提高自身技能，既能增加就业机会，也能提高劳动报酬。以上机制检验为本文的研究假设提供了经验支持，验证了推论二和推论三。

表7　机制分析：劳动偏向型技术进步

	城市创新指数 （1）	商业信用环境指数 （2）	市场化指数 （3）
Treat	33.812***	0.605***	0.081*
	(3.966)	(0.189)	(0.043)
年份固定效应	是	是	是
城市固定效应	是	是	是
城市特征变量	是	是	是
观测值	4589	1364	4632
调整 R² 值	0.593	0.870	0.977

注：列（1）~（3）的被解释变量分别为城市创新指数、商业信用环境指数和市场化指数。括号中是聚类到城市层面的稳健标准误。*、**、***分别表示在10%、5%、1%的水平下显著。所有回归均控制了年份和城市固定效应以及城市特征变量。

七　结论与政策建议

本文通过构建理论模型并采用双重差分法进行实证检验，探讨了数字基础设施建设对产业结构转型的影响，特别是其在促进服务业技术进步中的作用。研究结果表明，数字基础设施建设显著减缓了产业结构向服务业转型的速度，这一效果主要通过提升服务业的技术水平来实现。具体而言，数字基础设施建设通过信息化和网络化手段增强了服务业的竞争力，提高了劳动生产率，使服务业能够更好地适应市场需求变化。同时，数字基础设施建设还通过促进产业创新和市场化发展，改善了整体劳动力需求条件，为产业结构转型创造了有利环境。

基于本研究的发现，政策建议如下。

首先，数字基础设施建设通过缩小服务业与工业之间的技术进步差距，显著缓解了鲍莫尔成本病对经济增长的阻碍作用。鲍莫尔成本病是指服务业因技术进步缓慢而导致成本上升，进而拖累整体经济增长的现象。数字基础设施的普及和应用能够有效提升服务业的生产效率，缩小其与工业之间的技术差距，从而缓解这一现象。因此，持续推进数字基础设施建设，提升全社会的数字化水平，是实现经济高质量发展的重要举措。为此，第一，应重点推动数字网络技术创新，加快 5G、算力中心等新型基础设施的布局。5G 网络的高速率、低延迟和大连接特性将为各行各业提供强大的技术支持，尤其是在智能制造、远程医疗、智慧城市等领域，5G 的应用将极大地提升生产效率和服务质量。第二，应扩大宽带覆盖面，提升网络传输速度与稳定性。宽带网络是数字经济发展的基础，其覆盖范围和质量直接影响到数字技术的应用效果。特别是在农村和偏远地区，宽带网络的普及将有助于缩小数字鸿沟，促进区域经济协调发展。第三，应增强网络安全保障能力，为实现"网络强国"与"数字中国"战略目标提供支撑。随着数字经济的快速发展，网络安全问题日益突出，网络攻击、数据泄露等事件频发，严重威胁到国家安全和经济发展。因此，必须加强网络安全基础设施建设，提升网络安全防护能力，确保数字经济健康发展。

其次，数字基础设施建设对产业结构转型速度的促进作用依赖于服务业技术进步。因此，需进一步发挥数字基础设施对服务业的赋能作用，推动其技术进步。政府应加大对服务业从业者的数字技能培训力度，在确保数字基础设施全覆盖的基础上，组织专业团队深入企业和服务机构，教授其数字技术应用与操作技能。通过系统的培训，提升服务业从业者的数字素养，使其能够熟练运用各类数字工具，提高工作效率和服务质量。此外，应推动公益性数字技术培训平台建设，结合服务业特点和需求，提供专业化、实用性强的知识产品。例如，可以开发针对不同服务行业的数字技术培训课程，包括如何利用大数据优化服务流程、如何通过人工智能提升客户体验等。这些课程应注重实用性和针对性，帮助从业者快速掌握数字技术的应用方法，提升服务业的整体技术水平。同时，要推动服务业技术评价标准改革，提高社会对数字技术应用成果的认可。当前，服务业的技术进步往往难以量化，导致其技术进步成果得不到充分认可。因此，应建立科学合理的服务业技术评价体系，将数字技术的应用成果纳入评价范围，激励企业和服务机构积极采用数字技术，促进服务业技术进步与产业升级。

最后，数字基础设施建设的促进作用还依赖于产业创新、良好的商业信用环境和市场化发展等"市场因素"。因此，一方面要继续利用数字技术推动产业创新，提升各产业的数字化水平，从而提高全要素生产率。例如，强化数字技术在金融、教育、医疗等领域的应用，推动服务流程的标准化与智能化，提高服务效率与质量，促进服务业向高附加值领域扩展。另一方面，要充分发挥数字基础设施对供应链与产业链的赋能作用，通过区块链、大数据等技术，构建透明高效的商业信用体系，降低交易成本，提高市场资源配置效率。区块链技术的去中心化和不可篡改性，可以有效提升供应链的透明度和可信度，降低交易风险。大数据技术可以用于分析市场需求和供应链运行情况，优化资源配置，提高供应链的效率。

参考文献

[1] 柏培文、喻理，2021，《数字经济发展与企业价格加成：理论机制与经验事实》，《中国工业经济》第11期。

[2] 陈贵富、韩静、韩恺明，2022，《城市数字经济发展、技能偏向型技术进步与劳动力不充分就业》，《中国工业经济》第8期。

[3] 戴魁早、刘友金，2020，《市场化改革能推进产业技术进步吗？——中国高技术产业的经验证据》，《金融研究》第2期。

[4] 方福前、田鸽、张勋，2023，《数字基础设施与代际收入向上流动性——基于"宽带中国"战略的准自然实验》，《经济研究》第5期。

[5] 郭凯明、潘珊、颜色，2020，《新型基础设施投资与产业结构转型升级》，《中国工业经济》第3期。

[6] 郭凯明、杭静、牛梦琦，2024，《收入分配演化、人力资本积累与产业结构转型》，《数量经济技术经济研究》第3期。

[7] 郭凯明、杭静、颜色，2020，《资本深化、结构转型与技能溢价》，《经济研究》第9期。

[8] 郭凯明、王藤桥，2019，《基础设施投资对产业结构转型和生产率提高的影响》，《世界经济》第11期。

[9] 华岳、金敏、张勋，2022，《数字基础设施与企业融资约束》，《中国经济学》第1期。

[10] 黄群慧、余泳泽、张松林，2019，《互联网发展与制造业生产率提升：内在机制与中国经验》，《中国工业经济》第8期。

[11] 寇宗来、刘学悦，2017：《中国城市和产业创新力报告2017》，复旦大学产业发展研究中心。

[12] 李治国、王杰，2021，《数字经济发展、数据要素配置与制造业生产率提升》，《经济学家》第10期。

[13] 刘秉镰、袁博、刘玉海，2025，《数字基础设施如何畅通区域间资本要素流动——基于企业注册大数据的证据》，《数量经济技术经济研究》第1期。

[14] 刘传明、马青山，2020，《网络基础设施建设对全要素生产率增长的影响研究——基于"宽带中

国"试点政策的准自然实验》，《中国人口科学》第 3 期。

[15] 刘青、肖柏高，2023，《劳动力成本与劳动节约型技术创新——来自 AI 语言模型和专利文本的证据》，《经济研究》第 2 期。

[16] 牛志伟、许晨曦、武瑛，2023，《营商环境优化、人力资本效应与企业劳动生产率》，《管理世界》第 2 期。

[17] 牛子恒、崔宝玉，2022，《网络基础设施建设与劳动力配置扭曲——来自"宽带中国"战略的准自然实验》，《统计研究》第 10 期。

[18] 钱海章、陶云清、曹松威等，2020，《中国数字金融发展与经济增长的理论与实证》，《数量经济技术经济研究》第 6 期。

[19] 钞小静、廉园梅、元茹静等，2023，《数字基础设施建设与产业链韧性——基于产业链恢复能力数据的实证分析》，《数量经济技术经济研究》第 11 期。

[20] 王海、闫卓毓、郭冠宇等，2023，《数字基础设施政策与企业数字化转型："赋能"还是"负能"？》，《数量经济技术经济研究》第 5 期。

[21] 王弟海，2021，《三次产业增长和产业价格结构变化对中国经济增长的影响：1952—2019 年》，《经济研究》第 2 期。

[22] 谢文栋，2022，《"新基建"与城市创新——基于"宽带中国"战略的准自然实验》，《经济评论》第 5 期。

[23] 徐现祥、周吉梅、舒元，2007，《中国省区三次产业资本存量估计》，《统计研究》第 5 期。

[24] 薛飞、周民良、刘家旗，2022，《数字基础设施降低碳排放的效应研究——基于"宽带中国"战略的准自然实验》，《南方经济》第 10 期。

[25] 张子尧、黄炜，2023，《事件研究法的实现、问题和拓展》，《数量经济技术经济研究》第 9 期。

[26] 赵涛、张智、梁上坤，2020，《数字经济、创业活跃度与高质量发展——来自中国城市的经验证据》，《管理世界》第 10 期。

[27] Acemoglu D., Guerrieri V. 2008. "Capital Deepening and Nonbalanced Economic Growth." *Journal of Political Economy* 116(3)：467–498.

[28] Acemoglu D., Restrepo P. 2017. "Robots and Jobs：Evidence from US Labor Markets." *Journal of Political Economy* 125(5)：1431–1482.

[29] Acemoglu D., Restrepo P. 2018. "Artificial Intelligence，Automation，and Work." NBER Working Paper.

[30] Autor D. H. 2015. "Why are There Still So Many Jobs？The History and Future of Workplace Automation." *Journal of Economic Perspectives* 29(3)：3–30.

[31] Baumol W. J. 1967. "Macroeconomics of Unbalanced Growth：The Anatomy of Urban Crisis." *American Economic Review* 57(3)：415–426.

[32] Buera F. J., Kaboski J. P. 2012. "Scale and the Origins of Structural Change." *Journal of Economic Theory* 147(2)：684–712.

[33] Brynjolfsson E., Saunders A. 2010. *Wired for Innovation: How Information Technology is Reshaping the Economy*. MIT Press.

[34] Caselli F., Coleman W. J. II. 2001. "The U.S. Structural Transformation and Regional Convergence：A Reinterpretation." *Journal of Political Economy* 109(3)：584–616.

［35］ Chetty R., Looney A., Kroft K. 2009. "Salience and Taxation: Theory and Evidence." *American Economic Review* 99(4): 1145−1177.

［36］ Duernecker G., Herrendorf B., Valentinyi A. 2024. "Structural Change Within the Services Sector and the Future of Cost Disease." *Journal of the European Economic Association* 22(1): 428−473.

［37］ Edmonds E. V., Pavcnik N., Topalova P. 2010. "Trade Adjustment and Human Capital Investments: Evidence from Indian Tariff Reform." *American Economic Journal: Applied Economics* 2(4): 42−75.

［38］ Goldfarb A., Tucker C. 2019. "Digital Economics." *Journal of Economic Literature* 57(1): 3−43.

［39］ Goldfarb A., Prince J. 2008. "Internet Adoption and Usage Patterns are Different: Implications for the Digital Divide." *Information Economics and Policy* 20(1): 2−15.

［40］ Herrendorf B., Rogerson R., Valentinyi A. 2014. "Growth and Structural Transformation." In *Handbook of Economic Growth*, Vol. 2: 855−941.

［41］ Jacobson L. S., Lalonde R. J., Sullivan D. G. 1993. "Earnings Losses of Displaced Workers." *American Economic Review* 83(4): 685−709.

［42］ Kongsamut P., Rebelo S., Xie D. 2001. "Beyond Balanced Growth." *Review of Economic Studies* 68(3): 869−882.

［43］ Kuznets S. 1973. "Modern Economic Growth: Findings and Reflections." *American Economic Review* 63(3): 247−258.

［44］ Kuznetsova I. G., Surikov Y. N., Votchel L. M., Aleynikova M. Y., Shichiyakh R. A. 2019. "The Methodological Aspect of Human Capital Formation in the Digital Economy." NBER Working Paper.

［45］ La Ferrara E., Chong A., Duryea S. 2012. "Soap Operas and Fertility: Evidence from Brazil." *American Economic Journal: Applied Economics* 4(4): 1−31.

［46］ Li, W., Donghui L., Shijie Y. 2022. "The Impact of Internet Penetration on Venture Capital Investments: Evidence from a Quasi−natural Experiment." *Journal of Corporate Finance* 76: 102281.

［47］ Lu Y., Tao Z., Zhu L. 2017. "Identifying FDI Spillovers." *Journal of International Economics* 107: 75−90.

［48］ Ngai L. R., Pissarides C. A. 2007. "Structural Change in a Multisector Model of Growth." *American Economic Review* 97(1): 429−443.

［49］ Matsuyama K. 2000. "A Ricardian Model with a Continuum of Goods under Nonhomothetic Preferences: Demand Complementarities, Income Distribution, and North-South Trade." *Journal of Political Economy* 108(6): 1093−1120.

［50］ Matsuyama K. 2002. "The Rise of Mass Consumption Societies." *Journal of Political Economy* 110(5): 1035−1070.

［51］ Porzio T., Rossi F., Santangelo G. 2022. "The Human Side of Structural Transformation." *American Economic Review* 112(8): 2774−2814.

［52］ Sposi M. 2019. "Evolving Comparative Advantage, Sectoral Linkages, and Structural Change." *Journal of Monetary Economics* 103: 75−87.

［53］ Trammell P., Korinek A. 2023. "Economic Growth under Transformative AI." National Bureau of Economic Research Working Paper, 31815.

［54］ Uy T., Yi K. M., Zhang J. 2013. "Structural Change in an Open Economy." *Journal of Monetary Economics* 60(6): 667−682.

［55］ Wang Q., Hu A., Tian Z. 2022. "Digital Transformation and Electricity Consumption: Evidence from the Broadband China Pilot Policy." *Energy Economics* 115: 106−120.

（责任编辑：焦云霞）

"南水北调"与沿线农业发展

——断点估计方法下对中线工程地区的评估

刘耀彬　肖　挺　郭　娜[*]

摘　要： 南水北调工程作为解决中国北方水资源短缺问题的大型水利设施，为沿线地区的经济社会发展注入了新的活力。本文借助地理信息系统精准识别了各县的地理位置，并将其与历年《中国县域统计年鉴》进行匹配，构造了2008~2021年的面板数据，在此基础上运用断点回归方法考察南水北调中线工程开通对沿线两侧地区农业发展的影响。研究结果表明，南水北调中线工程开通显著促进了干渠东侧平原地区的农业发展，其农业生产率较西侧地区高出了2.2个百分点，且这一效应主要体现在农业中，而在第二、三产业中则不太明显。在农业产品产出上，中线工程通水对粮油作物的产出影响更为突出。在影响机制上，中线工程开通对干渠东侧地区带来的农业增长效应主要通过影响农业资本投入和农业劳动力来实现。

关键词： 南水北调　农业发展　农业资本　农业劳动力　水资源

一　引言

作为人类赖以生存的物质基础，水资源与人们的生产生活密不可分。纵观世界范围内，受到自然地理和人类活动的影响，水资源的地域分布极不均衡，为缓解人水矛盾，世界各国努力寻求解决全球水危机的方案并进行了诸多社会实践，比较典型的如新加坡政府提出的雨水污水利用技术、海水淡化技术、再生水、邻国外购水等所谓的"四个水龙头"政策。在农业生产上，滴灌等节水技术也被广泛使用等。然而，受地缘影响，绝

---

* 刘耀彬，教授，江西财经大学数字经济学院，电子邮箱：liuyaobin2003@163.com；肖挺，教授，江西财经大学数字经济学院，电子邮箱：ncu_xiao@163.com；郭娜（通讯作者），博士研究生，江西财经大学国际经济与政治学院，电子邮箱：guona_jxufe@163.com。本文获得国家自然科学基金地区项目（72262015）和国家社会科学基金重大项目（23&ZD034）的资助。感谢《中国经济学》审稿专家及匿名审稿专家的宝贵意见，文责自负。

大多数地区解决水危机的技术方案都是建立在提高水费的基础之上，若不提高水费，大部分城市将无力承担诸如海水淡化等基础设施投资。提高水费虽有强烈的经济动机，在伦理政策上却面临困局。且此类措施无法从根本上解决水资源分布不均的问题，从长远发展来看也并非高性价比的方案，相比之下，通过修建引水渠、蓄水池和提灌站等水利工程来改变水资源分布及季节分配不均的问题，或许是更为现实的选择。

中国的水资源同样也存在地理和人口分布不匹配的问题，人口稠密、用水需求极大的华北平原水资源却极度匮乏，水资源与人口、耕地、能源等经济社会要素的布局之间存在严重的错配。①对此新中国成立后兴建了多项引水工程以缓解缺水城市和地区的水资源短缺状况，如引滦入津、引黄济青、引汉济渭、引黄入晋、引江济淮等。其中，南水北调当属其中最为重要、覆盖范围最广、影响最为深远的调水工程。相继建成的东、中线工程，成为缓解黄淮海平原水资源严重短缺问题的重大战略性基础设施，也是与京津冀地区经济社会可持续发展息息相关的重大民生工程，促进了经济增长（谢泽宇等，2023）。

南水的到来，改变了沿线地区生态、环境、经济乃至于人文方面的表现，其中，农业是受影响最为突出的产业之一，研究表明，南水北调工程通过返还农业用水进一步改善了农业生产条件，提高了粮食作物的种植比例，对于保障广大北方粮食主产区的粮食安全问题具有重要的现实意义（徐章星等，2024）。有鉴于此，基于工程沿线的县域经济社会样本数据，选择将水资源对农业的影响作为研究主题，考察南水北调中线工程开通对于干渠沿线两侧农业发展的影响。因此，本文思考的问题是，南水北调中线工程建成通水是否对沿线地区农业发展产生促进作用？对于农业生产禀赋条件更好的干渠东侧平原区而言，南水北调中线工程建成通水带来的农业增长效应是否更为明显，其影响机制何在？这一差异在输水路线的不同区段内是否存在异质性，且上述效应是否仅仅存在于农业中？厘清上述问题，有利于严谨、客观地评估南水北调中线工程建设成就及其面临的问题，这对于缓解人水矛盾以及促进社会和谐稳定发展具有重要的现实意义。

本文可能的边际贡献在于：第一，在研究视角上，以往关于南水北调工程建设的政策效应评估主要集中在对受水区整体的积极影响上，如缓解水资源约束、促进经济增长、提高城镇化水平和生态环境效应等，而忽略了工程建设可能导致受水区内部地理单元间发展不平衡问题，本文不仅发现南水北调中线工程开通将显著促进沿线地区

---

① 主要体现在全国约 81%的水资源集中分布在长江流域及以南地区，而长江流域以北的广大地区的土地面积占 64%，人口占 46%，耕地面积占 60%，GDP 占 44%，水资源总量却仅占全国的 19%，广大北方地区出现水资源供给严重不足问题。

农业发展，而且关注到以中线工程干渠为界形成的受水区内部东西两侧农业发展的非均衡性，并进一步剖析出现这一问题的深层原因，探索其形成机制和异质性等，丰富了水资源优化配置理论等，拓展了水利经济学相关研究，有利于多维度、多视角地评估南水北调中线工程建设所带来的政策效应。第二，在研究方法上，为科学评估南水北调中线工程建成通水的政策效应，本文采用断点回归设计（Regression Discontinuity Design，RDD），中线工程沿线两侧农耕地理环境存在差异，因此两侧的农田取水成本及其便利性也存在很大差别，山地的水很难留在农田内，而平原则没有这样的问题，从长期来看这会使得两侧农业发展出现较大的差异，即南水北调中线工程建成通水将更多地促进东侧平原地区的农业发展。而地处边界线的周边县的社会经济特征可以视为是无差异的，因此能够有效排除边界线处不可观测因素的影响，较好地解决了由遗漏变量造成的内生性问题，为断点回归方法的使用提供了一个更为纯粹的因果关系识别环境。第三，在研究的现实意义上，本文强调的社会价值是，警惕因公共基础设施项目建设而造成的地理分割问题，从而拉大区域间经济社会发展差距，加剧空间发展不平衡问题，希冀为相关工程建设以及政策实施的事前评估提供一定的研究证据和建议。

二　文献综述与地缘背景

（一）文献综述

缺水是影响农业发展和扩张的重要因素（Hornbeck 和 Keskin，2014；Hornbeck 和 Keskin，2015），农业部门的规模化生产使其成为全球水资源消耗最大的部门（Wang 等，2019），一般而言农业用水占整体用水量的60%以上，而提高农业用水效率是解决水资源短缺问题的有效途径（Liu 等，2020），一系列水利基础设施的建设缓解了这一局面。既有文献从多个研究视角评估了水利基础设施建设对农业发展的影响，但并未得出一致结论。Blakeslee 等（2020）研究了印度大规模灌溉基础设施对当地经济活动的长期影响，发现灌溉输水增加了农业产出等。而同样针对印度大型水坝的研究，Duflo 和 Pande（2007）却指出在建有水坝的地方农业生产并没有增加，但贫困率增加了；相反，下游地区受益于灌溉面积增加，农业产量提升及贫困率下降。

水资源分配关系到经济社会的和谐发展（马骏和郑垂勇，2010），为改变中国水资源分布"南多北少"的格局，早在1952年毛泽东同志就提出了"南水北调"的宏伟构想，南水北调是优化水资源配置、促进区域协调发展的战略性工程（周正祥等，2022）。多数学者认为南水北调工程对受水区经济、社会、生态的影响是积极的，可以产生可观的经济效益和社会效益（杨云彦，2007；程扬等，2016），如缓解水资源约束、促进受水区的经济发展和城市扩张（谢泽宇等，2023）；推动技术进步和实现产业结构升级从而提高水资源集约利用效率（汪倩和陈军飞，2022），促进资源要素的互补流动、优化区域发展环境、加快新型城镇化和改善农业生产条件（吴海峰，2016）等，乃至于关注南水北调对沿线地区居民健康的影响（Guo 等，2024）。

与本文主题紧密关联的文献是关于南水北调对农业发展影响的研究，肖挺（2022）使用合成控制法进行实证评估发现，南水北调工程为沿线地区带来的水源输入对受水区农业发展的促进作用尚未到达预期。梳理上述文献发现，现有研究从生态环境效应（程扬等，2016）、区域协调发展（杨云彦和石智雷，2009）、经济增长和城市发展（谢泽宇等，2023）等角度评估了南水北调工程实施的政策效应，本文进一步使用断点回归方法进行研究发现，南水北调中线工程建成通水显著促进了受水区沿线地区的农业增长，且东侧平原区表现得更加突出。

（二）地缘背景与典型事实

截至目前，南水北调西线工程仍处于前期论证阶段尚未开工建设。东线一期工程于2013年竣工，起点在扬州，主要借助京杭大运河黄河以南的中运河和里运河段途经江苏向山东东部的胶东半岛地区输水，覆盖沿线五个省市，但整体配套线路并未完全建成，且由于东线沿线所处的苏鲁等省份缺水程度远不及京津冀地区，其带来的经济效益和社会效益难以与工程量最大、建设最完整的南水北调中线工程（以下简称"中线工程"）相比。①

中线工程堪称工程奇迹，打破了世界水利史上的多项纪录，产生了较大的社会效益。中线工程的水源地为丹江汇入汉江的水库，库区选址远离人口密集区，工业污染较小，故丹江口水库水质优良；且库区位于长江中上游，水源充沛，可供水量巨大。除了基于水质和水量的考量外，选择从丹江口水库输水最为重要的原因在于水渠可以借助丹江口水库与华北平原之间的海拔落差实现全程自流，这也是中线干渠修建在第二级阶梯与第三级阶梯分界线上的主要原因，即可以充分利用山地与平原结合部位的坡度来实现高度差的分级递减，使得中线在无须动力干预下就能够全程自流，相较于东线节省了逐级提水的高昂成本。观察中线工程整体走势发现，线路布局并非遵守传统的"两点之间线段最短"原则，尤其是在干流的前段出现了呈"S"形的弯道。例如，在河南省郑州至新乡"穿黄工程"前后段主干渠走的线路并非径直东北的方向，而是先向西北绕路焦作后再折东北方向前往新乡，这一细节上的处理主要是为了实现

---

① 根据水利部南水北调司公布的数据，截至2022年底，中线工程为北方地区的总供水量（531亿立方米）约为东线工程（142亿立方米）规模的4倍，其年输水量相当于1/6条黄河。

全程自流的大局目标。分析地形地势发现，新乡地处平原，如过早地下落到海拔较低的地区，对于后续的输水动力会造成较大影响，中线选择布局焦作则可以利用太行山脚下的坡度进行输水，此后再行北上鹤壁、安阳、邯郸、邢台等豫北地区均可借地势实现自流，而无须人工提水。

　　分析至此，可见南水北调中线基本上是沿中国二、三级阶梯边缘而建，并形成了一条天然的分界线，西侧地区海拔较高以山地、高原地形为主，东侧地区海拔较低以平原地形为主。从干渠往西侧地区引水需动力提水，不仅耗时费力且成本较高，而往东侧地区引支渠输水则可直接借地势实现自流，成本较低。南水北调中线工程开通后，干渠两侧的县区由于地形条件和输水成本等的差异，受水量容易形成以中线为分界线的"东多西少"特点。除了地形地势和输水成本导致受水量差异外，中线建设也是为了改善华北平原的缺水状况，因此水源供应更多地惠及华北平原即中线东侧地区。本文对沿线地区受水量分布不均的这一典型事实进行分析，如图1所示。统计出各县的平均受水量①（受水量/行政区域面积）并进行比较。数据显示，东侧各县的平均受水量为0.5184万立方米/公里²，西侧县区为0.1428万立方米/公里²。显而易见，中线东侧县平均受水量是西侧县的3倍有余，即中线工程开通带来的水资源输入呈现出以中线干渠为界的"东多西少"特征。

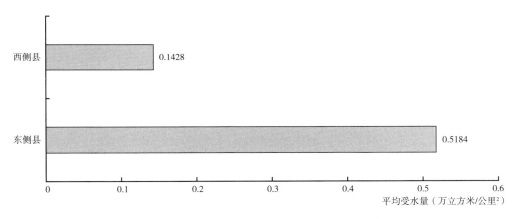

图1　"南水北调"中线西侧县和东侧县平均受水量

资料来源：根据水利厅2023年2月发布的《南水北调水量调度方案的通知》中的数据整理计算得到。http：//slt. hebei.gov.cn/a/2023/02/02/1D73B10531254083A6B82653E1A00D61.html。

———————————

① 囿于数据的可获得性，此处仅对2023年的状况进行分析。受水量数据来源于水利厅《关于下达2023年2月南水北调水量调度方案的通知》。

三 研究假说

南水北调中线工程建成通水缓解了沿线受水区的水资源约束，为经济社会发展注入了新的活力。其对于受水区农业用水的影响主要体现在，直接改变了农业用水规模（徐章星等，2024）。灌溉用水量占农业用水量的90%，而灌溉以地下水和地表水为主。一方面，南水北调中线工程通过跨流域调水直接增加了农业用水量；另一方面，调水通过代替地下水间接为农业供水，研究表明，南水北调工程使华北平原缺水指数下降50.7%，地下水储量恢复1.12米（秦欢欢等，2019），对于缓解地下水超采问题具有重要作用，地下水位上升进一步为农业生产提供了水资源。南水北调工程改善了农业用水被挤占的局面，显著增强了农业抵御干旱灾害的能力，提高了灌溉保证率，充分挖掘了粮食增产潜力。据统计，中线工程建成通水提高了华北平原50余个县区共计4500多万亩农田灌溉保证率，农作物生产效益大大提高（李祎雯等，2024）。

南水北调中线工程干渠位于华北平原和黄土高原的交界地带，此处地形地势发生剧变。干渠以西逐渐过渡至高原地貌，海拔逐渐升高，地形愈发复杂；而东侧则为广阔的平原，地势平坦。具体而言，干渠西侧地区海拔渐升、地势较高，引水至此耗时费力且成本较高，导致西侧受水区引水量少于东侧受水区（见图1）。这也进一步限制了对地下水的补充作用。而东侧受水区不受上述条件的约束，在调水后保持了良好的农业用水供应，保证了农业灌溉用水供给。地形条件差异导致南水北调中线工程开通对两侧地区农业用水的补充程度不同，进而形成了农业生产禀赋条件的差异。南水北调中线工程建成通水为干渠东侧平原地区带来了丰富的水资源，显著促进了农业增长；而西侧地区水资源相对匮乏，农业生产禀赋条件较差，农业发展受限。基于以上阐述，本文提出以下假说。

假说1：南水北调中线工程开通对沿线农业发展带来的促进作用在东侧平原地区表现得更为突出。

南水北调工程开通之前，水资源匮乏导致东侧平原地区的农业生产难以达到最佳产出水平。根据生产可能性边界理论，在既定的农业生产条件下，农业资本存量和劳动力供给被视为固定生产要素。然而受水区普遍存在水资源禀赋严重不足的问题，水资源作为最强的刚性约束，已然成为农业发展的瓶颈（汪倩和陈军飞，2022），直接制约了资本和劳动力的充分利用，从而限制了农业产出潜在增长。南水北调工程有效缓解了受水区农业用水紧缺状况（徐章星等，2024），水资源输入使得原本因水源缺乏而荒废或处于旱田状态的农用地被重新开发利用，吸引了农业资本和劳动力等生产要素的投入，形成高标准农田，提高了农业机械化水平，促进了农业发展。此外，南水北调中线工程还通过资源解锁效应，激活了原本因缺水而未能充分发挥作用的农业资本和劳动力进一步转化为实际生产中的有效资本和劳动力（汪倩和陈军飞，2022），相当于增加了农业劳动力及资本的供给，从而推动了农业生产可能性边界外移，直接促进了农业发展。

第一，南水北调中线工程促进了农业劳动人口回流（谢泽宇等，2023）。一方面，南水北调中线工程通过带动产业发展、创造就业机会和提高农民收入从而促进人口回流。南水北调中线工程建成通水标志着水资源这一关键生产要素的供给显著增加。充足的水资源为受水区的工业、农业等提供了有力的支撑，通过增加就业岗位和带动产业发展促进了人口回流，提升了人口规模和增加了人口密度（李国平和罗心然，2021）。以河南省淅川县为例，南水北调沿线建成32个精品生态观光示范园，6.5万农民端上"生态碗"，带动1.2万贫困户增收近2万元。王殿茹和邓思远（2015）发现南水北调工程将促进生产力的合理布局，有效增加农田灌溉面积，为农业增产增收等提供坚实的保障。此外，Blakeslee等（2020）的研究表明，灌溉设施的修建通过扩大灌溉面积和增加就业机会，提高了村庄人口密度，并促进农业部门劳动力回流。另一方面，南水北调中线工程通过改善生态环境吸引人口回流。水资源充足是人口集聚的前提条件（周正祥等，2022），在"以水定人"的背景之下，南水北调中线工程开通使得受水区的水资源约束得到缓解，大大改善了沿线地区水资源人口承载能力严重不足的境况。具体而言，南水北调中线工程提升了受水区的地下水水位（徐章星等，2024），扩大了水域面积，增加了河流生态补水量，改善了当地的生态环境。而环境质量是人口流动的重要因素（肖挺，2016），良好的生态环境将增强人口回流的吸引力，一些原本因环境因素而迁出的人口可能会因家乡环境的改善而选择回流（毛兵等，2025）。

第二，南水北调中线工程开通带来的水资源输入使得以农业机械化为表征的农业资本增加（苏艺，2024）。南水北调中线工程为北方地区带来了充足稳定的水源供应，一方面，中线工程有效改善了受水区的农业灌溉条件，原本因缺水而难以大规模开展机械化作业的农田得到灌溉，土地条件改善，更适合大型农业机械设备的通行和操作，这促使农民和农业生产企业有动力增加对农业机械化的投入，如购置先进的灌溉设备、大型联合收割机和播种机等，以提高生产效率。另一方面，由于农业投资很大程度上由资源寻求因素推动（Deiniger，2011），稳定的水源保障使得农业生产的稳定性和收益预期提高，吸引了更多的农业投资，农业经营主体有更多的资金用于引入农业机械化技术和设备，推动了农业机械化水平提升，进而使以农业机械化为表征的农业资本不断增加，促进了农业生产朝现代化、规模化和集约化方向发展。例如，在河南南阳引丹灌区，中线工程每年平均向其直接供水约6亿立方米，有力保障了邓州市、新野县两市县国家粮食核心产区的春耕备耕工作。这使得农业生产规模得以扩大，促使农民加大对农业机械等资本的投入。

干渠东侧受水区享有充足的农业用水，为大规模农业生产提供了前提条件，加之广袤无限、地势平坦的地理特征和良好的农业生产禀赋条件，农业机械化得以实现，通过增加该区域以农业机械化为表征的农业资本投入促进农业发展。干渠西侧受水区地形复杂，地表支离破碎、沟壑万千，一方面，受到地形地势限制，本身并不适宜种植粮食作物，且多为山地和坡地，导致地块难以存水，即使水资源输入也难以对耕地进行整合与改良，自然条件限制使得当地难以开展大规模的农业机械化种植。这是中线两侧地区农业收益呈现非均衡状态的原因。因此南水北调中线工程开通后，东侧平原区由于优越的农业生产条件和较高的收益，吸引了更多的农业投资参与农业生产，西侧山地区则难以吸引农业资本的流入，两侧农业资本保有量差距进一步拉大。另一方面，如前文典型事实分析所述，南水北调中线工程开通带来的水资源输入呈现出以中线干渠为界的"东多西少"特征，干渠西侧受水区水资源输入并不充分，难以发挥资源解锁效应以撬动农业资本投入增加，从而限制了农业生产发展，导致干渠东西两侧地区农业发展差距拉大。同理，南水的到来改善了农业生产条件，大规模的农业种植降低了平均成本，农业收益增加，东侧受水区吸引了大量劳动力和人才回流（谢泽宇等，2023），农业劳动力增加；而西侧受水区由于农业生产禀赋条件相对欠佳，即使拥有足够的水源供给也无法增加农业劳动人口，从而形成了东西两侧地区的农业发展非均衡性，具体表现为南水北调中线工程开通对农业发展的促进作用在东侧平原区表现得更加突出。基于以上阐述，本文提出如下假说。

假说2：南水北调中线工程通水通过作用于农业资本和农业劳动力，进而影响沿线地区农业发展。

四 数据说明和实证设计

（一）数据来源

本文采用的地区样本为中线工程途经的京津冀豫四省市内的210个受水县，各县到南水北调中线的最短距离用Arcgis软件测算获得，具体过程如下：首先，在软件中计算出各县的地理质心坐标，从高德开放平台获取各县行政中心即政府所在地的经纬度坐标；其次，将上述数据导入Arcgis，使用近邻分析工具分别计算出辖区质心坐标和行政中心坐标到南水北调中线干渠的最短垂直距离。年均降水量数据来源于欧盟及欧洲中期天气预报中心等组织发布的ERA5-Land数据集。农业产值及控制变量的相关数据则来自

《中国县域统计年鉴》，为避免异常值对估计结果的影响，对所有变量进行缩尾（Winsorize）处理。本文所采样本均来自县级层面，考虑到数据的完整性和可获得性，所有数据均截至2021年。

在样本选择方面，以京津冀豫四省市内受水县为研究对象，共计210个县，其中北京市5个、天津市16个、河北省82个及河南省107个。在断点回归设计中，以南水北调中线干渠为分界线，按照该县辖区地理质心与中线干渠的相对位置将受水县划分为位于东西两侧的样本，特别是对于部分被中线干渠所贯穿的县，若该县地理质心位于边界线以东则认为该县位于分界线东侧，反之则将该县归为分界线西侧县。在210个受水县中，位于南水北调中线东侧的样本县有148个，位于边界线西侧的样本县有62个。西侧县地广人稀，而东侧县则正好相反，这也在一定程度上反映出干渠两侧的农业生态状况。就样本期的选择而言，由于南水北调中线一期工程通水时间为2014年12月12日，将2015年视为通水的第一年，即政策实施时间定义为2015年。

（二）实证设计

承前所述，考虑到输水干渠的设计布局受到地形限制以及为实现全程自流的目标所影响，因此以中线工程干渠为分界线形成了东西两侧不同的地形区，中线工程开通后水源输入可能对两侧地区的农业发展产生不同的影响。因此，为进一步识别中线工程开通后东西两侧地区农业发展差异是否拉大，本文借鉴Chen等（2013）和张华（2020）等的做法，利用地理断点回归方法设计计量模型：

$$WSN_i = \begin{cases} 1, Dist_i > 0 \\ 0, Dist_i < 0 \end{cases} \tag{1}$$

$$Y_{it}=\beta_0+\beta_1 WSN_i+F(Dist_i)+ WSN_i \times F(Dist_i)+\gamma X_{it}+\mu_i+\theta_t+\varepsilon_{it} \tag{2}$$

其中，i和t分别表示县和年份；被解释变量Y_{it}表示县农业增长率。模型的核心解释变量WSN_i表示县i位于南水北调中线工程的西侧或东侧的虚拟变量。南水北调中线工程影响区覆盖河南省、河北省、北京市和天津市等省市。根据肖挺（2022）的研究，中线工程水源输出地的农业发展仅受到其轻微的负面影响。[①]WSN_i的估计系数为主要关注的目标，其捕捉了中线工程开通对农业发展影响的净效应，若β_1显著为正，表示位于干渠东侧的县比位于西侧的县农业发展水平更高，表明相比于干渠的西侧地区，水源输入更

---

① 水源地丹江口水库处于长江中下游平原，地势平坦、平原广阔，自古便有"鱼米之乡"的美称，农业较为发达，故此处未将中线工程水源地纳入样本范围，将东西两侧的边界线起始点定为工程路线最南端的河南省南阳市。此外，由于河北省沧州市和衡水市位于南水北调东线工程的影响区内，样本容易受到污染，本文仅将上述两市中线工程支流所达县纳入样本，东侧其余县均不做考虑。

有利于东侧平原区的农业增长率提升，从而两侧地区农业发展差距拉大了。

式（2）中，$Dist_i$ 为配置变量（Assignment Variable），表示县 i 到干渠（即输水路线）的最短距离，且将位于干渠东侧的县定义为处理组，取正值，位于干渠西侧的县定义为控制组，取负值。$F(Dist_i)$ 是配置变量 $Dist_i$ 的平滑函数，一般定义为断点两边的低阶多项式函数；$WSN_i \times F(Dist_i)$ 是南水北调虚拟变量与 $F(Dist_i)$ 的交互项。此外，X_{it} 表示一系列控制变量，以控制其他可能对农业发展产生影响的因素。μ_i 表示县域固定效应，为控制县层面不随时间的推移而变化的不可观测因素的影响。θ_t 表示时间固定效应，以捕捉县之间不随个体变化但随着时间的推移而变化的遗漏变量问题。ε_{it} 为随机扰动项。

断点回归模型相关参数设定如下：在估计方法上，考虑到全局多项式回归估计结果容易受到阶数选择的影响，即存在函数形式设定的不确定性问题（Gelman 和 Imbens，2019），局部线性回归则可以避免边界上收敛速度慢的缺陷，更适用于空间断点回归估计（Lee 和 Lemieux，2010）。因此，在基准回归中报告了非参数局部线性回归的估计系数，并将参数方法的全局多项式回归结果作为稳健性检验。在配置变量的阶数上，汇报使用线性回归的结果作为基准，同时将其余阶数的全局多项式回归结果作为稳健性检验，这也是目前普遍被认为较为合理的做法（Gelman 和 Imbens，2019；杜浩锋等，2022）。在核密度函数的选取上，分别使用三角内核（Triangular kernel）、矩形核（Uniform kernel）和 Epanechnikov 内核（文中以 Epanech. 表示）进行估计，鉴于三角内核更适用于边界估计的共识（Lee 和 Lemieux，2010；张华，2020），基准回归以三角内核的估计结果为主。在带宽的选择上，使用 CCT 最优带宽作为基准回归结果，同时采用其他带宽选择做稳健性检验。

（三）变量说明

1.被解释变量

农业增长率（$Grpr$），根据 2014~2021 年农业增加值数据①计算得出。由上文可知，干渠两侧的地形地貌以及农业生产条件存在先天差异，为避免因沿线两侧地区农业产值在中线工程建成通水以前就存在的差异而影响估计结果的无偏性和准确性，加上考虑到几百年以来在不断开拓耕织活动中农业增长率会趋向于稳态，选择使用农业产值增长率而非产值作为被解释变量。

2.解释变量

使用 RDD 方法考察中线工程建成通水对农业发展的影响。虚拟变量 WSN 是断点回归估计的核心解释变量，表示县域与南水北调中线工程的相对位置，使用 Arcgis 软件进行识别，若该县质心位于南水北调中线西侧，则定义该县位于中线西侧，而位于干渠西

---

① 其中农业增加值数据经过价格平减处理。

侧取值为0，位于干渠东侧取值为1。2014年底中线工程建设完成后输水路线干渠不会轻易发生改变，同时各县位置也是固定不变的，即RDD的核心解释变量 *WSN* 是不随时间的推移而变化的。

3.配置变量

各县到干渠的最短距离（*Dist*）。以往研究关于最短距离的测算主要有两种方法，一是该县行政中心所在地（经纬度坐标）到干渠的最短距离；二是该县辖区地理质心坐标到干渠的最短距离。考虑到由于输水路线从县中穿过，若使用县行政中心坐标，则可能出现该县大部分辖区面积位于干渠一侧而行政中心位于另一侧，从而产生估计偏误的问题；之前的研究（Chen等，2013；Ebenstein等，2017；Ma等，2017；张华，2020）大多使用第二种方法，因此使用质心坐标到边界线的最短距离更为合理。此外，考虑到断点回归模型的适用性，位于干渠东侧的县（处理组）最短距离取值为正，位于干渠西侧的县（对照组）最短距离取值为负。

4.控制变量

为控制其他可能对农业发展产生影响的因素，参考相关研究（肖挺，2022）选择将以下控制变量纳入回归，①当年日降水总量的年平均值（*Prep*），华北平原属于水资源严重稀缺地区，因此降水量是影响农业发展的重要因素；②农业支出占财政支出的比例（*Gov*），用来衡量当地政府对农业生产的支持力度，对农业等的基础设施投资越大，越有利于促进农业发展；③农村居民人均可支配收入（*Dir*）；④人口密度（*Pd*），用年末总人口除以行政区域面积来衡量，人口越多，农业发展劳动力越充足，就越有利于促进农业发展；⑤人均GDP（*Gdppc*），衡量该县的产出能力，经济发展水平会决定农业发展模式；⑥产业结构（*Stru*），用第二、第三产业增加值占GDP的比重来衡量，第二、第三产业的发展能够为农业提供资金和技术支持等，对农业具有较强的反哺作用；⑦地形（*Terrain*），由于地形条件在样本期内是不随时间的推移而变化的，与本文的固定效应存在共线性问题，此处将地形起伏度与时间趋势项的交乘项作为地形的代理变量纳入回归。相关变量的描述性统计如表1所示。

表1　描述性统计

变量名	变量定义	观测值	均值	最小值	最大值
Grpr	农业增长率	1400	0.030	-0.369	0.352
WSN	县域相对位置（位于边界线东侧取值为1，西侧取值为0）	1470	0.705	0.000	1.000
*Dist*1	县到边界线的距离（千米，以辖区地理质心测算）	1470	33.653	-200.865	176.994
*Dist*2	县到边界线的距离（千米，以辖区行政中心测算）	1470	33.176	-203.451	175.973
Pd	人口密度（万人/公里²，年末总人口/行政区域面积）	1227	0.070	0.009	0.206

续表

变量名	变量定义	观测值	均值	最小值	最大值
Gov	农业支出占财政支出的比例	1427	0.186	0.033	0.922
Stru	产业结构（第二、第三产业增加值占 GDP 的比重）	1459	0.860	0.553	1.000
Dir	农村居民人均可支配收入（元，取对数）	1160	9.155	7.652	10.305
Gdppc	人均 GDP（元，取对数）	1344	10.455	9.143	12.651
Prep	当年日降水总量的年平均值（米）	1400	0.002	0.001	0.004
Terrain	地形起伏度×时间趋势项	1358	0.861	0.002	11.277

五 实证结果

（一）基准回归结果

在进入断点回归分析之前，本文先以图形的形式直观展示县到干渠的距离与农业发展之间的关系（见图2）。图2中垂线表示位于干渠东西两侧的分界线，分界线左侧为控制组，右侧为处理组；散点代表在箱体范围内农业发展水平的平均值；曲线代表对边界线两侧的散点进行非线性回归所得到的农业发展水平的拟合值。可见，在边界线处，处理组的农业发展水平明显向上跳跃，说明中线工程开通带来的水源输入使得边界线东侧县的农业发展水平明显高于西侧县，即农业发展水平在边界线处存在明显的断点，初步证明了假设1。下文对此进行详细的实证分析和探讨。

其中第（1）~（2）列给出了使用OLS方法的回归估计结果作为参照，在控制了年份和县域固定效应后，南水北调的估计系数在1%的水平上显著为正，说明中线工程通水显著扩大了干渠东西两侧地区的农业发展差距。进一步纳入控制变量后，回归结果依然显著为正。第（3）~（8）列展示了RDD方法下局部线性回归的估计结果，分别使用三角内核［第（3）~（4）列］、矩形核［第（5）~（6）列］和Epanech.内核［第（7）~（8）列］三种不同核函数的模型设定进行回归。估计结果显示，核心解释变量*WSN*的估计系数均显著为正。这表明南水北调中线工程开通显著促进了干渠东侧地区农业发展，即证实了假说1。具体而言，根据第（4）列可知，中线工程开通使得沿线东侧平原区比西侧山地区的农业增长率提升高出了2.2个百分点。第（5）~（8）列中使用矩形核和Epanech.内核函数下的估计系数在方向和显著性上均与第（3）~（4）列保持一致，基本证实了三角内核函数方法下回归结果的准确性，假说1得以证实。

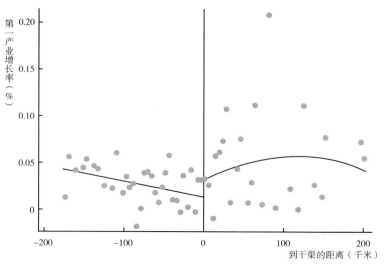

图2　县到干渠的距离与农业发展状况

表2　南水北调中线工程开通影响农业发展的基准回归结果

	OLS方法		非参数局部线性回归（RD方法）					
	（1）	（2）	（3）	（4）	（5）	（6）	（7）	（8）
WSN	0.034***	0.013***	0.034**	0.022***	0.039***	0.030**	0.067***	0.051***
	(0.004)	(0.004)	(0.014)	(0.006)	(0.003)	(0.006)	(0.011)	(0.006)
控制变量	否	是	否	是	否	是	否	是
县域固定效应	是	是	是	是	是	是	是	是
年份固定效应	是	是	是	是	是	是	是	是
核函数	—	—	Triangular	Triangular	Uniform	Uniform	Epanech.	Epanech.
样本量	1405	916	1405	916	1405	916	1146	916

注：括号内数值为标准误，*、**、***分别表示在10%、5%和1%的水平上显著。

（二）断点回归的适用前提

使用断点回归进行政策效应估计的两个前提假设是局部随机化假设和连续性假设。

首先，局部随机化假设即个体无法操纵配置变量，配置变量具有随机性，唯此才能保证设定是正确的。本文使用的是地理断点回归设计，每个县的地理位置都是固定不变的，不存在干渠西侧县为享受更多的受水量而在中线工程开通之前人为地将该县划分到边界线东侧的情况，因此满足驱动变量不为人所操纵的假设。

其次，连续性假设即检验前定变量在断点处是否跳跃，主要目的是说明其他前定变量在边界线处不存在断点，只有这样才能保证政策效应是由核心变量所引致的。具体而言，除了RDD实证设计中的核心解释变量之外，其他所有影响农业发展的控制变量都在边界线处连续即不存在断点。若不满足该假设，则说明RDD模型的估计结果还捕获了其他因素对农业的影响，即农业发展差距的跳跃并不能归因于水资源输入差异，从而导致本文的估计结果存在偏误。利用RDD模型检验控制变量的连续性。表3报告了三角内核函数下局部线性回归的结果，在以7个控制变量为被解释变量的回归中，核心解释变量的估计系数均不显著，说明前定变量在断点处不存在跳跃，即满足连续性假设。

表3 控制变量连续性检验回归结果

| | (1) | (2) | (3) | (4) | (5) | (6) | (7) |
	Pd	Gov	Dir	Stru	Gdppc	Prep	Terrain
WSN	0.027	0.023	−0.024	−0.008	0.005	−12.068	−0.062
	(0.047)	(0.024)	(0.061)	(0.005)	0.004	(19.465)	(0.130)
县域固定效应	是	是	是	是	是	是	是
年份固定效应	是	是	是	是	是	是	是
样本量	1227	1427	1160	1459	1344	1400	1358

注：括号内数值为标准误，*、**、***分别表示在10%、5%和1%的水平上显著。

（三）稳健性检验

1.更换配置变量算法

基准检验在配置变量测算上使用的是各县（面）辖区的地理质心到南水北调中线干渠（线）之间的距离。此处替换配置变量的算法，用行政中心替代地理质心计算到干渠的距离（张华，2020），估计结果如表4所示。其中，第（1）~（3）列报告了使用三种不同核函数形式下的局部线性估计结果，第（4）~（6）列报告了使用三角内核函数时不同多项式阶数下的参数回归结果。可以看出无论采取何种测算方法，不同的核函数形式设定、不同的多项式阶数的情况下，核心解释变量WSN的估计系数均保持在1%的水平上显著为正，且在方向和大小上均与前文基准回归结果保持一致，证明在不同的配置变量测算方法下本文的结论依然稳健。

表4 更换配置变量算法的断点回归结果

| | 局部线性回归 | | | 多项式回归 | | |
	(1)	(2)	(3)	(4)	(5)	(6)
WSN	0.026***	0.026***	0.023***	0.027***	0.030***	0.032***
	(0.007)	(0.006)	(0.007)	(0.008)	(0.011)	(0.011)
控制变量	是	是	是	是	是	是
县域固定效应	是	是	是	是	是	是

	局部线性回归			多项式回归		
	（1）	（2）	（3）	（4）	（5）	（6）
年份固定效应	是	是	是	是	是	是
核函数	Triangular	Uniform	Epanech.	Triangular	Triangular	Triangular
多项式阶数	—	—	—	二次	三次	四次
样本量	916	916	916	916	916	916

注：括号内数值为标准误，*、**、***分别表示在10%、5%和1%的水平上显著。

2. 更换计量模型（BD-DD方法）

继而，此处借鉴 Viard 等（2022）的做法，使用边界非连续性 DID 检验方法（Boundary Discontinuity Difference-in-Difference，BD-DD）分析框架比较干渠两侧受到处理和未受到处理的县在政策冲击前后农业增长率是否存在显著差异，模型构建如下：

$$Y_{it}=a_0+a_1 D_i \times Post_t + \lambda X_{it} + \mu_i + \theta_t + \varepsilon_{it} \quad (3)$$

其中，Y_{it} 为被解释变量农业增长率，D_i 为是否位于处理区域内，如果县 i 位于有政策实施的区域内（即位于干渠东侧），取值为 1，否则取值为 0；μ_i 和 θ_t 分别为县域固定效应和年份固定效应，ε_{it} 为随机扰动项。使用该方法进行政策评估时，研究框架仅限于对边界左右两侧沿线地区的局部政策效应进行估计，考虑到北京和天津两市的所有县均位于边界线东侧，不存在跨越边界线的情况，且实际上已经距离边界线较远，而在 BD-DD 框架下仅分析沿线两侧地区的局部效应，因此只针对河南和河北两省共 189 个县在 2008~2021 年的样本进行检验。结果如表 5 所示，在逐步纳入控制变量和固定效应的三类模型设定下，核心解释变量 $D_i \times Post_t$ 的估计系数在 1% 和 5% 的水平上均显著为正，说明南水北调中线工程开通后沿线两侧的农业发展差距显著扩大了，东侧农业增长率比西侧高出了 0.3 个百分点，这一结果在系数的显著性和方向上均与基准回归基本保持一致，即在更换计量模型后，假说 1 仍然得到证实，但从表 5 的系数值来看，断点检验的结果可能存在一定程度的高估效应。

表5　BD-DD方法回归结果

	（1）	（2）	（3）
$D_i \times Post_t$	0.031***	0.010**	0.003**
	(0.003)	(0.004)	(0.001)
常数项	1.2124***	0.7521***	0.809***
	(0.0018)	(0.352)	(0.070)
控制变量	否	是	是

续表

	（1）	（2）	（3）
县域固定效应	否	否	是
年份固定效应	否	否	是
样本量	2481	1381	1379
R^2	0.036	0.558	0.987

注：括号内数值为标准误，*、**、***分别表示在10%、5%和1%的水平上显著。

3. 时间安慰剂检验

在南水北调中线工程开通之前，干渠东西两侧的地形差异就已存在，即东侧、西侧的地形不会发生改变。为证明沿线两侧农业发展差异是由中线工程开通所带来的水资源输入所引起，而非其固有的地形因素所导致，此处从时间角度进行安慰剂检验，即若政策时间和样本期均提前时政策效应是否依然存在，以说明干渠两侧地区发展的断点效应是由固有的地形因素导致的，而与南水北调中线工程建成通水无关，则所论证的因果关系不成立；否则证明在此之前不存在政策效应。考查样本期为2008~2014年，干渠两侧农业增长率在断点处是否存在跳跃。重复基准回归中的检验，结果如表6所示，第（1）~（2）列为使用OLS方法的回归估计结果，第（3）~（8）列展示了RDD方法下局部线性回归的估计结果，分别使用三角内核［第（3）~（4）列］、矩形核［第（5）~（6）列］和Epanech.内核［第（7）~（8）列］三种不同核函数的模型设定进行回归。估计结果显示，核心解释变量的估计系数均不显著，表明无论是使用OLS估计还是RDD方法，或是无论在何种核函数形式下，以及无论是否加入控制变量，核心解释变量的估计系数均不显著，表明2015年之前沿线东西两侧地区农业发展不存在显著差异，即政策效应在2015年后出现。这进一步证实了两侧地区农业发展差异是南水北调中线工程建成通水后出现的，而非由固有的地形因素导致，从而从时间角度证明了政策效应的真实性。

表6 时间安慰剂检验

	OLS方法		非参数的局部线性回归（RDD方法）					
	（1）	（2）	（3）	（4）	（5）	（6）	（7）	（8）
WSN	−0.006	−0.008	0.002	0.002	0.008	0.003	0.004	0.001
	(0.005)	(0.007)	(0.016)	(0.021)	(0.015)	(0.020)	(0.016)	(0.021)
控制变量	否	是	否	是	否	是	否	是
县域固定效应	否	是	是	是	是	是	是	是
年份固定效应	否	是	是	是	是	是	是	是
核函数	—	—	Triangular	Triangular	Uniform	Uniform	Epanech.	Epanech.
样本量	1398	836	1398	836	1398	836	1398	836

注：括号内数值为标准误，*、**、***分别表示在10%、5%和1%的水平上显著。

4.断点安慰剂检验：地理上的反事实断点检验

虽然前定变量在边界线处满足连续性检验，但依然可能存在部分影响农业发展的不可观测因素，且无法直接被检验出来。因此，为排除估计结果受到遗漏变量干扰的潜在可能性，借鉴 Ma 等（2017）的做法，将南水北调中线分别人为地向左和向右移 50 千米，再计算虚拟边界线到各县的最短垂直距离，在距离的测算方法上与前文保持一致，分别使用两种不同的衡量方法。在虚拟边界线处，由于控制组和处理组均发生了改变，不应存在政策效应。观测使用虚拟边界线后被解释变量是否向上跳跃，若依然存在明显的断点，则可以质疑基准回归结果的准确性。设置虚拟断点进行安慰剂检验的结果如表7所示，在不同的配置变量测算方法下，被解释变量 WSN 的估计系数均不显著，这说明在虚拟边界线处不存在断点效应。

表7　断点安慰剂检验

	真实边界线西移 50 千米		真实边界线东移 50 千米	
	（1）	（2）	（3）	（4）
WSN	1.505	−0.312	−0.026	−0.025
	(11.165)	(0.373)	(0.022)	(0.022)
控制变量	是	是	是	是
县域固定效应	是	是	是	是
年份固定效应	是	是	是	是
配置变量算法	地理质心	行政中心	地理质心	行政中心
样本量	916	916	916	916

注：括号内数值为标准误，*、**、***分别表示在10%、5%和1%的水平上显著。

5.参数方法

RDD 模型存在非参数和参数两种估计方法。其中，非参数估计的优势在于可以不依赖任何函数形式对变量之间的关系进行分析，但其前提条件是在断点处存在大量的可观测值并能确定每个观测值的具体位置（Imbens 和 Lemieux，2007），与本文的研究情境适配度较高。前文基准回归是基于非参数方法的局部线性回归，为验证在不同估计方法下上述结论是否依然保持稳健，此处使用参数方法进行估计。结果如表8所示，其中第（1）~（4）列是基于全样本的全局多项式回归，阶数分别是一阶、二阶、三阶和四阶，观察结果发现估计系数均在1%的水平上显著为正，且其大小与基准回归系数保持一致。此外，在第（5）~（7）列中进一步限制了样本范围，分别设置50千米、100千米和150千米三类带宽，回归结果表明，核心解释变量 WSN 的估计系数依然显著为正。总而言之，在参数方法以及不同的带宽设置下，假说1依然得到证实。

表8　参数方法回归结果

	(1)	(2)	(3)	(4)	(5)	(6)	(7)
WSN	0.022*** (0.006)	0.018*** (0.007)	0.035*** (0.006)	0.051*** (0.010)	0.050*** (0.007)	0.027*** (0.005)	0.050*** (0.007)
控制变量	是	是	是	是	是	是	是
县域固定效应	是	是	是	是	是	是	是
年份固定效应	是	是	是	是	是	是	是
多项式阶数	一阶	二阶	三阶	四阶	一阶	一阶	一阶
带宽（km）					50	100	150
样本量	916	916	916	916	476	748	920

注：括号内数值为标准误，*、**、***分别表示在10%、5%和1%的水平上显著。

六　进一步分析

（一）异质性检验

1.省份异质性

基准回归检验了南水北调中线工程开通总体上对东侧地区农业生产的促进作用更为明显，然而这种基于全样本的分析容易掩盖潜在的区域差异，即中线工程建成通水导致的农业发展差异在干渠前后段可能有所不同。考虑到为华北平原供水的目标，水资源在沿线各县并非平均分配；[1]且随着里程的增加，越往北则水价越高。[2]沿线地区供水量和供水成本的差异对农业发展有异质性影响。对河南和河北进行分省份检验，此处同样剔除了完全处于干渠东侧的京津两市样本。结果如表9所示，中线工程开通后河北省内干渠东侧地区农业增长率比西侧地区高出5个百分点，而在河南省仅高2.6个百分点。这意味着越往北，中线工程开通对东侧地区农业生产的促进作用表现越突出。

究其原因，相比于河南，河北水资源短缺问题更为严重。国家统计局数据显示，地处华北平原区的河北、北京和天津，三省市水资源总量仅260亿立方米，不及河南省

---

① 中线工程水量分配方案如下：河南省37.69亿立方米、河北省34.7亿立方米、北京市12.4亿立方米、天津市10.2亿立方米。数据来源：水利部《关于印发〈南水北调中线一期工程2014~2015年度水量调度计划〉的通知》（水资源〔2014〕349号）。

② 中线水源工程综合水价为0.13元/米³（含税），干线工程河南省南阳段、黄河南段、黄河北段、河北省、天津市、北京市各口门综合水价分别为0.18元/米³、0.34元/米³、0.58元/米³、0.97元/米³、2.16元/米³、2.33元/米³。数据来源：《国家发展改革委关于南水北调中线一期主体工程运行初期供水价格政策的通知》。

337.3亿立方米的4/5。单纯属于河北省的水资源总量甚至更少，不及河南省的2/3。水资源稀缺自然增加了其在当地农业生产中的边际价值。因此，南水的到来一定程度上激发了农业发展活力，使得原本水资源条件更差、发展优势不足的河北省的农业增长率高于河南省。在中线工程开通之前受到水资源短缺的限制，河北省内干渠东侧平原区无法释放农业生产的最大产能，从而阻碍了农业发展，而南水北调中线工程建成通水后水资源的输入弥补了这一短板，解放和发展了农业生产力，进而显著提升了农业增长率，东西两侧发展差距进一步拉大。上述分析表明，跨流域调水工程在水资源极度匮乏的地区展现出效益最大化特征。鉴于此，政策制定应聚焦加大对这些地区的支持力度，旨在通过科学调配水资源，有效激发受水区的经济社会发展活力。具体而言，通过水资源输入为农业发展注入了新的动力，为推动农业产业结构调整，发展观光农业、生态立体农业等提供有力保障（李祎雯等，2024），进而实现区域经济的可持续发展。

2.农业基础条件的异质性

随着工业化、城镇化的发展和农业生产用地矛盾不断凸显，为筑牢我国农业生产基础，保障粮食和重要农产品供给，2017年4月国务院出台了《关于建立粮食生产功能区和重要农产品生产保护区的指导意见》，以优化农业生产布局，聚焦主要品种和优势产区实现精准化管理。黄淮海平原作为重点地区，具备较好的农业生产条件。从划定标准来看，粮食生产功能区和重要农产品生产保护区应同时具备以下条件：水土资源条件较好，坡度在15度以下的永久基本农田；相对集中连片，原则上平原地区连片面积不低于500亩，丘陵地区连片面积不低于50亩；农田灌排工程等农业基础设施比较完备，生态环境良好，未列入退耕还林还草、还湖还湿、耕地休耕试点等范围；具有粮食和重要农产品的种植传统，近三年播种面积基本稳定。根据以上标准，河北省将55个县[①]划定为农产品主产区，河南省将77个县[②]划定为农产品主产区。若某县被划定为农产品主产区，可以认为其具备良好的农业生产禀赋条件，那么南水北调中线工程建成通水带来的水资源约束缓解等资源解锁效应是否会对这些地区的农业增长率产生显著的影响呢？

基于此，将样本分为两组进行异质性检验，一组属于农产品主产区，另一组不属于农产品主产区。其中，河北省有40个县属于农产品主产区（共82个样本县），河南省有61个县属于农产品主产区（共107个样本县）。此外，考虑到部分农业生产禀赋条件的差异在南水北调中线工程开通之前就已存在，因此，进一步考察南水北调中线工程开通

---

① 《河北省主体功能区规划》，https：//files.in5.cn/202003/%E6%B2%B3%E5%8C%97%E7%9C%81%E4%B8%BB%E4%BD%93%E5%8A%9F%E8%83%BD%E5%8C%BA%E8%A7%84%E5%88%92.pdf。

② 《河南省人民政府关于印发河南省主体功能区规划的通知》，河南省人民政府网站，https：//www.henan.gov.cn/2014/02-21/238799.html，2014年1月21日。

之前这种差异的存在是否已使得两侧地区的农业增长率形成了断点效应（类似于前文的时间安慰剂检验）。估计结果如表9第（3）~（6）列所示，当样本期为2008~2014年时，两组检验的估计系数均不显著，说明在南水北调中线工程开通之前，即使存在农业生产禀赋条件的差异，地区间农业增长率的差距也不会拉大。而当样本期为2015~2021年时，第（5）列农产品主产区的检验结果表明估计系数在1%水平上显著为正，而第（6）列不显著，说明南水北调中线工程通水对农业基础较好的地区产生了显著的影响，西侧地区的农业增长率比东侧地区高2.1个百分点，而对于农业基础条件相对没那么好的地区，这一影响则表现为不显著。

表9　异质性检验结果

	省份异质性		农产品主产区异质性			
	河北省	河南省	样本期（2008~2014年）		样本期（2015~2021年）	
	(1)	(2)	(3)	(4)	(5)	(6)
WSN	0.050***	0.026**	0.003	−0.009	0.021***	−0.001
	(0.007)	(0.006)	(0.025)	(0.019)	(0.007)	(0.006)
控制变量	是	是	是	是	是	是
县域固定效应	是	是	是	是	是	是
年份固定效应	是	是	是	是	是	是
样本量	477	580	672	509	540	376

注：括号内数值为标准误，*、**、***分别表示在10%、5%和1%的水平上显著；第（3）列和第（5）列样本属于农产品主产区，第（4）列和第（6）列不属于农产品主产区。

3. 年份异质性

基准回归结果反映的是平均处理效应，忽视了随时间的推移而出现的动态变化特点。随着中线工程相关基础设施配套逐渐完善，水资源利用措施日趋高效，可以预期其对沿线地区农业发展的促进作用也将变化。参考He等（2018）和张华（2020）的做法，分别将每一年份的横截面数据进行回归，结果如表10所示，可以看出，核心解释变量的系数从2015年开始显著，说明在此之前不存在政策效应。且在南水北调中线工程开通后，随着时间的推移，南水北调中线工程对东侧地区农业发展的促进作用更为突出，系数总体呈现增加趋势，速度先慢后快。上述分析表明，南水北调中线工程沿线地区受到来自干渠的人为分割，加之中线干渠两侧受水区的地形地势以及农业发展禀赋条件的差异，水资源输入对东侧地区农业发展的促进作用更为突出且随着时间的推移该作用愈发明显。南水北调工程作为一项旨在促进区域均衡协调发展的重大战略举措，其意义不仅在于水资源的跨流域调配，更在于推动区域经济协同发展。在此背景下，对于受水区内部而言，实现协调发展同样至关重要。为此，应科学合理地制定水资源调配策略，旨在缩小区域间发展差距，确保水资源优化配置，最终实现均衡、可持续发展。

表10　年份异质性

	（1）	（2）	（3）	（4）	（5）	（6）	（7）
	2008年	2009年	2010年	2011年	2012年	2013年	2014年
WSN	0.007	0.011	0.024	0.016	0.016	0.014	0.015
	(0.011)	(0.012)	(0.017)	(0.022)	(0.012)	(0.015)	(0.015)
控制变量	是	是	是	是	是	是	是
县域固定效应	是	是	是	是	是	是	是
样本量	188	188	188	188	188	188	188
	（8）	（9）	（10）	（11）	（12）	（13）	（14）
	2015年	2016年	2017年	2018年	2019年	2020年	2021年
WSN	0.018*	0.017*	0.018*	0.016*	0.024**	0.024***	0.028***
	(0.010)	(0.010)	(0.010)	(0.010)	(0.009)	(0.009)	(0.009)
控制变量	是	是	是	是	是	是	是
县域固定效应	是	是	是	是	是	是	是
样本量	188	188	188	188	188	188	99

注：括号内数值为标准误，*、**、***分别表示在10%、5%和1%的水平上显著。

（二）机制分析

此处对前文提出的两个传导机制农业资本和农业劳动力进行实证检验，借鉴陈梅等（2023）的做法运用两阶段检验方法考察水资源输入通过农业资本和农业劳动力对干渠两侧受水区农业发展产生的断点效应。在现代农业发展过程中，机械化投资是拉动资本投入需求量增加的重要来源，农业机械动力的增加反映了农业资本投入的加大（曹菲和聂颖，2021）。借鉴刘洋和颜华（2022）的做法，用农业机械总动力来衡量农业资本投入，用乡村从业人员数度量农业劳动力数量，均取对数处理，数据均来自县域统计年鉴。回归结果汇报于表11。第（1）列和第（2）列结果显示估计系数均显著为正，表明水资源输入造成农业劳动力和农业资本在干渠两侧县出现差异，中线工程开通通过作用于两侧地区农业资本和农业劳动力的数量差异从而形成农业发展断点，证实了本文假说2。而通过比较两组估计系数值可以发现，农业资本的系数值几乎接近于农业劳动力系数的两倍，这意味着农业资本增加是两侧地区农业发展差异的主因。

表11　机制分析

	(1) 农业资本	(2) 农业劳动力
WSN	0.326***	0.181**
	(0.088)	(0.073)
控制变量	是	是
县域固定效应	是	是
年份固定效应	是	是
样本量	916	903

注：括号内数值为标准误，*、**、***分别表示在10%、5%和1%的水平上显著。

（三）拓展分析

在三次产业中，农业是受到水资源影响最大的产业，为考查水资源输入对东侧地区产业发展带来的更为突出的促进作用是否仅存在于农业中，即对于干渠东西两侧第二产业和第三产业是否也存在相应的作用，分别对农业增长率、第二产业增长率和第三产业增长率进行检验。估计结果如表12中第（1）~（3）列所示，对于农业而言，中线工程开通使得干渠东西两侧的农业发展差距扩大了3.8个百分点。对第二产业和第三产业增长率估计系数均不显著。综上，中线工程开通造成的干渠两侧地区产业发展的断点效应仅存在于农业中。这可能是由于南水北调中线工程开通优先为第二、三产业供水（徐章星等，2024），受水区第二、三产业均得到了充足的水资源；而农业在用水分配权中处于末位，水资源将优先供给农业生产禀赋条件更加优越、生产率更高的地区，从而形成了在中线干渠两侧农业生产的断点效应。产业结构优化升级是经济发展的决定性因素（干春晖等，2011），因此对于农业发展禀赋条件较差的西侧受水区而言，可以通过产业结构调整来弥补农业发展不足，推动产业结构高级化以带动经济增长。

此外，第（4）~（7）列报告了对粮食、棉花、油料、肉类各类农作物进行逐项检验的回归结果，观察估计系数可知，水资源输入对干渠两侧地区的粮食、油料和肉类产出差异产生了显著的影响，但对于棉花的影响不显著。其中，这一发展差距在油料作物中表现得尤为明显，中线工程开通后使得干渠东侧地区油料作物的产出高于西侧地区，这可能与油料作物种植高度依赖于地形和水资源的特点有关，而东侧地区这一生产禀赋条件明显优于西侧地区，粮食和肉类的产出情况也与此类似。此外，棉花种植在华北平原历史悠久，但南水对干渠两侧棉作物产出的断点效应则不显著，可能的原因是，棉作物种植需水量极大且受到棉铃虫等农害的侵扰，其在耕种上的精力投入远超其他农作物但经济效益却不及其他农作物，故此，较低的经济效益和较高的劳动力成本要求使得当地大量农民选择种植一年两熟的冬小麦及夏玉米。事实上,根据张雅芳等(2020)的统计,中国北方地区棉田需水量近年来大幅减少,部分反映出农民弃种棉作物的现实,因而南水的到来并没有显著促进干渠东侧地区棉花的产出增加。农户可通过合理调整农作物种植结构和规模,精准把控农业灌溉用水需求,实现农业产业结构合理化和经济效益最大化。

表12 拓展分析

| | (1) | (2) | (3) | (4) | (5) | (6) | (7) |
	农业	第二产业	第三产业	粮食	棉花	油料	肉类
WSN	0.038***	0.031	−0.010	0.112*	−0.176	1.769***	0.620***
	(0.014)	(0.030)	(0.019)	(0.059)	(0.286)	(0.169)	(0.116)
控制变量	否	否	否	是	是	是	是
县域固定效应	是	是	是	是	是	是	是
年份固定效应	是	是	是	是	是	是	是
样本量	1405	1436	1436	916	857	915	550

注:括号内数值为标准误,*、**、***分别表示在10%、5%和1%的水平上显著。

七 结论与政策建议

(一)结论

南水北调工程事关战略全局、事关长远发展、事关人民福祉,工程的竣工为华北平原的可持续发展提供了不竭的动力。但自2014年底中线工程通水以来,干渠东西两侧地区由于海拔存在落差、汲水条件有所不同,农业生产禀赋条件存在差异。在三次产业中,农业受水资源影响最为明显。因此,本文对通水后干渠沿线两侧的农业产出变化进行了实证检验。经验证据表明,第一,南水北调中线工程建成通水对沿线两侧地区的农业发展差距产生了显著的影响,具体而言,在通水后,较之于西侧地区,东侧地区的农业增长率高出2.2个百分点,且该效应随时间的推移而变大,上述结论在不同估计方法、带宽设定、变量定义的情况下均得到验证。第二,在区域异质性的表现上,河北省内干渠东侧地区的农业发展更为突出,其增长率远高于河南省。中线部分沿线地区第二、第三产业发展没有明显差异,而在农产品产出上,粮食和油料等的产出差异明显。第三,南水北调中线工程开通主要通过作用于农业劳动力和农业资本来影响农业发展。

（二）政策建议

本研究旨在探讨大型跨流域调水工程实施可能带来的政策效果，所蕴藏的政策建议具有一定的指导意义。

第一，南水北调中线工程带来的水资源输入促进了沿线地区的农业发展，改变了北方地区的社会经济发展面貌。与此同时，也需关注沿线地区的产业发展非均衡问题，具体表现在，干渠东侧地区农业增长率显著高于西侧地区。这一现象不仅源于农业生产禀赋条件差异，而且源于因地形而导致的水资源分布不均。因此，需制定科学合理的水资源调配方案，根据各区域的自然条件、农业基础和用水需求，按需分配水资源，提高水资源使用效率，减少因地理因素而导致的分配不均，保障沿线地区公平受益。

第二，在推动区域协调发展的过程中，应重视山地地区的农业生产，大力建设水利工程的配套设施项目，完善灌溉系统和水资源调配机制，保障水源供给稳定。同时要加大对农业的投入，优化农业生产条件。此外，要全面落实强农惠农富农政策，努力发展农村事业和乡村产业，实施"科教兴农"发展战略，引进先进的农业技术、种植模式，推动农业现代化。重视农村劳动力技能培训，提升西部地区农村人力资本，从而避免因水利工程断点而造成的资源转移。

第三，地理位置越往北，南水北调中线工程开通对干渠东侧地区农业发展的促进作用越突出。在此情况下，水资源的分配规划要更为科学和严谨，充分考虑不同区域的人口密度、用水需求及经济发展水平，促进水资源的合理利用。同时，对于农业发展禀赋不足的西侧受水区而言，可以通过优化产业结构来促进农业发展，进而促进经济增长。此外，粮食和油料等农产品的生产高度依赖于地形条件，干渠西侧地区由于地形限制，农业生产面临诸多困难，如灌溉不便、机械化程度低等，为了保障这些地区农业的稳定发展，有必要加大对干渠西侧地区农业的技术和政策支持力度，推广节水灌溉技术，提高水资源利用效率，缓解因地形和水资源分配不均而导致的农业生产困境，促进区域农业均衡发展。

第四，近年来各类水利基础性工程建设加快，如南水北调中线工程这种借助地形实现自流从而降低送水成本的方式具有重要的示范意义。各地在推进水利基础设施建设的同时，应做好统筹规划，特别是对于先天发展基础相对薄弱的地区，相关部门需提前布局，加大配套设施建设力度，保障用水供给，本文的研究或能为相关工程建设的事前评估提供一定的建议，助力实现区域协调发展和共同富裕目标。

参考文献

［1］曹菲、聂颖，2021，《产业融合、农业产业结构升级与农民收入增长——基于海南省县域面板数据的经验分析》，《农业经济问题》第8期。

［2］陈梅、张梦皙、石智雷，2023，《公共托幼服务对生育意愿的影响——基于断点回归的经验证据》，《经济学（季刊）》第6期。

［3］程扬、张雪花、冯婧，2016，《南水北调工程受水区生态环境效应研究》，《中国人口·资源与环境》第11期。

［4］杜浩锋、乔子荑、韩剑，2022，《国有控制权带来的企业生产效率红利——来自局部准随机实验的证据》，《产业经济研究》第1期。

［5］干春晖、郑若谷、余典范，2011，《中国产业结构变迁对经济增长和波动的影响》，《经济研究》第5期。

［6］李国平、罗心然，2021，《京津冀协同发展战略对北京人口规模调控的影响研究》，《河北经贸大学学报》第3期。

［7］李祎雯、侯瑞雪、王莹，2024，《南水北调中线工程通水对沿线地区经济增长的影响——基于受水区和水源地的检验》，《长江流域资源与环境》第6期。

［8］刘洋、颜华，2022，《县域金融集聚、要素配置结构与粮食生产供给——来自中国县域的经验证据》，《财贸研究》第9期。

［9］马骏、郑垂勇，2010，《南水北调东中线受水区水资源与社会经济和谐度评价》，《中国人口·资源与环境》第11期。

［10］毛兵、周彦国、范婷婷、国子健、张庭臻，2025，《东北地区人口城镇化特征及空间发展对策》，《规划师》第1期。

［11］秦欢欢、孙占学、高柏，2019，《农业节水和南水北调对华北平原可持续水管理的影响》，《长江流域资源与环境》第7期。

［12］苏艺，2024，《发展农业新质生产力的逻辑基点、内涵阐释与着力重点》，《农村经济》第5期。

［13］王殿茹、邓思远，2015，《南水北调来水对河北省受水区影响度评价》，《河北经贸大学学报》第6期。

［14］汪倩、陈军飞，2022，《南水北调工程通水对受水区水资源集约利用效率的影响——基于河南省市级层面的实证》，《中国人口·资源与环境》第6期。

［15］王志杰、苏嫄，2017，《基于遥感和GIS的陕南地区近20年土地利用时空变化特征》，《自然灾害学报》第6期。

［16］吴海峰，2016，《南水北调工程与中国的可持续发展》，《人民论坛·学术前沿》第2期。

［17］肖挺，2016，《环境质量是劳动人口流动的主导因素吗？——"逃离北上广"现象的一种解读》，《经济评论》第2期。

［18］肖挺，2022，《"南水北调"工程对第一产业影响效果评估——合成控制法下中线工程沿线及汉水地区的分析》，《南开经济研究》第2期。

［19］谢泽宇、静峥、杨冕，2023，《水资源约束缓解与区域经济增长——来自"南水北调"工程的经

验证据》，《数量经济技术经济研究》第 9 期。

［20］徐章星、邱晓楠、田贵良、李祎雯，2024，《南水北调工程通水对受水区农业用水的影响》，《自然资源学报》第 5 期。

［21］杨云彦，2007，《南水北调工程与中部地区经济社会协调发展》，《中南财经政法大学学报》第 3 期。

［22］杨云彦、石智雷，2009，《南水北调与区域利益分配——基于水资源社会经济协调度的分析》，《中国地质大学学报（社会科学版）》第 2 期。

［23］张华，2020，《西部大开发降低了城乡收入差距吗？——来自断点回归的证据》，《经济学报》第 2 期。

［24］张雅芳、郭英、沈彦俊、齐永青、罗建美，2020，《华北平原种植结构变化对农业需水的影响》，《中国生态农业学报（中英文）》第 1 期。

［25］周正祥、袁浩、周禧彬，2022，《南水北调西线工程促进西北及黄河上中游地区高质量发展研究》，《中国软科学》第 2 期。

［26］Athey S., Imbens Guido W. 2006. "Identification and Inference in Nonlinear Difference‐in‐differences Models." *Econometrica* 74(2): 431–497.

［27］Blakeslee D., Fishman R., Srinivasan V. 2020. "Way Down in the Hole: Adaptation to LongTerm Water Loss in Rural India." *American Economic Review* 10(1): 200–224.

［28］Chen Y., Ebenstein A., Greenstone M., Li H. 2013. "Evidence on the Impact of Sustained Exposure to Air Pollution on Life Expectancy from China's Huai River Policy." *Proceedings of the National Academy of Sciences* 110(32): 12936–12941.

［29］Deininger K. 2011. "Challenges Posed by the New Wave of Farmland Investment." *The Journal of Peasant Studies* 38(2): 217–247.

［30］Duflo E., Pande R.2007. "Dams." *The Quarterly Journal of Economics* 122(2):601–646.

［31］Ebenstein A., Fan M., Greenstone M., He G., Zhou M.2017. "New Evidence on the Impact of Sustained Exposure to Air Pollution on Life Expectancy from China's Huai River Policy." *Proceedings of the National Academy of Sciences* 114(39):10384–10389.

［32］Gelman A., Imbens G. 2019. "Why High‐Order Polynomials Should not be Used in Regression Discontinuity Designs." *Journal of Business Economic Statistics* 37(3):447–456.

［33］Guo H., Li D., Ma S., Zhang P.2024. "Water Afar Off Quenches not Thirst? The Health Benefits of the South‐North Water Transfer Project in China." Working Paper.

［34］He G., Wang S., Zhang B.2018. "Environmental Regulation and Firm Productivity in China: Estimates from a Regression Discontinuity Design." Working Paper.

［35］Hornbeck R., Keskin P. 2015. "Does Agriculture Generate Local Economic Spillovers? Short‐Run and Long‐Run Evidence from the Ogallala Aquifer." *American Economic Journal: Economic Policy* 7(2): 192–213.

［36］Hornbeck R., Keskin P. 2014. "The Historically Evolving Impact of the Ogallala Aquifer: Agricultural Adaptation to Groundwater and Drought." *American Economic Journal: Applied Economics* 6(1):190–219.

［37］Imbens G. W., Lemieux T. 2008. "Regression Discontinuity Designs: A Guide to Practice." *Journal of*

Econometrics 142(2): 615-635.

[38] Klaus Deininger.2011."Challenges Posed by the New Wave of Farmland Investment." *Journal of Peasant Studies* 38(2):217-247.

[39] Lee S. D., Lemieux T. 2010. "Regression Discontinuity Designs in Economics." *Journal of Economic Literature* 48(2):281-355.

[40] Liu Y., Bian J., Li X. M., Liu S. Y., Lageson D., Yin Y.K.2020."The Optimization of Regional Industrial Structure Under the Water-Energy Constraint: A Case Study on Hebei Province in China." *Energy Policy* 143:111558.

[41] Ma G. R., Ia J. X., Qin C.2017."The Big Push, Industrialization and China's Great Western Development Program."Working Paper.

[42] Viard V. B., Zhang G., Zhang N., Zhang P.2022."Evaluating Air Pollution Regulation: Separating Firm Competitiveness and Ambient Effects."Working paper.

[43] Wang F., Yu C., Xiong L., Chang Y.2019."How Can Agricultural Water Use Efficiency be Promoted in China? A Spatial-Temporal Analysis."*Resources, Conservation and Recycling* 145:411-418.

（责任编辑：张容嘉）

财政金融协同对农民创业的影响

王修华　　陈前达[*]

摘　要： 支持农民创业是全面推进乡村振兴背景下贯彻实施就业优先战略的有益举措。本文基于中国家庭追踪调查微观数据，运用 Probit 模型实证分析了在微观家庭层面财政金融协同对农村家庭创业的影响及其作用机制。研究发现，财政金融协同会显著提高农村家庭创业的概率。机制分析表明，财政金融协同可以通过增加农民社会资本以及提高其人力资本投资水平从而激励农村家庭创业。进一步分析发现，财政金融协同对主观生活幸福感较高的农村家庭、经济实力相对薄弱以及人口自然增长率相对较高地区的农村家庭的促创业效应更强。本文通过考察财政金融协同促进农村家庭创业效果以期为财政金融协同支农政策体系提供启示。

关键词： 财政金融协同　农民创业　社会资本

一　引言

党的二十大报告提出，完善促进创业带动就业的保障制度。党的二十届三中全会通过的《中共中央关于进一步全面深化改革　推进中国式现代化的决定》提出，围绕实施国家发展规划、重大战略促进财政、货币、产业、价格、就业等政策协同发力，优化各类增量资源配置和存量结构调整。优化创业促进就业政策环境，居民的高质量充分就业既是金融部门货币政策之调控目标，也契合财政部门确保经济稳定发展的导向。鼓励农民积极创业带动就业，有助于农村家庭拓宽收入渠道，缓解结构性就业矛盾。

2024 年中央经济工作会议精神"五个必须统筹"中提到"必须统筹好有效市场和有为政府的关系"，财政金融协同，是构建高水平社会主义市场经济体制背景下充分体现"政府引导（财政）+市场配合（金融）"思路的有益尝试。2024 年中央一号文件

---

[*] 王修华，教授，博士生导师，湖南大学金融与统计学院，电子邮箱：xiuhua_wang@hnu.edu.cn；陈前达（通讯作者），博士研究生，湖南大学金融与统计学院，电子邮箱：gateschen2011@163.com。本文获得国家社会科学基金重大项目（21&ZD115）的资助。感谢匿名审稿专家的宝贵意见，文责自负。

提出，强化财政金融协同联动。据中国人民银行公布的数据，截至2023年末，我国本外币涉农贷款余额约56.6万亿元。中国财政部披露的数据显示，2023年度我国财政涉农林水支出达2.4万亿元。可见，我国财政与金融部门在支农方面的巨大资源投入。具体到微观农村家庭层面，当农村家庭同时获得来自财政部门的补贴以及金融部门的贷款资源支持，其创业概率是否会提升？这一问题值得深入研究，这也是本文的逻辑起点。

财政金融协同，有望形成支农合力。一方面，财金协同能够"集中力量办大事"，有效促进资源优化配置。财政资金具有资金成本优势，源自政府财政的资金支持往往蕴含正向信号并可夯实农户信心。金融机构资金具有规模优势，源自金融机构的信贷投放通常具有市场化运作逻辑，会对农村家庭实施信用评估。财金资本共同投向农村家庭促使有限资源得到充分整合与利用。另一方面，财政金融协同也可能减少农村家庭创业风险。鉴于农村家庭创业受到环境约束以及资源要素影响，创业既要求农村家庭积累经验和技术手段等，又需要农村家庭拥有一定资金，及时锚定市场需求。农村家庭创业过程存在不确定性，财政部门在保障持续性和覆盖面上具有天然优势，金融机构在信贷资金监督上具有较强保障，财政金融资源组合搭配，有利于缓解创业农村家庭负担。财政金融协同对农村家庭创业行为产生的影响，值得学界对此做进一步探讨。关于财政金融协同效果的评价，已有文献集中考察了财政金融协同在宏观及企业层面的影响。一是评估财政金融协同对宏观经济产生的积极效应，如县域金融机构涉农贷款增量奖励政策促进农业经济发展（行伟波和张思敏，2021）、财政和金融政策协同化解地方政府债务风险（吴文锋和胡悦，2022）等；二是考察财政金融协同对企业层面投融资行为的影响及其作用机理，如银税互动政策有利于提升小微企业银行贷款可得性（杨龙见等，2021）、小微贷款利息收入增值税减免政策帮助缓解企业融资难融资贵问题（刘冲和刘莉亚，2022）等。

财政金融协同意味着财政资源与金融资源互动，财政资源往往来自政府部门，金融资源则有赖于市场机制发挥作用，财政金融协同形成合力并作用于更广泛的领域。已有文献从财政金融协同视角展开了较为丰富的协同政策效应评估，但鲜有研究探讨财政金融协同对微观家庭创业的影响。基于此，本文以微观层面农村家庭为研究对象，运用Probit模型重点考察财政金融协同对农民创业的影响及其作用机制，并进一步分析了财政金融协同对农民创业影响的异质性。

本文可能的边际贡献主要包括以下几方面。第一，在研究视角上，弥补了微观层面财政金融协同对农民创业的影响效应研究的相对不足，有别于以往文献单独考察金融或者财政资源支持，本文从财政金融协同角度切入，考察财政和金融资源在农村家庭层面的协同能否激励农民创业。研究发现，同时获得财政资源和金融资源支持的农村家庭，其创业可能性将显著提升。这为财政金融协同支农的微观福利效应提供了新证据。第二，在机制分析上，已有文献认为融资约束缓解可能有助于社会资本和人力资本积累，本文研究表明，财政金融协同这一特殊融资约束缓解形式，也具备同传统融资约束缓解逻辑一致的机制经验。第三，在数据处理上，历史文献多遵循宏观同微观数据相匹配思路，无法确保被匹配微观个体一定受到宏观因素影响。本文基于微观数据展开研究，有利于充分甄别微观因素差异对农村家庭创业行为的影响，力图减小估计误差并增加研究结论的可信度。本文有助于在财政金融协同视角下深化对融资约束缓解对创业促进效应及其传导路径的认识，财政与金融跨部门精准协同助力农民创业致富的潜力可期。

二　文献综述与理论假说

（一）文献综述

在创业行为研究方面，"风险"学派认为创业行为意味着创业者对风险的主动承担，而创业"领导"学派将创业行为视为对资本、劳动力等生产资料的整合过程（林强等，2001）。有关农村家庭创业边际影响因素，历史文献大致分为以下两个方面，一是着重探讨农村家庭行为特征因素，如有研究表明物质支持和精神支持可能激发创业行为（董静和赵策，2019），互联网采纳行为可显著提高农村家庭创业概率（周洋和华语音，2017），还有研究讨论农村家庭土地流转及土地权益变更等可能对农村家庭创业存在异质性影响（田勇，2019；李长生和刘西川，2020）等；二是聚焦农村家庭受所处环境特征因素的影响，例如收入差距的拉大可能抑制农村家庭创业行为（尹志超等，2020），"淘宝村"农村电商推广（高文静等，2023）与数字基础设施完善可能激励农村家庭创业（田丽超和张务伟，2024），融资约束可能是阻碍农村家庭以自我雇佣形式进行创业的一大不可忽视因素（宁光杰，2012）。

关于融资约束缓解与农村家庭创业行为之间关系的研究大致分为以下几个方面。一是关于融资约束缓解促进农村家庭创业的有效性探讨，有学者发现信贷约束显著降低农村家庭创业概率（翁辰和张兵，2015），提高金融发展水平能够弱化信贷约束对农村家庭创业活动的抑制效果（张龙耀等，2013），缓解信贷约束能有效提升农村家庭创业概率（李长生和黄季焜，2020）；也有学者认为相较人力资本等显著刺激农户创业的因素，信贷约束缓解对农户创业行为的直接促进作用并不显著（程郁和罗丹，2009），而且融资约束缓解程度与农户非农创业意愿同时受农户收入水平干扰（彭克强和刘锡良，

2016)。二是探究新工具新手段介入能否通过缓解融资约束来影响农民创业行为。有学者发现数字金融使用可能缓解融资约束从而提升农户创业概率（何婧和李庆海，2019）。三是在非协同视角下单独考察财政资源支持或者金融资源支持与农民创业概率的相关性。有研究发现金融约束可能抑制农村家庭创业（张龙耀和张海宁，2013），而提供抵押贷款金融支持可能显著提升农村家庭创业概率（苏岚岚和孔荣，2018），而如果财政补贴造成土地流转成本波动，可能增加农村家庭经营扩张成本（Barrett 等，2016）乃至改变农村家庭决策，从而抑制创业（缪书超等，2021）。也有研究认为相比来自财政资源的创业补贴，来自金融资源的小额贷款支持对农民创业有更大的激励效果（张若瑾，2018）。

财政金融协同可被视作农村家庭外部融资约束缓解的一种特殊形式，既可能为其提供更多可供整合的生产要素，也能够增强其风险承担能力。包括但不局限于金融信贷供给（Klapper 等，2008）与财政扶持（阳立高等，2008）在内的外部资源支持（Karaivanov，2012）可能缓解农村家庭融资约束从而提高其创业概率。关于财政金融协同这一创新手段，当前研究仅有对宏观政策层面财政金融协同的经济效应分析，如财政金融协同有助于实现碳中和目标（徐枫等，2023），以及对财政金融协同在微观层面影响企业投融资行为的机制探讨，如地方财政金融协同通过改善企业融资环境增强企业创新偏好与意愿（王振宇和逄雯婷，2024）。鲜有文献在协同视角下同时考察微观层面财政资源与金融资源共同支持对农村家庭创业的影响。

（二）理论假说

本文聚焦农村家庭是基于中国农村源远流长的"家庭"大局观。农村家庭既是物质生产单位，也是精神创造单位。农民生活哲学当中家庭幸福才算"过日子"，个体幸福只能算"过自己"（陈辉，2011）。从传统农村家庭到新型农村经营主体，乡村振兴离不开家庭力量的发挥（刘俊浩、焦光前，2021）。农村家庭是全面推进乡村振兴过程中最广泛的微观主体，被认为是乡村振兴"生活富裕"目标最终实现的重要力量。然而，农村家庭生计可能面临结构性困境，鼓励农村家庭创业有益于创造就业岗位，赋能乡村振兴。有研究表明居民家庭创业选择可能受到资金约束（Evans 等，1989），农村家庭创业绕不开基本资金门槛，农村群体中不同收入水平的农村家庭都可能存在资金缺口（陈屹立和曾琳琳，2017），农村家庭在创业中可能面临一定的资本要素掣肘。

财政金融协同在缓解融资约束、弥合资金缺口方面具有"组合拳"优势。仅依靠财政资源支持乡村振兴，可能加剧财政压力。我国农村家庭在存款与贷款两端都面临金融排斥，亟待构建包容性农村金融体系（王修华等，2013），正规金融机构对农村金融需求的排斥（何德旭和饶明，2008）、农贷市场精英俘获现象（王小华等，2021）等，揭示出农村家庭金融资源支持政策优化的巨大可为空间。在面临明显融资约束情况下，发展中国家的潜在创业者无法及时兑现才能创设私营企业，而放松融资约束将对具备创业才能的居民产生显著的福利效应（Pierre，2024）。对于经济欠发达地区的农村家庭而言，融资渠道缺乏限制了其参与创业实践的能力（Navjot 等，2021）。禀赋不足的农户创业需要克服社会经济环境不平等的不利影响，而社会摩擦过程可能会造成农村家庭积累金融资本受阻并且创业停滞（Ram，2019），农户通过参与创业实现多元化经营首先需要放松其面临的信贷融资约束（Cocou 等，2024），信贷使用对于农村家庭创业决策产生了积极影响（Liu 等，2019）。对于农村家庭而言，财政金融协同意味着同时获得源自政府和金融机构两大渠道的资金支持，两者共同承担起缓解农村家庭融资约束的功能。财政资金具有成本优势，而银行信贷资金具有体量优势。财政资金通常为实现财政目标服务，注入确定性，兼顾公共管理与财政收支之间的平衡；正规金融信贷资金往往为实现金融目标服务，侧重于稳定流动性，尤其是提升实体经济资金链效能（刘尚希，2019）。财政补贴在体量上不及正规金融银行信贷资源，但具有引导属性。财政资金既可承担拓荒成本以扩张金融服务边界，又可参与完善风险分担与补偿机制以缓释正规金融风险（彭澎等，2024）。由此，财政资金引导，撬动金融资源，形成财金互动双赢局面。事实上，需要辩证看待财政资源与金融资源的互动，农民创业能否受到财政金融协同的正向影响有赖于进一步实证检验。综合上述理论分析，本文提出研究假说一。

假说一：在居民家庭层面，财政金融协同将显著提升农村家庭的创业概率。

人力资本和社会资本都可能显著影响农民的创业决策（汪三贵等，2010），中国农村社会讲求人情，社会资本禀赋深深嵌入农村家庭、社会关系的互动。社会资本源于人际关系，并以社会行动者之间的关系网络形式存在，居民家庭的社会资本水平取决于这种关系网络所积累的可互动资源规模（边燕杰，2004）。农村家庭转移性收入增加，可能显著提升其包含人力资本和社会资本在内的生计程度（Bhaskar 等，2024），在财政资源与金融资源的协同支持下，农村家庭外部融资约束缓解，更有可能提高用于人情往来的开支水平以强化社会关系，为创业积累人脉，获取所需的资源（蒋剑勇等，2014）。社会关系网络强度对于创业有正向影响（丁高洁和郭红东，2013），关系网络强度越高，意味着创业家庭同其可对接资源的关系越密切，与社会资本相关的信息流、资金流乃至情绪价值流等支持都可能对创业有提振效应。社会资本使农村家庭有望获得更多高质量信息，也有利于其识别更多创业风险（杨隽萍等，2017），进而提高创业成功概率。有学者发现城乡居民创业行为伴随着强烈的社会资本储蓄倾向，在融资约束缓解时，具备创业意愿的家庭更偏好通过增加人情往来开支来增强社会联系（蔡栋梁等，2018），而非增加资本储蓄水平为创业赋能。增加农村家庭社会资本，可能是财政金融协同促进农民创业的机制路径之一。

此外，提高农村家庭人力资本投资水平，是财政金融协同促进农民创业的另一可能机制路径。有学者认为人力资本投资可被同时用于提升资源转换能力以及资源配置能力，前者有利于农村家庭通过转化各类经济资源形成有效产出，后者有利于农村家庭对经济环境做出及时反应、捕捉潜在获利机会（郭继强，2005）。相比于掌握单一维度技能，涉猎更广泛的个体更有可能创业成功（Lazear，2005）。有研究表明融资约束可能使居民人力资本投资偏离社会最优水平（才国伟和刘剑雄，2014）。当农户面临一定程度的融资约束与流动性不足时，其可能减少人力资本投资进而抑制创业行为。藉由财政金融协同缓解农村家庭面临的流动性约束，农户可能提高其家庭人力资本投资水平。包括学历教育、非学历教育以及工作履历等在内的多维人力资本水平提升均可能激励农户创业（董晓林等，2019）。教育能显著增强创业意愿和创业动力（何文韬和郭晓丹，2016）、工作履历积累可以影响个体认知，产生资源整合效应，激励个体创业（刘志阳等，2023）。财政金融协同降低了农村家庭创业面临的外部资金压力，有效提升其社会资本和人力资本投资水平，增强农民创业意愿（张广胜和柳延恒，2014）。因此本文提出研究假说二。

假说二：财政金融协同通过提升农村家庭社会资本及人力资本投资水平从而增加其创业概率。

三 研究设计

（一）数据样本

本文研究数据来源于中国家庭追踪调查（China Family Panel Studies，CFPS）。中国家庭追踪调查由北京大学中国社会科学调查中心（ISSS）主持开展，重点聚焦中国居民经济福利与非经济福祉，至少涵盖但不限于经济活动、教育成果、家庭关系与家庭动态、人口迁移、健康等领域的研究议题，是具备全国性、广规模、跨学科特征的跟踪调查项目，采用该微观数据研究财政金融协同对农民创业的影响具有一定的代表性。2016年CFPS调查问卷所设计问题充分涵盖了基准回归和内生性处理部分所需变量信息，且Probit模型在应用于截面数据时不需要处理面板Probit可能无法解决的"伴生参数问题"，本文基准回归、内生性处理以及异质性分析部分所用数据为中国家庭追踪调查2016年度数据。由于本文的研究对象为农村家庭，只保留上述数据中农业户籍人口，选择家庭问卷中涉农家庭作为研究对象并根据家庭单位财务回答人匹配个体问卷数据，合并整理并剔除重要变量缺失值以及明显异常值后得到

9021 个观察值。同时在稳健性检验部分，选择中国家庭追踪调查 2016 年、2018 年、2020 年三期面板数据，采用混合面板 Probit 模型进行研究，实证结果依然稳健。

（二）变量定义与数据描述

本文被解释变量是"农民创业"（亦即"农村家庭创业"），我国农民创业实践常以农村家庭为单位进行，从创业主体角度，将农民创业视作农村家庭层面开展的一项经济决策，对农村家庭创业进行度量时采用已有文献的普遍做法（卢亚娟等，2014；周广肃和樊纲，2018），将农民创业（农村家庭创业）界定为农村家庭展现出创业精神，试图寻找或开拓市场空间，通过整合各项资源介入个体私营领域或者创立企业以实现利益最大化的过程，具体而言，使用受访者针对 CFPS 家庭问卷生意咨询部分"过去 12 个月，您家是否有家庭成员从事个体经营或开办私营企业？"这一问题的回答来甄别。若回答为"是"，即认为该农村家庭进行了创业活动，将农民创业（$priv$）赋值为 1，若回答为"否"则赋值为 0。为表述简洁，文中将"农村家庭创业"简化表达为"农民创业"，对两者范畴不加以区分，特此说明。

本文的核心解释变量是"财政金融协同"。现有研究多是讨论财政资源与金融资源在宏观层面的政策协同效应，本文试图考察财政资源和金融资源在农村家庭层面的协同与互动，财政资金对于农村家庭而言，兼具资金成本优势与政府鼓励属性，而金融资源（需要特别指出，本文仅考虑正规金融渠道的信贷支持）则依托于市场机制发挥作用，财政金融在农村家庭层面的协同联动有助于缓解外部融资约束，具体定义为：若农村家庭能够同时获得财政资源以及金融资源支持，即认为该农村家庭获得财政金融协同支持，若农村家庭无法同时获得财政资源以及金融资源支持，则将该农村家庭界定为未获财政金融协同支持。具体而言，使用受访者针对 CFPS 家庭问卷家户政府转移支付相关咨询部分"过去 12 个月，您家是否收到过政府补助？"以及金融资产与债权债务部分"当前，您家是否有待偿银行贷款？"这两项问题的回答来甄别。若这两项问题的回答均为"是"，即认为该农村家庭获得财政金融协同支持，则将财政金融协同（$fincofiscal$）赋值为 1，否则将财政金融协同（$fincofiscal$）赋值为 0。

机制变量部分，参照过往文献（Chai 等，2019；杨俊等，2014），并考虑到数据可得性，用"人情礼支出"刻画社会资本水平，基于受访者针对 CFPS 家庭问卷重要收支部分"包括实物和现金，过去 12 个月，您家总共出了多少人情礼？"这一问题的回答；基于"是否参加非学历教育"和"是否从事过其他工作"分别从教育履历和工作履历角度刻画人力资本投资，通过受访者针对 CFPS 成人问卷教育部分"过去 12 个月，您是否参加过任何不授予学位的非学历的培训或进修"和成人问卷工作部分"至今为止，您总共还从事过多少份其他工作（不包括家务或者义务志愿劳动）"相应回答进行整理。

借鉴过往研究（涂勤和曹增栋，2022）的做法，最终选取的控制变量主要包括家庭特征以及户主个体特征两大类。其中选取的家庭特征变量包括家庭总收入、家庭规模（同灶吃饭）、自有房产、现金存款等，户主个体特征变量包括年龄、年龄的平方、性别、婚姻状况、受教育程度、健康状况等，这些控制变量能够在一定程度上体现家庭特征以及福利水平。

主要变量的描述性统计如表1所示。

表1　主要变量定义及描述性统计

变量名称	变量定义或赋值	平均值	标准差	最小值	最大值
农民创业（农村家庭创业）	有家庭成员从事个体经营或开办私营企业赋值为1，否则为0	0.103	0.304	0.000	1.000
财政金融协同	获得财政金融资源协同支持赋值为1，否则为0	0.042	0.201	0.000	1.000
人情礼支出	家庭总共出了多少人情礼（万元）	0.381	0.684	0.000	33.000
人力资本投资（教育）	参加非学历教育赋值为1，否则为0	0.043	0.203	0.000	1.000
人力资本投资（工作）	从事过额外工作赋值为1，否则为0	0.132	0.339	0.000	1.000
年龄	户主实际年龄（岁）	49.131	14.461	18.000	85.000
年龄的平方	户主实际年龄的平方	2622.897	1443.260	324.000	7225.000
性别	男性赋值为1，女性赋值为0	0.529	0.499	0.000	1.000
婚姻状况	已婚赋值为1，非婚赋值为0	0.846	0.361	0.000	1.000
受教育程度	已完成的最高学历：大学及以上=4，高中=3，初中=2，小学=1，未上学=0	1.292	1.120	0.000	4.000
健康状况	健康状况打分：程度由强到弱依次赋分5到1	2.851	1.246	1.000	5.000
家庭总收入	过去一年，家庭所有收入（万元）	4.822	13.615	0.000	833.600
家庭规模	家庭成员数（个）	3.852	1.940	1.000	19.000
自有房产	拥有房产权属赋值为1，否则为0	0.864	0.342	0.000	1.000
现金存款	家庭现金及存款与其等价物总额（万元）	2.778	9.020	0.000	400.000

（三）模型设定

为了检验微观家庭层面财政金融协同对农民创业概率的影响，本文采用 Probit 模型进行实证分析，构造如下计量模型：

$$\Pr(priv_i = 1|x_i) = \Phi(\beta_0 + \beta_1 \times fincofiscal_i + \Pi X_i + \delta_p) \tag{1}$$

式中，下标 i 表示第 i 个农村家庭样本，被解释变量 $priv_i$ 为刻画农民创业的指标，取值为 1 表示农村家庭 i 进行了创业活动。核心解释变量 $fincofiscal_i$ 为表征财政金融协同的指标。X_i 为控制变量矩阵，包含一系列特征变量，Π 为其回归系数矩阵；δ_p 为省份虚拟变量。

四　实证检验和分析

（一）基准回归分析

根据选取的基准计量 Probit 模型进行估计，实证结果如表 2 所示。为便于直观评估财政金融协同对农民创业的影响程度，表 2 中汇报的各变量回归系数均为边际效应。表 2 第（1）列是未添加任何控制变量的估计结果，财政金融协同的估计系数在 5% 的水平上显著为正；表 2 第（2）列在第（1）列基础上添加一系列家庭特征和个体特征控制变量，财政金融协同的估计系数在 10% 的水平上显著为正；表 2 第（3）列在第（1）列基础上添加一系列家庭特征和个体特征控制变量以及省份固定效应，财政金融协同的估计系数在 5% 的水平上显著为正。由基准回归结果可知，不论是否控制家庭和个体特征变量以及省份固定效应，财政金融协同变量均显著且估计系数为正，意味着在微观家庭层面财政金融协同会显著提升农民创业的概率，假说一在一定程度上得到印证。从提升程度上看，表 2 第（3）列结果显示，微观层面的财政金融协同显著促进农村家庭践行创业活动，财政金融协同每增加 1%，农村家庭创业概率就增加 0.03%，表明具有一定的经济显著性。同已有文献中一些被证实会有效影响农村家庭创业概率的干预措施相比，如数字乡村发展（赵佳佳等，2023）每增加 1%，农村家庭创业概率就增加 0.02%；从军经历（曹壹帆和肖亚成，2024）每增加 1%，农村家庭创业概率就增加 0.05%，不难看出，财政金融协同对农村家庭创业的影响还是较为显著的，同上述这些干预措施的影响相当。对此可能的解释为，财政金融协同有助于双管齐下缓解农村家庭的外部融资约束，减缓其创业面临的资金压力，可获得更大可用于人力资本投资和社会资本积累的空间，这有利于为农村家庭进一步获取资讯和开拓业务创造机会，激发创业动力。

表2　财政金融协同对农民创业的影响

变量	（1）	（2）	（3）
	农民创业	农民创业	农民创业
财政金融协同	0.033**	0.028*	0.030**
	(0.015)	(0.014)	(0.015)
年龄		0.005***	0.005***
		(0.002)	(0.002)
年龄的平方		-0.000***	-0.000***
		(0.000)	(0.000)
性别		-0.003	-0.002
		(0.007)	(0.007)
婚姻状况		0.006	0.005
		(0.011)	(0.011)
受教育程度		0.016***	0.016***
		(0.003)	(0.003)
健康状况		0.003	0.002
		(0.003)	(0.003)
家庭总收入取对数		0.035***	0.037***
		(0.007)	(0.007)
家庭规模		0.011***	0.010***
		(0.002)	(0.002)
自有住房		-0.031***	-0.034***
		(0.010)	(0.010)
现金存款取对数		0.002***	0.002***
		(0.001)	(0.001)
观测值	9021	9021	9021
调整 R^2 值	0.001	0.080	0.089
省份固定效应	否	否	是

注：*、**、***分别表示在10%、5%和1%的水平上显著，括号内为标准误。

（二）内生性问题处理

1.条件混合过程估计法

考虑到基准回归结果可能会因遗漏变量和双向因果等内生性问题而存在偏误。事实上，即便加入许多控制变量以尽量减小由遗漏变量所导致的估计偏误，但遗漏变量的情形依然可能发生。与此同时，有意愿创业的农村家庭，其获取外部融资的能力可能更强，从而增加其获得财政金融协同支持的概率，也就是说可能存在双向因果关系。

鉴于基准回归核心解释变量财政金融协同为二值虚拟变量，采取适用于内生变量为二值虚拟变量情形的条件混合过程估计法（Conditional Mixed Process，CMP）处理上述内生性问题。选取"政府干部互动与首选银行（正规金融渠道融资）偏好交互"iv 作为财政金融协同的工具变量，具体而言，使用受访者针对 CFPS 成人问卷认知模块咨询部分"您（是否亲身经历）与政府干部发生过互动摩擦？"以及家庭问卷金融资产与债权债务部分"如果您家需要借金额较大的一笔钱（例如用于经营周转或者购置固定资产等事项），首选的借钱对象会是谁？"这两项问题的回答来甄别，赋值方式为，若对前者的回答为"是"且对后者的回答为"银行正规金融机构"，将工具变量 iv 赋值为 1，否则赋值为 0。

选取该工具变量主要基于如下考虑，在基层工作实务中，农民与政府干部基于日常较为频繁的互动难免会产生一些琐碎摩擦。这种互动程度的加深可能使农民有更大概率获得来自政府层面的财政资源支持；若农民潜在首选融资对象是银行（正规金融机构），而不是民间借贷、关系型融资等非正规金融渠道，其创业可能更偏向于争取正规金融资源支持。选择"政府干部互动与首选银行偏好交互"作为工具变量，即甄别出同时具备政府互动经历和正规金融偏好的农村家庭样本，其可能有更大概率获得财政金融协同支持，即所选工具变量在一定程度上满足工具变量的相关性要求。此外，直观上，"政府干部互动与首选偏好交互"对农民创业产生影响的直接渠道并不鲜明，即所选工具变量在一定程度上满足工具变量的外生性要求。

即便如此，工具变量仍有可能通过提供其他形式的资源或是便利条件（如人脉资源、创业政策指导等）来影响农村家庭创业决策，因此进一步对这些潜在途径做补充检验。关于人脉资源，如果农村家庭获得衍生于同政府干部频繁互动而形成的人脉资源支持，可能促进其创业概率增加。参照已有研究（任胜钢等，2016），兼顾数据可得性，使用受访者针对 CFPS 成人问卷认知模块咨询部分"如果您需要所处社区附近人员帮助，你觉得是否会有人帮忙"这一问题的回答来刻画人脉资源，并将其作为被解释变量对工具变量进行估计。如表 3 第（1）列所示估计结果并不显著，说明"政府干部互动与首选银行偏好交互"并不会影响到农村家庭的人脉资源。关于创业政策指导，如果农村家庭获得一些额外的政策信息和创业指导，可能增加其创业概率。参照已有研究（邱伟国等，2019），并考虑到数据可得性，使用受访者针对CFPS成人问卷认知模块咨询部分"您认为就业问题在我国是否严重"这一问题的回答来作为是否获得创业政策指导的代理变量，并且将其作为被解释变量对工具变量进行估计。如表3第（2）列所示估计结果也不显著，说明"政府干部互动与首选银行偏好交互"并不会影响到农村家庭所受创业政策指导。

表3 工具变量有效性的进一步检验

变量	（1）人脉资源	（2）创业政策指导
政府干部互动与首选银行偏好交互	−0.047	0.007
	(0.040)	(0.035)
常数项		
控制变量	是	是
年份虚拟变量		
观测值	8644	8486
调整 R^2 值	0.059	0.044
控制地区固定效应	是	是

注：同表2。

采用条件混合过程估计法（CMP）的估计结果如表4所示。表4第（1）、（3）列汇报了辅助方程回归结果，第（2）、（4）列汇报了主方程回归结果，表4第（3）、（4）列在第（1）、（2）列基础上控制省份固定效应，方程组中辅助方程和主方程都使用Probit模型。其中辅助方程被解释变量为财政金融协同，解释变量为拟采纳工具变量和控制变量；主方程被解释变量为农民创业，解释变量为财政金融协同和控制变量。由表4可知，无论是否控制省份固定效应，辅助方程中工具变量"政府干部互动与首选银行偏好交互"的回归系数分别在1%和5%的水平上显著为正，并且CMP的统计量atanhrho分别在1%和5%的水平上显著，说明基于工具变量"政府干部互动与首选银行偏好交互"选择运用 CMP 方法处理内生性具有一定合理性。由表 4 第（2）、（4）列汇报的主方程回归结果来看，财政金融协同的估计系数均在 1% 的水平上显著为正，表明在微观家庭层面通过财政金融协同可以显著提升农民创业的概率，同基准回归所得结论保持一致。相较于表 2 中 Probit 模型所得估计系数而言，在条件混合过程估计法处理模型内生性以后，表 4 第（2）、（4）列主方程中财政金融协同的估计值均显著为正，可是估计系数的绝对值有较大程度的增加（所示边际效应分别达到 0.22 和 0.21），对此可能的解释是，表 2 中 Probit 模型存在低估财政金融协同对农村家庭创业影响的可能，工具变量的引入是必要的，条件混合过程估计结果具备有效性，可被采信。从经济学角度可阐释为，在引入工具变量来估算财政金融协同对农村家庭创业的影响时，工具变量分析中存在局部平均处理效应问题，可对加入工具变量后的模型估计值较之未加入工具变量时模型估计值更大的现象做出合理解释，工具变量对农村家庭创业的作用不一定是均质的，条件混合过程估计模型的估计值可被视作加权平均值（局部平均处理效应），弱禀赋农村家庭占有更大权重，弱禀赋农村家庭对于财政金融协同的依赖会更明显，获得的边际效应也更强，添加工具变量后的模型可能更多反映财政金融协同对弱禀赋农村家庭创业的影响，使得加入工具变量模型估计的系数与基准回归 Probit 模型估计的系数有较大差异。

表4 条件混合过程估计法

变量	（1） 辅助方程	（2） 主方程	（3） 辅助方程	（4） 主方程
财政金融协同		0.220***		0.208***
		(0.062)		(0.070)
政府干部互动与首选银行偏好交互	0.041***		0.032**	
	(0.013)		(0.013)	
控制变量	是	是	是	是
观测值	8646	8646	8631	8631
控制省份固定效应	否	否	是	是
atanhrho	−0.540***		−0.521**	

注：同表 2。

（三）其余稳健性检验

1.替换被解释变量

在基准回归部分采取观察样本对CFPS问卷中"过去12个月，您家是否有家庭成员从事个体经营或开办私营企业？"这一问题的回答来刻画农民创业，为进一步检验基准回归结论的可靠性，尝试将被解释变量替换为创业经营规模并采用零膨胀泊松回归模型进行分析。具体而言，采用受访者针对CFPS家庭问卷生意咨询部分"过去12个月，您家家庭成员从事几项个体经营活动或开办几家私营企业？"这一问题的回答来衡量。此时被解释变量"创业经营规模"是计数变量，而且存在一定频率的取零值情形，因此采用零膨胀泊松回归模型进行实证检验。表5第（1）列汇报被解释变量替换为创业经营规模的回归结果，与基准回归相比，表5第（1）列财政金融协同的估计系数依旧显著为正，意味着财政金融协同对农村家庭创业经营规模有正向促进作用，基准回归所得结论依然成立。

2.调整样本时间区间、考虑滞后影响

为进一步验证基准回归所得结论是否受到不同时间窗口干扰，采取CFPS 2016年、2018年及2020年三期面板数据基于混合面板Probit模型进行实证，在更长时段考察财政金融协同对农民创业的影响。表5第（2）列汇报的是选用CFPS 2016年、2018年与2020年三期面板数据后的回归结果，与基准回归相比，表5第（2）列财政金融协同的估计系数仍然显著为正，表明财政金融协同显著提升农民创业概率，财政金融协同在助农创业方面持续发力，基准回归识别结果依然稳健。

鉴于创业意愿可能需经过一定时间周期才得以付诸实践，仅考虑当期财政金融协同对于农村家庭创业的影响可能不全面，进一步考虑财政金融协同对于滞后一期（CFPS调查每两年开展一次，此处选用CFPS 2016年财金协同数据与可追踪的家户CFPS 2018年创业情况进行匹配）农村家庭创业的潜在影响，回归结果如表5第（3）列所示，财政金融协同的估计系数仍然显著为正，表明当期财政金融协同支持有望通过一段时间积累释放出对农村家庭创业的促进效应。

3.补对数—对数模型

运用补对数—对数模型佐证若财政金融协同作为"低概率稀有事件"情形存在时基准回归结论是否稳健。补对数—对数模型回归结果如表5第（4）列所示，财政金融协同的估计系数仍然显著为正，同前文基准回归结论保持一致。

4.剔除部分样本

为更精准考察"财政金融协同"和"财政金融不协同"两种情形下农民创业的差异性，剔除既未获得财政资源支持也未获得金融资源支持的观察样本后重新进行回归分析，实证结果如表5第（5）列所示，财政金融协同的估计系数仍然显著为正，同前文基准回归结论保持一致。

鉴于源自财政部门的政府补助（如低保补助、救济金等）可能用于针对性帮扶经济困难家庭以满足其基本生产生活需要，而这部分农村家庭创业意愿可能并不强烈。为更精准考察"财政金融协同"对于普通农村家庭创业的影响，剔除样本中家庭人均年收入低于2300元（依据2016年国家公布的每人每年2300元的农村贫困标准测度）的观察值重新进行回归，实证结果如表5第（6）列所示，财政金融协同的估计系数依然显著为正（边际效应为0.0326），进一步佐证财政金融协同对农民创业的促进效应评估结果具备一定稳健性。

表5 替换被解释变量、调整时间窗口等一系列稳健性检验

变量	(1) 创业经营规模	(2) 农民创业	(3) 滞后一期农民创业	(4) 农民创业	(5) 农民创业	(6) 农民创业
财政金融协同	0.029*	0.023**	0.040***	0.290**	0.028**	0.033**
	(0.016)	(0.009)	(0.015)	(0.146)	(0.014)	(0.015)
常数项				−10.986***		
				(0.968)		
控制变量	是	是	是	是	是	是
年份虚拟变量		是				
观测值	8678	21673	7154	8664	4969	8050
调整R²值			0.070		0.114	0.083
控制省份固定效应	是	是	是	是	是	是

注：同表2。

5. 倾向得分匹配（PSM）

为更加准确评估财政金融协同对农民创业的影响，运用倾向得分匹配方法（PSM）处理"选择性偏差"可能导致的内生性问题。具体操作如下：将获得财政金融协同支持的农村家庭作为实验组、未获得财政金融协同支持的农村家庭作为控制组，并且将上文所述控制变量作为倾向得分匹配协变量，运用多种匹配方式进行倾向得分匹配。表6第（1）列汇报的是选用kernel核匹配方式下的回归结果，表6第（2）、（3）列分别汇报了使用半径匹配和局部线性回归匹配的结果，财政金融协同的平均处理效应（ATT）均显著为正。PSM结果与基准回归结论保持一致，在一定程度上佐证财政金融协同对农民创业的促进效应评估结果具备稳健性。

表6　稳健性检验PSM

变量	（1）	（2）	（3）
	核匹配	半径匹配	局部线性回归匹配
ATT	0.039**	0.039**	0.039*
	(0.017)	(0.017)	(0.021)
协变量	是	是	是
观测值	8417	8417	8417
控制地区固定效应	是	是	是

注：同表2。

（四）传导机制分析

为进一步分析财政金融协同对农民创业的作用机理，实证检验财政金融协同在提升农民社会资本及人力资本投资水平两条路径上的效果。直觉上，财政金融协同作为缓解农村家庭外部融资约束的强力手段，有助于增加农村家庭可支配资金，使其更大概率创业；与此同时，当外部融资约束得以一定程度缓解后，农村家庭有更大概率将精力投入到营造更坚实的社会资本和人力资本条件中，在此过程中社会网络经营资金和人力资本提升资金需求得到一定程度满足。财政资金常服务于调结构、增就业、促投资、扩内需等目标，具有资金成本优势和杠杆放大效应；银行信贷资金则在政府倡导支农支小导向下糅合市场机制在资金效率和资金体量上发挥作用，正规金融体系的资金融通伴生着市场机制下资源配置、信息传导与风险分担功能的实现，财政金融协同有助于两者同时发挥各自的资金属性和优势，在微观家庭层面财政金融资源的汇聚为农户生产经营注入了澎湃动力。

将社会资本和人力资本投资水平依次替换为被解释变量进行回归以验证上述两条路径。表7所示结果均已考虑控制变量以及地区虚拟变量，第（1）列主要关注社会资本，第（2）、（3）列分别关注人力资本投资（教育履历）和人力资本投资（工作履历）。表7第（1）列财政金融协同的估计系数在5%的显著性水平上为正，意味着财政金融协同确实起到提升社会资本水平效果，而充实的社会资本正向激发农村家庭辨别创业机会（高静和张应良，2013），农村家庭整合社会网络资源并付诸创业实践（张玉利等，2008），印证了财政金融协同经由提升社会资本水平路径激励农民创业的假说二；第（2）、（3）列财政金融协同的估计系数分别在5%和1%的显著性水平上为正，意味着财政金融协同确实在一定程度上起到增加人力资本投资的效果，财政金融资源协同缓解农村家庭资金压力进而提升其人力资本投资水平（钞小静和沈坤荣，2014），较高的人力资本水平将促成创业比较优势（刘诚和夏杰长，2021）从而正向激励创业行为，印证了财政金融协同经由提升人力资本投资水平路径促进农民创业的假说二。

表 7　财政金融协同促进农民创业的机制

变量	(1) 社会资本	(2) 人力资本投资（教育履历）	(3) 人力资本投资（工作履历）
财政金融协同	0.234**	0.019**	0.046***
	(0.098)	(0.009)	(0.017)
常数项	−1.265**		
	(0.579)		
控制变量	是	是	是
观测值	8644	8559	7785
调整 R^2 值	0.225	0.139	0.062
控制地区固定效应	是	是	是

注：同表2。

（五）异质性分析

1. 生活幸福感的异质性

关于财政金融协同是否会因农民主观生活幸福感差异而呈现创业促进效果差异，有待进一步分析。生活幸福感作为正向情绪可能对不同群体产生差异化的创业干预效果。主观生活幸福感可能提升居民创业概率（于文超和陈刚，2018），生活幸福感相对较强群体可能有更高的风险偏好，从而对创业活动的不确定性有更积极的预期；生活幸福感相对较弱群体可能不安于现状，基于突破现状的考虑而选择创业。基于受访样本反映的自身生活幸福程度构建生活幸福感特征虚拟变量，将样本重新按受访者自评生活幸福程度进行中位数分组，高于中位数的样本赋值为1，视作生活幸福感相对较强群体；低于中位数的样本赋值为0，视作生活幸福感相对较弱群体。基于主观生活幸福程度特征虚拟变量进行分组讨论，具体如表8所示。表8第（1）列所示财政金融协同的估计系数显著为正且第（2）列所示财政金融协同的估计系数不显著，表明财政金融协同对创业决策的促进效应主要体现在生活幸福程度相对较强的农村家庭，乡村振兴过程也是农民群众幸福感、获得感稳步提升的过程，农村家庭切身发现幸福生活可及可盼，就有更大动力投入创业热潮。

2. 地方经济水平的异质性

我国幅员辽阔，部分地区得益于先行发展政策引导和区位禀赋优势等，经济实力较为雄厚；有些地区由于交通、经济结构转型等历史复杂成因，经济发展相对滞后。有研究认为地区经济不确定性加剧可能抑制居民创业倾向（杨紫等，2024），地方经济实力的差异可能导致资本富集程度和营商环境的差异。关于财政金融协同对农民创业的促进效应是否会因地方经济发展水平差异而有所区别，有待进一步分析。地区人均生产总值这一指标在发展经济学中常被用来衡量经济发展状况，为检验地方经济发展水平的异质性效果，将样本重新按地区人均生产总值进行中位数分组，高于中位数的区域样本赋值为1，低于中位数的区域样本赋值为0。基于地方经济实力特征虚拟变量进行分组讨论，表8第（3）、（4）列汇报的是地方经济水平异质性分析回归结果，第（3）列所示财政金融协同的估计系数在5%的显著性水平上为正，表明财政金融协同对地方经济水平相对薄弱组有明显促进农民创业效应。相较之于经济实力雄厚地区，经济欠发达地区农村家庭的创业积极性可能更容易被财政金融协同所调动，在增量资本要素支持下兑现其内生增长潜力，在"五个必须统筹"与推动经济高质量发展背景下，财政金融资源协同对实体经济部门农民创业兴家从而实现共同富裕有积极影响。

3. 区域人口自然增长率的异质性

我国人口地理维度整体呈现"东南部地狭人稠、西北部地广人稀"特征，人口地理差异也充分体现为人口自然增长率的区域差异，倘若人口自然增长率的差异与劳动力结构不均衡相伴，劳动力储备情况可能会影响经济增长动能。有研究发现人口政策与家庭规模可以影响居民创业决策（张路等，2023），人口自然增长率变化可能引发劳动生产率变动，进而增加劳动力对经济增长的正向影响（逯进等，2019）。关于财政金融协同促进农民创业是否会因区域人口自然增长率差异而呈现出不同效果，有待进一步分析。将样本重新按区域人口自然增长率进行中位数分组，高于中位数的区域样本赋值为1，低于中位数的区域样本赋值为0。基于区域人口增长特征虚拟变量进行分组讨论，表8第（5）、（6）列汇报的是区域人口自然增长率异质性分析回归结果，第（5）列所示财政金融协同的估计系数在1%的显著性水平上为正，表明财政金融协同对区域人口自然增长率相对较高组的农村家庭有显著的创业促进效应，可见，财政金融协同需要同区域劳动力资源禀赋相协调。

表8　异质性：生活幸福感、地方经济水平、区域人口自然增长率

变量	（1）生活幸福感相对较强	（2）生活幸福感相对较弱	（3）地方经济水平相对薄弱	（4）地方经济水平相对较高	（5）区域人口自然增长率相对较高	（6）区域人口自然增长率相对较低
财政金融协同	0.061***	0.001	0.041**	−0.023	0.073***	−0.002
	(0.021)	(0.020)	(0.016)	(0.033)	(0.017)	(0.018)
控制变量	是	是	是	是	是	是
观测值	4325	4336	4320	4345	4343	4322
准 R^2 值	0.090	0.109	0.099	0.082	0.079	0.118
控制地区固定效应	是	是	是	是	是	是

注：同表2。

（六）关于财政与金融各自奏效及其调节效应的进一步探讨

为有效讨论财政或金融单独发挥的作用及其相互的调节效应，尝试在模型中同时引入财政、金融及其交互项，对财政与金融各自奏效及其调节效应做进一步探讨。并且通过重新划分样本的方法考察财政与金融各自设定为协同前置条件下，财政协同金融或者金融协同财政是否会对农民创业产生异质性促进效应。综合来看，鉴于无法直接精确判断财政与金融各自奏效形成的调节效应对农村家庭创业产生的影响，在财政金融协同整体视角下考察财金协同的创业促进效应，规避了单独论证财政、金融及两者调节作用可能面临的甄别不充分情形。将微观层面财金协同视为研究整体的优点之一，能够整体锁定财金协同系统内凝聚的合力，用"协调统一"视域规避财政金融"各自奏效并复杂交织"的视域。财政金融协同能够在一定程度促进农民创业，要充分考虑财政和金融的不同属性，财政资金可能在支持规模上不及金融资金，但具有成本低的优势；金融资金有一定的付息成本，但规模上更能满足市场化经营需求。在实务中需要加强财政金融协同通盘考虑的应用，使财政资源与金融资源协同配合、共同注入，为农村家庭创业赋能。

五 结论与启示

评估财政金融协同在多大程度上促进农民创业，对全面推进乡村振兴具有重要意义。本文基于中国家庭追踪调查数据，综合运用 Probit 模型实证检验财政金融协同对农村家庭创业的影响及其作用机制。研究发现：财政金融协同对于农村家庭创业有显著正向影响。经过一系列稳健性检验后，该结论依旧成立。机理分析表明，财政金融协同可以通过提高农村家庭社会资本及人力资本投资水平从而影响其创业决策。进一步分析表明，财政金融协同的创业促进效应对生活幸福感相对较强组、地方经济水平相对薄弱组以及区域人口自然增长率相对较高组的农村家庭更明显。本文的研究结论对财政金融协同支农有以下启示。

首先，创新财政金融协同方式，加强符合财政金融协同逻辑的支农政策。本文聚焦财政补贴和金融信贷同时作用于农村家庭创业的微观效应，在实践中，财政金融协同有丰富的组合方式，既可表现为财政部门与金融部门建立跨部门沟通机制（例如，建立财政金融部门联席工作会议制度），也可体现为财政政策对金融主体的激励约束（例如，实施担保贷款贴息政策、设立财政金融协同绩效考核奖补专项资金等多元财金协同方式）等。创新具有系统化特征的财政金融协同方式，以"协调统一"的财金协同合力规避"各自为政、耦合不足"的情况。以政府部门财政为农村家庭生产经营体系"搭台"，同时注入兼具支农导向的金融资源，使得财政金融协同形成合力，财金资源同向发力以发挥要素整合的效果。本文机理分析表明，财政金融协同通过促进社会资本和人力资本投资为农民创业赋能，缓解外部融资约束，催生增量农村生产经营需求。以资本要素激活劳动力要素，吸引更多要素投入。财政引领金融资本发挥杠杆作用，深化农村资本配套。

其次，加大财政金融协同力度，丰富"有为政府"与"有效市场"的合作路径。同时体现"有为政府"财政支持导向以及"有效市场"正规金融介入的财政金融协同，非但不会抑制生产主体的参与积极性，而且能调动农村家庭充分开拓市场的积极性。财政金融协同可以从改善资本、劳动力和资源等要素配置着手。财政金融协同的应用场景广阔，在国内经济增长放缓以及全球经济不确定性加强背景下，以财政支出完善基础设施配套，以金融让利扩大涉农信贷供给，财政金融相互配合，增强农户家庭抗风险能力。未来，进一步探索"有为政府"与"有效市场"合作路径，创新其他重点领域（如特色产业发展、文化振兴、绿色宜居等）的协同手段，丰富微观层面的可用工具箱，引导财税补贴、信贷考核、贴息奖补等类别的政策工具各有所长，助力覆盖多领域对象。

最后，政府部门针对目标群体精准施策、因地制宜。本文异质性分析表明，目标群体主观感知度以及地区经济基础与劳动力禀赋差异，均可对财政金融协同效应发挥造成影响。财政金融协同有益于农户创业带动就业，要进一步针对不同群体实施倾斜性政策，政策实施强度参考其能否有效引导采用可持续发展方式。发挥好财金协同双管齐下产生的精准浇灌效果，在绩效考核中强调奖惩并重。对经营成果显著、发展态势向好的涉农金融机构予以更大力度的正向财税激励，对经营结构不规范、可持续经营能力存疑的涉农金融机构予以适度惩戒。在支农实践中应充分考虑资源禀赋差异，重视要素相对缺乏群体的诉求，同时关切农村家庭的物质富足感和精神幸福感。为各家庭提供差异化的特色金融服务，并配以奖补、担保、贴息等财政激励，驰援要素禀赋相对欠缺农村家庭产生"雪中送炭"效应，助力共同富裕目标的实现。

参考文献

［1］边燕杰，2004，《城市居民社会资本的来源及作用：网络观点与调查发现》，《中国社会科学》第3期。

［2］曹壹帆、肖亚成，2024，《从军经历对农户创业的影响——基于中国家庭追踪调查（CFPS）的实证考察》，《中国农村观察》第2期。

［3］钞小静、沈坤荣，2014，《城乡收入差距、劳动力质量与中国经济增长》，《经济研究》第6期。

［4］蔡栋梁、邱黎源、孟晓雨、马双，2018，《流动性约束、社会资本与家庭创业选择——基于CHFS

数据的实证研究》,《管理世界》第9期。

[5] 程郁、罗丹，2009，《信贷约束下农户的创业选择——基于中国农户调查的实证分析》,《中国农村经济》第11期。

[6] 才国伟、刘剑雄，2014，《收入风险、融资约束与人力资本积累——公共教育投资的作用》,《经济研究》第7期。

[7] 陈屹立、曾琳琳，2017，《中国农村居民家庭的负债决策及程度：基于中国家庭金融调查的考察》,《贵州财经大学学报》第6期。

[8] 陈辉，2011，《"过日子"与农民的生活逻辑——基于陕西关中Z村的考察》,《民俗研究》第4期。

[9] 董晓林、孙楠、吴文琪，2019，《人力资本、家庭融资与农户创业决策——基于CFPS7981个有效样本的实证分析》,《中国农村观察》第3期。

[10] 董静、赵策，2019，《家庭支持对农民创业动机的影响研究——兼论人缘关系的替代作用》,《中国人口科学》第1期。

[11] 丁高洁、郭红东，2013，《社会资本对农民创业绩效的影响研究》,《华南农业大学学报（社会科学版）》第2期。

[12] 郭继强，2005，《人力资本投资的结构分析》,《经济学（季刊）》第3期。

[13] 高文静、杨佳、施新政、王雨晴，2023，《数字经济红利能否惠及农村？——农村电商对农民收入的影响》,《中国经济学》第4期。

[14] 高静、张应良，2013，《农户创业：初始社会资本影响创业者机会识别行为研究——基于518份农户创业调查的实证分析》,《农业技术经济》第1期。

[15] 何婧、李庆海，2019，《数字金融使用与农户创业行为》,《中国农村经济》第1期。

[16] 何文韬、郭晓丹，2016，《创业培训、主观情绪与创业意向——行为转化》,《经济与管理研究》第6期。

[17] 何德旭、饶明，2008，《我国农村金融市场供求失衡的成因分析：金融排斥性视角》,《经济社会体制比较》第2期。

[18] 蒋剑勇、钱文荣、郭红东，2014，《社会网络、先前经验与农民创业决策》,《农业技术经济》第2期。

[19] 李长生、刘西川，2020，《土地流转的创业效应——基于内生转换Probit模型的实证分析》,《中国农村经济》第5期。

[20] 李长生、黄季焜，2020，《异质性信贷约束对农民创业绩效的影响》,《财贸经济》第3期。

[21] 卢亚娟、张龙耀、许玉韫，2014，《金融可得性与农村家庭创业——基于CHARLS数据的实证研究》,《经济理论与经济管理》第10期。

[22] 林强、姜彦福、张健，2001，《创业理论及其架构分析》,《经济研究》第9期。

[23] 刘尚希，2019，《财政金融协同的目标应转向公共风险管理》,《开发性金融研究》第4期。

[24] 刘诚、夏杰长，2021，《商事制度改革、人力资本与创业选择》,《财贸经济》第8期。

[25] 刘冲、刘莉亚，2022，《财政金融政策的协同效应——基于小微贷款利息收入增值税减免的研究》,《中国社会科学》第9期。

[26] 刘志阳、许莉萍、陈咏昶，2023，《跨部门工作经历与社会创业选择：基于跨国数据的实证检

验》，《经济管理》第4期。

［27］刘俊浩、焦光前，2021，《乡村振兴中家庭的功能机理及其实现路径》，《贵州社会科学》第3期。

［28］逯进、王恩泽、郭志仪，2019，《人口视域下中国经济增长路径选择》，《中国人口科学》第5期。

［29］缪书超、钱龙、宋亮，2021，《农业补贴与农村家庭非农创业——基于中国家庭金融调查（CHFS）数据的实证分析》，《农业经济问题》第3期。

［30］宁光杰，2012，《自我雇佣还是成为工资获得者？——中国农村外出劳动力的就业选择和收入差异》，《管理世界》第7期。

［31］彭克强、刘锡良，2016，《农民增收、正规信贷可得性与非农创业》，《管理世界》第7期。

［32］彭澎、吴敏慧、张龙耀，2024，《财政金融协同支持村级集体经济发展的理论逻辑与实现机制——基于江苏兴化"兴村易贷"的案例研究》，《农业经济问题》第8期。

［33］邱伟国、袁威、关文晋，2019，《农村居民民生保障获得感：影响因素、水平测度及其优化》，《财经科学》第5期。

［34］任胜钢、高欣、赵天宇，2016，《中国创业的人脉资源究竟重要吗？——网络跨度与信任的交互效应研究》，《科学学与科学技术管理》第3期。

［35］苏岚岚、孔荣，2018，《农地抵押贷款促进农户创业决策了吗？——农地抵押贷款政策预期与执行效果的偏差检验》，《中国软科学》第12期。

［36］涂勤、曹增栋，2022，《电子商务进农村能促进农户创业吗？——基于电子商务进农村综合示范政策的准自然实验》，《中国农村观察》第6期。

［37］田勇，2019，《激励还是抑制？——土地权益变更与农村家庭创业》，《经济科学》第5期。

［38］田丽超、张务伟，2024，《数字基础设施如何影响农村家庭创业？》，《中国人口·资源与环境》第8期。

［39］王振宇、逄雯婷，2024，《地方财政金融协同如何提升企业创新：来自科技金融试点与地方债管理改革的证据》，《中国软科学》第7期。

［40］王修华、傅勇、贺小金、谭开通，2013，《中国农户受金融排斥状况研究——基于我国8省29县1547户农户的调研数据》，《金融研究》第7期。

［41］王小华、韩松松、温涛，2021，《惠农贷的精英俘获及其包容性增长效应研究》，《中国农村经济》第3期。

［42］吴文锋、胡悦，2022，《财政金融协同视角下的地方政府债务治理——来自金融市场的证据》，《中国社会科学》第8期。

［43］翁辰、张兵，2015，《信贷约束对中国农村家庭创业选择的影响——基于CHFS调查数据》，《经济科学》第6期。

［44］汪三贵、刘湘琳、史识洁、应雄巍，2010，《人力资本和社会资本对返乡农民工创业的影响》，《农业技术经济》第12期。

［45］行伟波、张思敏，2021，《财政政策引导金融机构支农有效吗？——涉农贷款增量奖励政策的效果评价》，《金融研究》第5期。

［46］徐枫、王帅斌、汪亚楠，2023，《财政金融协同视角下的碳中和目标实现：内涵属性、内在机理与路径选择》，《国际经济评论》第1期。

[47] 杨龙见、吴斌珍、李世刚、彭凡嘉，2021，《"以税增信"是否有助于小微企业贷款？——来自"银税互动"政策的证据》，《经济研究》第7期。

[48] 杨紫、张勋、黄卓、谭莹，2024，《经济不确定性、个体创业与创业机会不均等》，《数量经济技术经济研究》第7期。

[49] 杨俊、韩炜、张玉利，2014，《工作经验隶属性、市场化程度与创业行为速度》，《管理科学学报》第8期。

[50] 杨隽萍、于晓宇、陶向明、李雅洁，2017，《社会网络、先前经验与创业风险识别》，《管理科学学报》第5期。

[51] 阳立高、廖进中、柴江艺，2008，《加大财政扶持力度促进农民工返乡创业》，《财经理论与实践》第3期。

[52] 尹志超、刘泰星、王晓全，2020，《农村收入差距抑制了农户创业吗？——基于流动性约束与人力资本投资视角的实证分析》，《中国农村经济》第5期。

[53] 于文超、陈刚，2018，《主观幸福感与居民创业》，《中央财经大学学报》第9期。

[54] 赵佳佳、魏娟、刘天军，2023，《数字乡村发展对农民创业的影响及机制研究》，《中国农村经济》第5期。

[55] 张路、王瑞、尹志超，2023，《生育政策、兄弟姐妹数量与个人创业行为——来自拐点回归设计的证据》，《中国经济学》第1期。

[56] 张龙耀、杨军、张海宁，2013，《金融发展、家庭创业与城乡居民收入——基于微观视角的经验分析》，《中国农村经济》第7期。

[57] 张龙耀、张海宁，2013，《金融约束与家庭创业——中国的城乡差异》，《金融研究》第9期。

[58] 张若瑾，2018，《创业补贴、小额创业贷款政策对回流农民工创业意愿激励实效比较研究——一个双边界询价的实证分析》，《农业技术经济》第2期。

[59] 张玉利、杨俊、任兵，2008，《社会资本、先前经验与创业机会——一个交互效应模型及其启示》，《管理世界》第7期。

[60] 张广胜、柳延恒，2014，《人力资本、社会资本对新生代农民工创业型就业的影响研究——基于辽宁省三类城市的考察》，《农业技术经济》第6期。

[61] 周洋、华语音，2017，《互联网与农村家庭创业——基于CFPS数据的实证分析》，《农业技术经济》第5期。

[62] 周广肃、樊纲，2018，《互联网使用与家庭创业选择——来自CFPS数据的验证》，《经济评论》第5期。

[63] Ai C., Norton E. C. 2003. "Interaction Terms in Logit and Probit Models." *Economics Letters* 80(1): 123-129.

[64] Bhaskar, et al. 2024. "Performance of Cash Transfer Program on Farmers' Livelihood: Evidence from PM-KISAN Scheme of India." *Frontiers in Sustainable Food Systems* 1(8): 8795-8795.

[65] Barrett E. K., Roberts M. J. 2016. "Who Really Benefits from Agricultural Subsidies? Evidence from Field~level Data." *American Journal of Agricultural Economics* 98(3):1095-1113.

[66] Chai S. C., Chen Y., Huang B. H. 2019. "Social Networks and Informal Financial Inclusion in China." *Asian Pacific Journal of Management* 36(1):529-563.

［67］Cocou J. A., et al. 2024. "Do Credit Constraints Affect Non-farm Entrepreneur-ship Entry Decisions of Rural Agricultural Households in Benin" *HELIYON* 24(10):40090-40900.

［68］Evans S., Jovanovic B. 1989. "An Estimated Model of Entrepreneurial Choice under Liquidity Constraints." *Journal of Political Economy* 97(4):809-827.

［69］Karaivanov A. 2012. "Financial Constraints and Occupational Choice in Thai Villages." *Journal of Development Economics* 97(2):201-220.

［70］Klapper L., Laevena L. Rajan R., 2008. "Entry Regulation as a Barrier to Entrepreneurship." *Journal of Financial Economics* 82(3):591-629.

［71］Liu et al. 2019. "Inclusive Finance, Farm Households Entrepreneurship, and Inclusive Rural Transformation Poverty-stricken Areas in China." *Emerging Markets Finance and Trade* 57(7):1-30

［72］Lazear E. P. 2005. "Entrepreneurship." *Journal of Labor Economics* 23(4):649-680.

［73］Navjot S. Javed H., 2021. "Entrepreneurship the Mediating Role of Finance and Education for Small Farm Deceloping Countries." *International Journal of Enterpreneu Behavior Research* 97(2):1403-1422.

［74］Norton E. C., Wang H., Ai C. 2004. "Computing Interaction Effects and Standard Errors in Logit and Probit Models." *The Stata Journal* 4(2): 154-167.

［75］Pierre Nguimkeu. 2024. "Credit Constraints and Delayed Entrepreneurship." *Journal of Economic Behavior and Orgnization* 224(3):156-180.

［76］Ram Ranjan, 2019. "Entry Regulation as a Barrier to Entrepreneurship." *European Journal of Development Research* 82(3):433-460.

（责任编辑：许雪晨）

双循环体系下的专业化分工与技术创新

刘瑞翔　蒋思佳　李　洁[*]

摘　要： 在国内国际双循环体系下，分析参与国内垂直专业化分工和国际垂直专业化分工对于技术创新带来的影响，具有重要的理论意义和实践价值。本文利用中国地级市层面的数据，探索其所在地区参与国际垂直专业化分工和国内垂直专业化分工对技术创新的影响。研究发现：首先，各地区参与国内垂直专业化分工水平的提高，会显著提升其技术创新能力，而各地区参与国际垂直专业化分工水平的提高，对其技术创新起到阻碍效果。其次，工业增加值比例越高的地区，越有可能被锁定在全球价值链分工中的低端位置，从而难以向"微笑的曲线"两端攀升。此外，无论是参与国际垂直专业化分工对创新的抑制效应，还是参与国内垂直专业化分工对创新的促进效应，都会随着FDI占比的提高而有所增强。最后，参与国际分工和国内分工主要通过人力资本积累和科学技术活动两条渠道对科技创新能力产生影响。本文结论可为我国在国内国际双循环背景下实施创新驱动发展战略提供了必要的政策依据和理论支撑。

关键词： 专业化分工　科技创新　垂直化分工

一　引言

创新是推动经济可持续发展的动力源泉。2016年5月，中共中央、国务院印发《国家创新驱动发展战略纲要》，提出到2020年进入创新型国家行列、2030年跻身创新型国家前列、到2050年建成世界科技创新强国"三步走"目标。改革开放以来，中国充分发挥劳动力成本较低的比较优势，积极参与国际分工，取得了举世瞩目的发展成就，但随着中国进入新的发展阶段，无论是自身禀赋结构还是所面对的国际环境，均发生了巨大的变化。

---

*　刘瑞翔（通讯作者），教授，南京审计大学，电子邮箱：ruixiangliu_nj@163.com；蒋思佳，硕士研究生，南京审计大学，电子邮箱：jiang052511020111@163.com；李洁，硕士研究生，国家统计局济南调查队，电子邮箱：lijie_jenny@126.com。本文获得国家社科基金重大项目（21&ZD081）、江苏社科基金重点项目（24ZHA001）、全国统计科学研究重点项目（2022LZ16）的资助。本文为《中国经济学》审稿快线参会论文，感谢点评专家和编辑部的宝贵意见，文责自负。

一方面，随着要素成本上升以及资源环境日趋严格，中国企业参与国际分工的原有比较优势有所削弱；另一方面，受到中美贸易摩擦以及世界需求匮乏的影响，当前国际分工体系呈现出加速调整趋势。在外部环境充满不确定的背景下，充分发挥中国超大市场规模优势和内需潜力，加快构建以国内大循环为主体、国内国际双循环相互促进的新发展格局，已成为中国在"十四五"阶段高质量发展的重要举措。本文所要关注的问题是，从国际大循环转向以国内大循环为主体的国内国际双循环是否会推动中国技术创新能力提升？

图1给出中国2002~2018年参与国内循环和国际循环的垂直分工水平以及专利授权数量。可以发现，中国专利授权数量从2002年的112103件增加到2018年的2319209件，年均增长率约为20.85%，呈现快速增长趋势。进一步发现，中国参与国际循环的垂直专业化分工水平从2002年的0.1238下降到2018年的0.0932，呈现出明显下降趋势。其中，在2001年底中国加入WTO后，各地区参与国际循环的垂直专业化分工水平呈现出上升趋势，2008年受到国际金融危机的影响出现显著下降，2010~2013年整体有所回升，但在此之后呈现下降趋势。与国际循环不同，中国各地区参与国内循环的垂直专业化分工水平从2002年的0.153上升到2018年的0.1903，整体呈现出明显的上升趋势。其中，在2002年后有所下降，但2004年后上升，2009年达到局部极值点后稍有下降，但很快又呈现上升趋势。可以初步判断，研究期内中国专利授权数量与参与国际垂直专业化分工水平之间存在一定的负相关关系，相反，与参与国内垂直专业化分工水平之间呈现正相关关系，这能否说明三者存在某种因果关系，即中国参与国际垂直专业化分工抑制创新，参与国内垂直专业化分工促进创新？

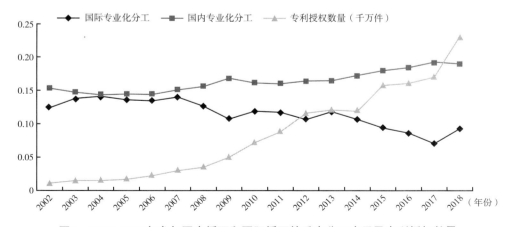

图1　2002~2018年参与国内循环和国际循环的垂直分工水平及专利授权数量

注：我国参与国内循环和国际循环的垂直分工水平可通过跨国（地区）嵌套投入产出表测算得到，专利授权数量由国家统计局网站得到。为方便在同一图中同时显示三者演变趋势，对专利授权数量进行量纲处理。

在经济学理论中，分工与创新之间存在紧密的联系。亚当·斯密在《国富论》中首次提出劳动分工的概念，并系统阐述了劳动分工对提高劳动生产率和增加国民财富的影响。熊彼特在经济"循环流转"基础上进一步提出创新的概念，认为经济在正常状态下处于循环流转的均衡状态，而创新就是打破现有的结构和均衡，构建新的结构和均衡，是一个"创造性破坏过程"。在熊彼特构建的理论框架中，创新包括提供一种新产品、采用新的生产方法、开辟新的市场、开拓原材料供应的新渠道以及创建新型组织模式，其中，创建新型组织模式与劳动分工的深化和发展有关。Romer（1986，1990）构建了经济内生增长模型，详细阐述了知识溢出和专业化分工导致规模报酬递增的机理。在Romer的理论模型中，资本被分解为不同类型的生活耐用品，每种生活耐用品都对应一种设计，因此，创新与产业间分工深化是事物的一体两面（赵坚，2023）。

20世纪下半叶以来，信息技术的发展使得复杂生产的跨国协作成为可能，生产工序被不断细化并根据各国的资源禀赋及比较优势进行配置，形成基于全球价值链的国际垂直分工体系。学者们开始关注参与国际垂直专业化分工对创新的影响，大量的研究表明，出口或者来自发达国家的中间产品进口，可以通过"出口中学习"效应或者"进口中学习"效应，提高发展中国家本土企业的生产率和促进经济增长（Amiti等，2014）。有学者认为，垂直专业化分工的技术溢出效应取决于相关行业的特性，资本和技术密集型行业的技术溢出效应比劳动密集型行业更为显著（张小蒂和孙景蔚，2006），此外，低集中度、低开放度的行业技术溢出效应相对更为显著。与以上文献侧重于广义的技术进步不同，沈春苗（2016）利用制造业面板数据实证检验后发现，垂直专业化分工促进了发展中国家制造业的技能偏向性技术进步。

与以上文献不同，有学者认为，发展中国家对于全球价值链的依赖可能会对其自主创新能力和经济可持续增长产生负面效应（Schmitz，2004）。姚志毅等·（2010）探讨了国际贸易、FDI和外包三种方式对中国技术创新的影响，发现外商投资和国内投资促进技术进步，但外包却对技术进步和技术效率产生负面影响。王俊（2013）认为跨国外包可以通过进口溢出、出口溢出以及纯知识溢出三条途径对承接国的技术创新产生影响，实证检验后发现，当地企业难以通过"出口中学习"和"交流中学习"实现技术创新。与以上研究均基于行业数据不同，沈国兵和于欢（2017）利用2000~2013年中国工业企业微观数据，实证分析垂直分工对不同所有制、贸易类型及组织模式的企业技术创新的影响，发现中国企业参与国际垂直分工对其创新产生显著的抑制效应。张杰和郑文平（2017）发现，与发达国家开展的进出口贸易均对本土企业的创新产生了显著的抑制效应，且民营企业表现得更为突出。李静和楠玉（2016）构建了一般均衡模型对这种经济现象进行解释，认为参与国际垂直分工会"挤出"发展中国家研发部门的人力资本，将其锁定在技术低端的生产部门，从而弱化了自主创新能力；另外，基于生产技术的偏向性，发展中国家也会将人力资本配置于生产环节而不是研发环节，从而导致技术创新呈现出迟滞现象。

针对中国企业参与国际分工被锁定在全球价值链低端位置而难以升级的困境，刘志彪和张杰（2007）、刘志彪和张少军（2008）较早地提出了构建国家价值链的应对思路，认为在现有国际分工体系之下，东部地区被锁定在全球价值链低端，在全球价值链中难以升级，并且中西部地区也被锁定在低端要素供应商的地位，导致区域经济发展差距持续扩大，因此，需要培育基于国内市场空间的国家价值链（NVC）。吕越和包雅楠（2019）利用中国企业微观数据和世界投入产出表数据，对制造业行业的国内价值链长度对企业创新的影响进行了实证研究，发现提高国内价值链长度可显著促进企业创新行为与提高创新强度，其中，对发明创造类创新、民营企业创新强度的促进效应最为明显。陈爱贞等（2021）利用一个产业部门的国内、国际生产阶段数据来体现其产业链的国内、国际关联程度，发现产业链国内、国际关联程度与企业创新分别呈现"U"形和倒"U"形关系，其中，产业链国际关联主要影响远距离行业和中、高人力资本水平企业的创新，国内关联主要对近技术距离行业的创新产生影响。

自从2020年4月习近平总书记在十九届中央财经委员会第七次会议上首次提出构建以国内大循环为主体、国内国际双循环相互促进的新发展格局以来，国内学术界进行了广泛而持续的讨论和研究。倪红福（2020）根据经济活动的服务对象对国内国际双循环进行了区分，认为"国内大循环"是指再生产活动的每一个环节都是以满足国内需求为出发点，也以此作为落脚点，与此相对应的"国际大循环"是指以外部需求拉动国内经济增长，即再生产活动是以满足国外需求为出发点。黄群慧（2021）认为，经济活动本质是一个基于价值增值的信息、资金和商品（含服务）在居民、企业和政府等不同主体之间流动循环的过程。如果考虑到经济活动的国家（或者经济体）边界，经济循环则存在国内经济循环和国际经济循环之分。对于国内国际双循环新发展格局的机理逻辑而言，葛扬、尹紫翔（2021）认为，中国长期处于以国际经济循环带动国内经济增长的发展模式中，随着国内经济的发展，这种割裂了生产与消费联系的循环模式带来的负面效应越来越明显，因此，国内国际双循环新发展格局是改革开放以来中国经济发展的必然要求。刘志彪（2020）和戴翔、金碚（2021）基于比较优势的视角，认为中国开放型经济发展的条件和环境正在发生重大变化，过去的低要素成本优势正变成巨大的市场规模优势。因此，构建国内国际双循环新发展格局，是经济全球化形势调整下中国动态比较优势变化的必然要求。但较为遗憾的是，以上文献侧重于给国内国际双循环新发展格局下定义或论证其必要性和合理性，没有关注中国企业参与国内垂直专业化分工对于自身技术创新的影响。

通过以上文献综述可以发现，学术界对国际循环体系中的垂直专业化分工与技术创新之间的关系进行了深入研究，部分学者使用价值链长度指标来分析产业链关联对企业创新的影响，但尚未将国内循环体系中的垂直专业化分工与技术创新联系起来，因此并不清楚构建以国内大循环为主体的国内国际双循环是否有利于企业技术创新能力提升？与现有文献相比，本文的边际贡献主要体现在以下几个方面：首先，在国内国际双循环视角下，分析各地区参与国际和国内垂直专业化分工对创新的影响；其次，将国内区域间投入产出表嵌入国际投入产出表，并在 Hummels 等（2001）的研究基础上，构建了反映各地区参与国际和国内垂直专业化分工的 VSS 指标；最后，得到了一系列较为新颖的结论，发现参与国际垂直专业化分工将会对企业创新产生负面影响，相反，参与国内垂直专业化分工将会对企业创新产生明显的促进效应。各地区参与国际垂直专业化分工过程中通过"干中学"和知识溢出对创新产生的促进效应要低于发达国家技术封锁所产生的抑制效应；而参与国内垂直专业化分工更多的是通过技术外溢和规模效应对创新产生促进作用。本文得到的结论与吕越和包雅楠（2019）、陈爱贞等（2021）的研究结论较为接近，但本文采用的是城市数据，并将垂直专业化分工水平作为代理变量，因此得到的结论也有所差异。

全文后续安排如下：第二部分将介绍理论模型与机制分析；第三部分为研究设计，包括样本选择与数据来源、模型设定与变量定义；第四部分为实证结果与分析，在基准回归基础上，区分多种情况进行稳健性检验和异质性分析；第五部分通过调节效应和渠道检验，分析参与国内分工和国际分工影响企业创新的机制；第六部分是结论与政策建议。

二 理论模型与机制分析

（一）国内国际双循环体系下的垂直专业化分工测度

根据所使用的数据来源，垂直专业化分工测算可分为两大类。一类是基于微观层面利用工业企业数据库与海关贸易统计库匹配数据，测算企业出口商品所含的进口中间投入品占比，得到企业层面参与国际垂直专业化分工水平数值。但对于国内经济循环而言，由于缺少企业供应链的详细数据，难以在企业层面测算得到国内垂直专业化分工水平数值。另一类是基于投入产出表的宏观测算方法，Hummels 等（2001）在单国投入产出框架下，从多个指标来测算该国参与全球垂直专业化分工水平数值，但该方法没有考虑到出口商品在多次跨越国境所产生的重复核算问题。鉴于 Hummels 等（2001）研究的不足，Koopman 等（2014）将一国出口商品分解为被国外吸收的本国增加值、先出口再返回到国内的本国增加值、国外增加值和重复核算项四个部分，而后王直等（2015）和 Wang 等（2018）进一步将其扩展到双边/部门层面。

考虑到国内国际双循环的特殊性，刘瑞翔和徐瑾（2022）提出了一种新型贸易核算方法。该方法的特点在于事先剔除重复核算项，可在同一个框架下处理总量贸易以及双边贸易的增加值核算问题。本文将基于该贸易核算方法，测算我国各地区参与国内国际双循环的垂直专业化分工水平。

表 1 给出了一张跨国多地区投入产出简表，共由 g 个国家组成，其中，中国包括 n 个地区，因此生产单元数为 $g+n-1$。Z、Y 分别为中间品投入和最终品使用矩阵，z_{ij} 和 y_{ij} 分别表示 i 国（地区）生产且被 j 国（地区）使用的中间品和最终品。$VA=\left[va_i\right]$ 为增加值行向量，va_i 表示 i 国的增加值，$X=\left[x_i\right]$ 为总产出列向量，x_i 表示 i 国的总产出。

表 1　国内国际双循环视角下的跨国多地区投入产出

		中间使用					最终使用					总产出
		国家 s	$\cdots$	中国			国家 s	$\cdots$	中国			
				地区 1	$\cdots$	地区 n			地区 1	$\cdots$	地区 n	
	国家 s	z_{ss}	$\cdots$	z_{s1}	$\cdots$	z_{sn}	y_{ss}	$\cdots$	y_{s1}	$\cdots$	y_{sn}	x_s
	$\cdots$	$\cdots$	$\cdots$	$\cdots$	$\cdots$	$\cdots$	$\cdots$	$\cdots$	$\cdots$	$\cdots$	$\cdots$	$\cdots$
	地区 1	z_{1s}	$\cdots$	z_{11}	$\cdots$	z_{1n}	y_{1s}	$\cdots$	y_{11}	$\cdots$	y_{1n}	x_1
中国	$\cdots$	$\cdots$	$\cdots$	$\cdots$	$\cdots$	$\cdots$	$\cdots$	$\cdots$	$\cdots$	$\cdots$	$\cdots$	$\cdots$
	地区 n	z_{ns}	$\cdots$	z_{n1}	$\cdots$	z_{nn}	y_{ns}	$\cdots$	y_{n1}	$\cdots$	y_{nn}	x_n
	增加值	va_s	$\cdots$	va_1	$\cdots$	va_n						
	总投入	x_s	$\cdots$	x_1	$\cdots$	x_n						

在跨国多地区投入产出框架下，可以将中国某地区（以 m 表示）的流出商品表示为：

$$Ex_m = \sum_{i\neq m}z_{mi} + \sum_{i\neq m}y_{mi} \tag{1}$$

式中，等式右边第一项为地区 m 流出的中间产品，第二项为流出的最终产品。需要指出的是，此处的流出不仅包括出口到其他国家的商品，还包括通过国内贸易流通到本国其他地区的商品。最终产品流出后被直接使用，因此不存在重复核算问题，相反，中间产品流出后被用于组织生产，存在进一步对外流出及重复核算的可能。为剔除流出中间产品中的重复核算项，可以将其表示为：

$$z_{mi} = a_{mi}x_i, \ i \neq m \tag{2}$$

式中，a_{mi} 为直接消耗系数，其经济学意义为地区 m 单位产出中所使用国家（地区）i 的中间品数量。

对于国家（地区）i 而言，其水平方向的均衡可以表示为：

$$z_{ii} + \sum_{j \neq i} z_{ij} + y_{ii} + \sum_{j \neq i} y_{ij} = a_{ii}x_i + \sum_{j \neq i} z_{ij} + y_{ii} + \sum_{j \neq i} y_{ij} = x_i \tag{3}$$

因此，国家（地区）i 的产出 x_i 可以表示为：

$$x_i = (\mathrm{I} - a_{ii})^{-1} (y_{ii} + \sum_{j \neq i} z_{ij} + \sum_{j \neq i} y_{ij}) \tag{4}$$

令 $l_i = (\mathrm{I} - a_{ii})^{-1}$ 为单国（地区）模型下的完全消耗系数矩阵，则国家（地区）i 的产出 x_i 可表示为：

$$x_i = l_i y_{ii} + l_i (\sum_{j \neq i} z_{ij} + \sum_{j \neq i} y_{ij}) \tag{5}$$

式中，国家（地区）i 的产出 x_i 表示为两部分，第一项为本地需求 y_{ii} 所吸收部分，第二项为通过中间品或最终品流出到其他国家（地区）部分。

将式（5）代回式（2），可得：

$$z_{mi} = \underbrace{a_{mi} l_i y_{ii}}_{\text{本地吸收}} + a_{mi} l_i \underbrace{(\sum_{j \neq i} z_{ij} + \sum_{j \neq i} y_{ij})}_{\text{再次流出}} \tag{6}$$

式（6）说明，地区 m 流出到国家（地区）i 的中间产品可分为两部分，第一项为国家（地区）i 加工处理后本地吸收部分，第二项为加工处理后再次出口部分，因此，在统计时该部分存在重复核算现象，需要将其剔除。

在剔除掉存在重复核算的中间品后，将式（6）代入式（1），可将地区 m 的流出商品重新表示为：

$$Ex'_m = \sum_{i \neq m} a_{mi} l_i y_{ii} + \sum_{i \neq m} y_{mi} \tag{7}$$

则地区 m 流出商品所诱发的外部增加值[1]可表示为：

$$Va_m^{else} = \sum_{i \neq m} v_i b_{mi} Ex'_m = \sum_{i \in \Omega 1} v_i b_{im} Ex'_m + \sum_{i \in \Omega 2, i \neq m} v_i b_{im} Ex'_m \tag{8}$$

式中，$v_i = va_i / x_i$ 为增加值率系数，$\mathrm{B} = [I - A]^{-1}$ 为多国跨地区投入产出模型下的完

---

① 更为详细的推导过程参见刘瑞翔和徐瑾（2022）。

全消耗系数矩阵，b_{im} 为该矩阵中位于 i 行 m 列的相应元素。$\Omega1$ 和 $\Omega2$ 为对应的国际和国内经济子系统，相应的，$\sum_{i\in\Omega1} v_i b_{im} Ex'_m$ 和 $\sum_{i\in\Omega2,\ i\neq m} v_i b_{im} Ex'_m$ 分别为流出商品所含的国外和国内其他地区增加值。

因此，在国内国际双循环中，可将地区 m 参与国际循环和国内循环的垂直专业化分工水平表示为：

$$VSS_{int} = \sum_{i\in\Omega1} v_i b_{im} Ex'_m / Ex_m, \quad VSS_{dom} = \sum_{i\in\Omega2,\ i\neq m} v_i b_{im} Ex'_m / Ex_m \quad (9)$$

（二）国内国际双循环下垂直专业化分工影响创新的机制

专业化分工对于创新的影响机制较为复杂，一方面，专业化分工是人类社会发展到一定程度后的新型生产组织方式，推动经济社会生产力整体提升，有力促进了技术发展，例如，在各产业部门中信息产业的专业化分工程度是最高的，技术进步也是最为明显的，进一步推动了人工智能、机器人等新兴产业的发展；另一方面，对于发展中国家而言，参与垂直专业化分工可能会使自身被锁定在全球价值链低端，难以培育自主创新能力，进而难以在全球价值链中向"微笑的曲线"两端攀升。

专业化分工对创新的推动效应体现在以下几个方面。首先，专业化分工可以通过工作效率的提升推动技术进步。亚当·斯密以制针业为例，指出专业化分工可以提高工人的劳动熟练程度，节约培训成本和劳动转换时间，极大地提高了产业工人的劳动效率。对于垂直专业化分工而言，随着产品生产的不同工序从原有的生产流程中被分割并外包出去，恰好符合熊彼特关于创新是"不断地从内部改变生产结构，不断破坏旧结构，不断创造新结构"的定义，推动了新产品和新兴产业的出现。其次，专业化可以通过"干中学"推动技术进步。通过长期的专注和积累，企业可以深耕自己的领域，提高自身专业能力。Grossman 和 Helpman（2002）在构建一般均衡模型分析企业生产经营决策行为时发现，企业选择外包这种垂直专业化分工经营方式，不仅可以降低管理成本，而且可以通过"干中学"提升生产率。此外，专业化分工可以通过技术转移和知识溢出推动创新及其扩散。影响企业创新的关键因素除了本地制度质量和自身竞争力之外，还与该企业是否充分利用外部资源有关。

在垂直专业化的国际分工体系下，技术溢出效应主要来源于以下渠道。一是"出口中学习"效应。发达国家市场对于来自发展中国家的商品有着较高的质量、工艺和环保等标准要求，为应对国际市场激烈的竞争，国际厂商需要供应商提供的配套产品满足相应的技术标准和性能要求，因此会通过工艺指导和员工培训等方式，主动将技术转移给发展中国家的供应商（Cruz 等，2017）。二是"进口中学习"效应。对于发展中国家而言，其从发达国家进口的中间产品一般具有较高的技术含量和相对复杂的工艺，中间产品所内含的技术诀窍和创新知识，可以通过溢出效应被本土企业消化和吸收，从而提高自身创新能力（Fritsch 和 Gorg，2015）。三是产业空间集聚产生的规模效应。在全球价值链分工体系下，被分割的价值环节在世界范围内的空间布局较为分散，同时在局部又呈现出高度集聚的特点（曹希广，2021）。葛和平和吴福象（2017）认为，地域空间上的集聚和分工协作，既有助于企业知识共享，也有助于产业集群内部成员形成生产网络并加强互动，进而产生外部规模经济效应。四是竞争效应。参与国际分工必然会面临更加激烈的市场竞争，为了应对市场竞争带来的挑战，发展中国家必然会通过创新活动来提高自身竞争力。

对于发展中国家而言，参与垂直专业化分工在促进经济快速发展的同时，也可能对自身的技术创新，特别是自主创新能力产生不利影响。其一，垂直专业化分工在促进整体生产率提升的同时，却因分工而使参与者之间出现事实上的不平等，产生锁定效应和挤出效应。对于欧美等发达国家而言，其在全球价值链中一般位于"微笑的曲线"两端，专注于研发设计和品牌建立等环节，发展中国家却被锁定于全球价值链的生产组装环节，难以向"微笑的曲线"两端攀升。李静和楠玉（2016）发现，垂直专业化会"挤出"发展中国家研发部门的人力资本，并将人力资本锁定在生产部门，从而弱化了其创新能力。其二，垂直专业化分工过程中的技术溢出具有一定的局限性。一方面，外资企业在中国建立工厂的同时，也会引入配套企业，形成相对封闭的生产网络，从而阻止生产技术对本地企业的溢出。另一方面，即使本土企业融入了跨国企业的生产网络，两者的技术转移也局限在较为低端的生产环节，因此，发展中国家的技术水平并没有随着国际分工深化而持续提高，在关键的"卡脖子"技术环节仍然受限于发达国家，存在所谓的天花板效应。

以上分析说明，对于发达国家和发展中国家而言，参与垂直专业化分工对于自身技术进步的影响是有所差异的。对于发达国家而言，可以将生产环节分割出来，根据世界各国的资源禀赋和比较优势进行配置，虽然管理成本增加，但可以通过对生产链的控制实现利润最大化。相反，对于发展中国家而言，参与国际分工的初期可能会带动经济快速发展，但由于本土企业集中在高能耗、低增值率的生产装备环节，发展不可持续，且阻碍了自身创新能力的培育。对于中国参与国际分工面临的困境，刘志彪等（2007）认为，中国企业在融入全球价值链的同时，要构建国家价值链，即基于中国市场需求，掌握核心环节，且由本土企业主导价值链，本质上就是构建基于国内经济循环的垂直专业化分工体系。

对于基于国际循环和国内循环的垂直分工体系而言，两者差异主要体现在发展中国家企业在两条价值链上的升级机制。一般而言，企业在全球价值链中所处的分工位置取决于资源禀赋和竞争优势，所谓价值链升级，是指嵌入价值链中的企业由于资源禀赋的变化以及市场竞争力的提升，攀升至附加值更高的生产环节，具体可以细分为工艺流程升级、产品升级、功能升级和链条升级四种方式（Humphrey 和 Schmitz，2002）。对于发展中国家企业而言，虽然能够在全球价值链上顺利实现工艺流程升级和产品升级，但功能升级和链条升级却会面临较大阻力（Gibbon 等，2008），究其原因，功能升级和链条升级涉及对价值链的治理和控制权之争，发达国家为了维护其在国际分工体系中的优势地位，必然会通过各种方式阻挠发展中国家进入高附加值的分工环节。例如，美国发布的《美国2022年芯片和科学法案》，要求接受联邦财政资助的企业加入一项禁止在中国等国家扩大半导体制造规模的协议，并通过制裁中国高科技企业以及减少学术交流等多种方式制约中国的科技进步。中国则与之相反，依托于超大市场规模优势和内需潜力，中国各地区根据自身资源禀赋和比较优势，积极构建基于国内大循环的垂直专业化分工体系，在享受垂直专业化分工带来的收益的同时，通过产业在地区间的梯度转移实现经济整体的转型升级，从而避免被锁定在价值链的低端位置，在此过程中大力推动创新。

综合以上分析，对于国际经济循环而言，本文认为中国各地区参与国际垂直专业化分工对创新的影响具有一定的不确定性。一方面，可以通过"干中学"和知识溢出提升本地企业的技术创新能力，另一方面又会因发达国家的技术封锁而被锁定在价值链低端，对本地企业的技术创新产生抑制效应。如果前者的影响超过后者，则参与国际垂直专业化分工可促进本地企业创新，反之，则抑制效应凸显。对于国内经济循环而言，各地区在充分享受专业化分工带来的收益的同时，避免了国际分工中常见的技术封锁和价值链"低端锁定"等问题，从而能有效提升自身的技术创新能力。鉴于此，本文关注的主要问题如下：中国各地区参与基于国际经济循环的垂直专业化分工对其创新会产生促进效应还是抑制效应，而参与基于国内经济循环的垂直专业化分工对其创新是否会产生促进效应，二者影响机制有何不同？回答好上述问题，具有重要的现实意义。

三 研究设计

（一）样本选择与数据来源

本文选择2003~2018年中国地级市层面数据为研究对象，并做如下筛选：剔除西藏相关数据、未公布或未完整公布专利申请或授权等信息的城市、数据缺失的城市。城市的专利申请和授权相关信息来自国家知识产权局地级市专利数据，控制变量数据来自中国地级市面板数据。基于国内国际双循环的垂直专业化分工数据通过对跨国多地区投入产出表数据核算得到，具体做法为将国内区域间投入产出表嵌入相应年份的跨国投入产出表。目前仅收集到省级层面的国内区域间投入产出表数据，因此只能将测算得到的省级层面数据结果匹配到各省的地级市，分析各地参与国内国际双循环的垂直专业化分工水平对所辖地级市创新活动的影响。

（二）模型设定与变量定义

为验证上文的研究假设，构建以下模型：

$$Patent_{it} = c + \beta_1 VSS_{int} + \beta_2 VSS_{dom} + \sum \beta_k Contrls_{it} + Year + City + \varepsilon_{it} \qquad (10)$$

式中，被解释变量 $Patent$ 表示某地级市获得专利授权的数量。核心解释变量包括：VSS_{int} 表示参与国际循环的垂直专业化分工水平，VSS_{dom} 为参与国内循环的垂直专业化分工水平。$Contrls$ 代表系列控制变量，$Year$ 和 $City$ 则分别代表年份固定效应和城市固定效应，ε 为随机误差项。

1.被解释变量

现有文献一般用研发投入或新产品产值来衡量创新能力，但正如吕越和包雅楠（2019）所指出的，这两者具有一定的局限性：研发投入并不能全部转化为研发结果，同时，新产品不仅来自创新活动，还有可能来自模仿和学习。因此，借鉴吕越和包雅楠（2019）和陈爱贞等（2021）的研究，采用专利数量作为测度城市创新产出的指标。现有专利分类包括发明专利、实用新型专利和外观设计专利三种，三者相互联系却又有所区别，其中，发明专利申请的流程更为复杂，授权也更为严格，更能反映一个地区的自主创新能力。本文旨在考察国际和国内循环垂直专业化分工水平对创新的影响，因此，采用每百人三种专利申请数量总和作为地区技术创新能力的代理变量，但同时也考虑了参与国际和国内垂直专业化分工对于不同类别技术创新能力的影响。

2.核心解释变量

现有文献测算垂直专业化分工水平有两种思路：一种是基于企业微观数据，考虑不同贸易方式的特征、贸易代理商、间接进口以及进口资本品折旧等问题，测算出口商品中所含的进口中间品数量（Upward 等 2012；张杰等，2013；沈国兵和于欢，2017）；另一种是基于宏观的投入产出表数据，通过贸易核算得到出口商品总量中国外增加值所占比例（Koopman 等，2014）。本文关注某省参与国内国际双循环垂直分工对所辖地级市创新的影响，因此采用第二种测算方法。根据上文所给定义：

$$VSS_{int} = 流出商品所含国外增加值/流出商品数量$$

$$VSS_{dom}=流出商品所含外省(区、市)增加值/流出商品数量$$

由于数据限制，城市层面的垂直专业化分工水平数据是由省级层面数据匹配所得，且VSS_{int}和VSS_{dom}的值越大，代表某城市参与国际循环和国内循环的垂直专业化分工的程度越深；值越小，则相反。

3.控制变量

参考现有文献并兼顾数据可得性，在模型中引入以下控制变量：互联网普及率（每万人互联网用户数，INT）、外商投资水平 （人均外商直接投入金额，$PFDI$）、经济发展程度（人均GDP，$PGDP$）、城市化所处进程（城镇人口占比，$CITIEN$）、研发投入水平（研发投入在GDP中的占比，RD）。

（三）描述性统计分析

表2报告了主要变量的描述性统计结果，可以发现，中国每百人所获得的专利授权数量在分析期间均值为0.07，其中，发明专利均值为0.012，实用新型专利均值为0.020，外观设计专利均值为0.038，说明发明专利获取授权的难度是最大的。核心解释变量方面，VSS_{int}均值为0.077，最小值为0.014，最大值为0.252，说明分析期间中国每单位流出商品中所含进口增加值比例均值为7.7%；VSS_{dom}均值为0.150，最小值为0.034，最大值为0.318，说明分析期间中国各地区每单位流出商品中所含国内其他地区增加值比例均值为15%。以上分析说明，一是分析期间中国参与国内循环的垂直专业化水平显著高于国际循环；二是无论是国际循环还是国内循环，中国各地区参与垂直专业化分工水平均存在显著差异。

表2　描述性统计

变量	观察值	均值	方差	最小值	最大值
Patent	4382	0.070	0.193	0.000	3.646
PatentA	4382	0.012	0.041	0.000	0.656
PatentB	4382	0.020	0.068	0.000	1.134
PatentC	4382	0.038	0.102	0.000	1.960
VSS_{int}	4382	0.077	0.050	0.014	0.252
VSS_{dom}	4382	0.150	0.052	0.034	0.318
INT	4357	0.147	0.174	0.000	3.663
PFDI	4194	0.015	0.028	0.000	0.295
PGDP	4081	3.559	3.022	0.010	46.775
CITIEN	4378	0.120	0.123	0.000	3.300
RD	4086	0.179	0.223	0.000	6.310

四 实证结果与分析

（一）基准回归分析

表 3 给出了基准回归结果，第（1）列报告了未加入控制变量的回归结果，第（2）列至第（5）列报告了添加控制变量后的回归结果。其中，第（2）列被解释变量为每百人专利授权量（Patent），第（3）列到第（5）列被解释变量分别为发明专利、实用新型专利和外观设计专利。可以发现，第（1）列 VSS_{int} 和 VSS_{dom} 对于 Patent 的回归系数分别为 -1.767 和 0.331，且均在 1% 的水平上显著。第（2）列加入控制变量后，VSS_{int} 和 VSS_{dom} 的回归系数分别为 -0.906 和 0.203，且同样在 1% 的水平上显著。以上结果说明，中国各地区参与国际垂直专业化分工水平的提高，对其创新有显著的阻碍，即各地区在参与国际垂直专业化分工过程中通过"干中学"和知识溢出对创新产生的促进效应要低于因发达国家技术封锁而带来的抑制效应。此外，以上结果也说明，各地区参与国内垂直专业化分工水平的提高，显著提升了自身科技创新能力。

第（3）列到第（5）列进一步给出各地区参与国际循环和国内循环的垂直专业化分工水平对于三种专利授权的回归结果。可以发现，参与国际垂直专业化分工对于发明专利、实用新型专利和外观设计专利的回归系数分别为 -0.106、-0.381 和 -0.418，且均在 1% 的水平上显著，相反，参与国内垂直专业化分工上述三类专利的回归系数分别为 0.025、0.100 和 0.078，且均在 1% 的水平上显著。以上结果说明，无论是专利授权总量还是针对不同类型专利作为科技创新能力的代理变量，参与国际垂直专业化水平的提高均会显著降低各地区的技术创新能力，相反，各地区参与国内垂直专业化水平的提高，会显著提高自身技术创新能力。此外，以上结果还表明，参与国际垂直专业化分工对于外观设计专利的负面影响最为显著，相反，参与国内垂直专业化分工对于实用新型专利的促进效应最为明显。

表 3 基准回归结果

变量	(1) Patent	(2) Patent	(3) PatentA	(4) PatentB	(5) PatentC
VSS_{int}	-1.767***	-0.906***	-0.106***	-0.381***	-0.418***
	(-22.421)	(-13.153)	(-8.584)	(-11.928)	(-10.184)
VSS_{dom}	0.331***	0.203***	0.025***	0.100***	0.078***
	(7.438)	(5.412)	(3.722)	(5.727)	(3.495)

变量	(1)	(2)	(3)	(4)	(5)
	Patent	Patent	PatentA	PatentB	PatentC
INT		0.097***	0.004	0.034***	0.059***
		(6.685)	(1.399)	(5.055)	(6.850)
PFDI		0.048	0.148***	−0.056	−0.045
		(0.423)	(7.337)	(−1.064)	(−0.667)
PGDP		0.015***	0.004***	0.003***	0.009***
		(12.770)	(17.496)	(5.070)	(12.201)
CITIEN		0.705***	0.104***	0.167***	0.434***
		(22.708)	(18.631)	(11.589)	(23.444)
RD		0.135***	0.022***	0.033***	0.080***
		(15.938)	(14.577)	(8.282)	(15.889)
常数项	0.102***	−0.041***	−0.010***	−0.001	−0.030***
	(9.323)	(−4.195)	(−5.730)	(−0.140)	(−5.200)
样本量	4382	3895	3895	3895	3895
调整R^2值	0.300	0.509	0.473	0.238	0.509

注：*、**、***分别表示在10%、5%、1%的水平上显著，括号内为标准误，下表同。

（二）内生性检验

上文得到的实证结果可能受到内生性问题的影响。一方面，各地区参与国际循环或国内循环的垂直专业化分工会产生溢出效应或加剧地区间竞争，从而进一步影响其科技创新能力。另一方面，各地区的科技创新能力也会对其参与国际或国内循环的垂直专业化分工产生影响。因此，两者存在反向因果关系。此外，上文所得结果可能还会受到遗漏变量的影响，导致核心解释变量与误差项相关，进而引发内生性问题。为此，使用两阶段最小二乘法来缓解上述内生性问题，

使用各省（区、市）周边地区参与国际循环和国内循环的垂直专业化分工水平的滞后一期作为两个核心解释变量的工具变量。一方面，各省（区、市）之间存在相互溢出和竞争关系，周边地区参与国内国际双循环的垂直专业化分工水平会影响其垂直专业化分工水平，因此可以满足相关性要求。另一方面，由于在时间上有所交错，周边地区参与国内国际双循环的垂直专业化分工水平滞后一期均值对于本地区的科技创新能力并不会产生直接影响，满足外生性要求。因此，参照张亚雄和齐舒畅（2012）在编制中国区域间投入产出表时的划分，归为东北地区（黑龙江、吉林和辽宁）、京津地区（北京和天津）、北部沿海地区（河北和山东）、东部沿海地区（上海、江苏和浙江）、南部沿海

地区（福建、广东和海南）、中部区域（山西、河南、安徽、湖北、湖南和江西）、西北区域（内蒙古、陕西、宁夏、甘肃、青海和新疆）、西南区域（四川、重庆、广西、云南、贵州）共八大区域，再以本区域内其他省（区、市）参与国内国际双循环的垂直专业化分工均值滞后项作为工具变量。

表 4 报告了工具变量回归的结果。其中，第一阶段结果显示，对于内生变量 VSS_{int} 而言，$IV1$ 和 $IV2$ 的回归系数均在 1% 的水平上显著，对于内生变量 VSS_{dom} 而言，$IV1$ 和 $IV2$ 的回归系数均在 1% 的水平上显著。第二阶段回归结果显示，无论是专利授权总量还是三类专利授权量，VSS_{int0} 的回归系数均在 1% 的水平上显著为负，同时，VSS_{dom0} 的回归系数在 1% 的水平上显著为正。同时，Anderson Canon Corr LM Statistic 数值为 58.04 并在 1% 的水平上拒绝了识别不足检验，Cragg-Donald Wald F Statistic 为 29.359，超过 10% 水平的临界值，表明弱工具变量和外生性检验均得以通过。以上结果说明，在使用工具变量缓解了潜在内生性问题之后，本文的结论依然成立，进一步说明本文实证结果是稳健的。

表4 内生性问题的处理

变量	(1) VSS_{int}	(2) VSS_{dom}	(3) Patent	(4) PatentA	(5) PatentB	(6) PatentC
IV1	0.141***	−0.154***				
	(6.290)	(−3.840)				
IV2	−0.097***	−0.324***				
	(−7.610)	(−14.210)				
VSS_{int0}			−8.186***	−0.807***	−2.936***	−4.443***
			(−7.310)	(−5.890)	(−7.050)	(−6.940)
VSS_{dom0}			2.151***	0.292***	0.594***	1.265***
			(5.600)	(6.210)	(4.160)	(5.760)
控制变量	是	是	是	是	是	是
时间固定效应	是	是	是	是	是	是
城市固定效应	是	是	是	是	是	是
样本量	3781	3781	3650	3696	3690	3750
调整 R^2 值	0.604	0.497	0.495	0.478	0.210	0.500

（三）稳健性检验

1.替换被解释变量

现有文献一般采用多种方式测算地区科技创新能力，为确保实证结果的可靠性，进一步采用发明专利申请数量作为替代性测算指标做稳健性检验。表5第（1）列给出了替换被解释变量后的结果，发现所得回归系数符号不变并显著，说明所得结果较为稳健。

2.替换核心解释变量

本文借鉴陈全润等（2022）的测度方法，测算得到各地区在国内国际双循环体系下的参与度。与垂直专业化分工指标基于贸易数据不同，国内国际双循环参与度指标基于最终需求角度，分别以我国各地区依赖国内最终需求和国外最终需求所诱发的增加值所占比重来衡量各地区经济参与国内循环与国际循环的相对水平。表5第（2）列给出了替换核心解释变量后的结果，发现所得回归系数符号不变并在1%水平上显著，说明实证结果较为稳健。

3.排除金融危机冲击带来的影响

考虑到在分析期间美国爆发金融危机并席卷全球，对中国经济也带来巨大的冲击。为了避免国际金融危机带来的影响，我国加大投资力度，这可能导致各地区的科技创新活动受到一定影响。为避免外部冲击带来的影响，剔除了2008年的数据，并用剔除后的数据进行回归分析。表5中第（3）列给出了回归结果，发现与表3相比，表5中所得回归系数符号不变并在1%水平上显著，说明实证结果依然稳健。

4.排除特大型城市创新活动带来的影响

考虑到创新活动具有空间集聚的特点。对于大城市而言，由于拥有更好的基础设施、人力资本和科教资源，无论是创新投入还是创新产出均要远远高于中小城市。为了避免创新活动集聚在特大型城市带来的影响，剔除四大直辖市在分析期间的相关数据，用剩余的数据进行回归，所得结果如表5第（4）列所示，可以发现，在剔除特大城市样本的情况下，实证结果保持稳健。

表5 稳健性检验

变量	（1）更换被解释变量	（2）更换解释变量	（3）剔除国际金融危机的影响	（4）剔除特大城市的影响
VSS_{int}	-0.386^{***}		-0.888^{***}	-0.864^{***}
	(-10.678)		(-12.525)	(-12.569)
VSS_{dom}	0.083^{***}		0.216^{***}	0.192^{***}
	(4.189)		(5.561)	(5.141)
$External$		-0.915^{***}		
		(-9.131)		
$Internal$		0.162^{***}		
		(7.428)		

续表

变量	(1) 更换被解释变量	(2) 更换解释变量	(3) 剔除国际金融危机的影响	(4) 剔除特大城市的影响
常数项	−0.018***	−0.063***	−0.043***	−0.041***
	(−3.595)	(−8.219)	(−4.309)	(−4.313)
控制变量	是	是	是	是
时间固定效应	是	是	是	是
地区固定效应	是	是	是	是
样本量	3895	3895	3637	3852
调整 R^2 值	0.485	0.496	0.508	0.504

（四）异质性分析

1.地理位置

地理位置是影响地区参与国际和国内循环的垂直专业化分工的关键因素。在构建国家价值链进而形成国内垂直分工体系的过程中，东部地区在国家价值链中处于主导地位，由此推测，科学技术和相关知识在国内分工体系中是从东部地区溢出到中西部地区，国内垂直专业化分工更有利于中西部地区技术创新能力提高。表6中第（1）列结果显示，对于中西部地区而言，参与国际循环的垂直专业化分工显著阻碍创新，相反，参与国内循环的垂直专业化分工明显提升创新水平。与中西部地区不同，表6中第（2）列结果显示，东部地区参与国际循环的垂直专业化分工同样对其创新产生负面影响，但相关系数要比中西部地区低得多。此外，参与国内循环的垂直专业化分工对东部地区创新的影响为正，但并不显著，与中西部地区相比存在明显差异。

2.城市规模

除了地理位置之外，城市规模也是影响地区垂直专业化分工水平和创新能力的重要因素。

一方面，市场规模是专业化分工的前提条件，只有市场达到了一定规模，专业化分工取得的收益才会高于沟通成本；另一方面，创新本身具有空间集聚效应，可以推动知识流动和技术溢出。表6中第（3）~（4）列给出不同城市规模的异质性检验结果，可以发现，对于国际垂直分工体系而言，无论是人口规模大于等于500万人的城市还是人口规模小于500万人的城市，参与国际循环的垂直专业化分工都对其创新产生负面影响，其中，对于前者的影响程度相对于后者要低一些。相反，对于中小型城市而言，参与国内循环的垂直分工体系会显著提升其技术创新能力，但对于大型城市而言，参与国内循环的垂直分工体系对其创新的影响为正但不显著，说明国内循环更有利于中小型城市科技创新能力的提升。

表6　异质性检验

变量	（1）	（2）	（3）	（4）
	地理位置		城市规模	
	中西部地区	东部地区	人口规模（<500万人）	人口规模（≥500万人）
VSS_{int}	−1.462***	−0.458***	−1.184***	−0.417***
	(−11.357)	(−5.598)	(−12.440)	(−4.275)
VSS_{dom}	0.351***	0.034	0.292***	0.075
	(6.519)	(0.621)	(5.936)	(1.319)
控制变量	是	是	是	是
时间固定效应	是	是	是	是
地区固定效应	是	是	是	是
样本量	2090	1805	2474	1421
调整 R^2 值	0.497	0.568	0.488	0.586

五　进一步的分析

（一）调节效应研究

调节效应是指原因影响结果的强度会因个体特征或环境条件不同而异，这种特征或条件可称为调节变量（江艇，2022）。本文选择两个调节变量，一是地区工业增加值在本地区增加值总量中所占比例，二是地区FDI规模以上工业总产值在本地区工业总产值中的占比，相应的调节效应方程设立如下：

$$Patent_{it} = c + \beta_1 VSS_{int} + \beta_2 VSS_{dom} + \beta_3 VSS_{int} \times \left[Avar - mean（Avar）\right]$$
$$+\beta_4 VSS_{int} \times \left[Avar - mean（Avar）\right] + \beta_5 Avar + \sum \beta_k Controls_{it} \quad (11)$$
$$+year + city + \varepsilon_{it}$$

本文所使用的第一个调节变量为地区工业增加值占比（$M1$），用相应地区的工业增加值在同一年份地区增加值总量中所占比例计算得到。表7给出了基于公式（11）进行回归所得到的调节效应估算结果。第（1）列表明，国际循环的垂直专业化分工系数显著为负，与调节变量劳动生产率的交叉项系数为负，且在1%的水平上显著。由于公式（11）中交叉项进行了去中心化处理，回归结果说明，对于地区工业增加值占比处于平均水平的城市而言，参与国际循环的垂直专业化分工对其创新产生抑制效应，且该抑制效应随着地区工业增加值占比的提高而有所增强。换句话说，地区工业增加值占比越高的城市，就越有可能被锁定在全球价值链的低端位置，难以向"微笑的曲线"两端攀升，究其原因，与中国长期以来在全球价值链分工体系中所承担的功能有关，一个城市工业增加值占比越高，越有可能作为区域制造业中心承接来自国际的订单，从而被锁定在全球价值链低端位置的概率就越大，制约了其创新能力的提升。对于国内循环的垂直专业化分工而言，其系数为正，与调节变量劳动生产率的交叉项系数为负但不显著，说明地区工业增加值占比的提高并没有提高该城市因参与国内分工而对科技创新能力提升带来的促进效应。

表7　调节效应检验（以地区工业增加值占比作为调节变量）

变量	(1) *Patent*	(2) *PatentA*	(3) *PatentB*	(4) *PatentC*
VSS_{int}	−0.857***	−0.098***	−0.365***	−0.395***
	(−12.970)	(−8.249)	(−11.652)	(−9.870)
VSS_{dom}	0.152***	0.015**	0.085***	0.053**
	(4.189)	(2.252)	(4.921)	(2.410)
$inter\_VSS_{int}$	−0.068***	−0.009***	−0.024***	−0.034***
	(−14.400)	(−10.971)	(−10.900)	(−12.000)
$inter\_VSS_{dom}$	−0.002	−0.002***	0.001	−0.002
	(−0.680)	(−3.090)	(0.940)	(−0.940)
$M1$	0.002***	0.000***	0.001*	0.001***
	(3.450)	(2.630)	(1.810)	(3.500)
常数项	−0.136***	−0.023***	−0.023	−0.090***
	(−4.350)	(−4.090)	(−1.580)	(−4.740)
样本量	3891	3891	3891	3891
调整 R^2 值	0.550	0.513	0.274	0.537

本文所使用的第二个调节变量为地区 FDI 规上工业总产值占比（*M2*），用相应地区的规模以上 FDI 工业总产值在同一年份工业总产值中所占比例计算得到。表8给出了相应的调节效应估算结果。第（1）列数据显示，国际循环的垂直专业化分工系数显著为负，与调节变量劳动生产率的交叉项系数为负；相反，国内循环的垂直专业化分工系数显著为正，与调节变量劳动生产率的交叉项系数为正，且都在 1% 的水平上显著。回归结果说明，无论是参与国际循环的垂直专业化分工对创新产生的抑制效应，抑或是参与国内循环的垂直专业化分工对创新产生的促进效应，都会随着地区 FDI 规上工业总产值占比的提高而有所增强。如何对此给出合理解释？这应与外商投资企业在中国境内生产经营的特性有关。长期以来，部分 FDI 利用中国低价劳动力资源和较为完善的基础设施，在中国设立组装工厂，而将研发中心和市场中心设在境外，以参与国际分工为主，先进技术

难以向周边企业溢出，导致抑制效应随着地区 FDI 规上工业总产值占比的提高而有所增强。但随着中国市场的快速发展，部分 FDI 企业以满足国内市场需求为经营目标，并通过"技术换市场"等方式，向中方合作企业转移先进技术，从而促进当地企业创新。

表 8　调节效应检验（以地区 FDI 规上工业总产值占比作为调节变量）

变量	(1)	(2)	(3)	(4)
	Patent	PatentA	PatentB	PatentC
VSS_{int}	−0.273***	−0.046**	−0.160***	−0.067***
	(−4.278)	(−2.421)	(−4.850)	(−2.640)
VSS_{dom}	0.120***	0.027***	0.056***	0.036***
	(4.600)	(3.561)	(4.152)	(3.520)
$inter\_VSS_{int}$	−0.600**	−0.554***	0.179	−0.225**
	(−2.210)	(−6.870)	(1.261)	(−2.091)
$inter\_VSS_{dom}$	0.856***	0.243***	0.235***	0.378***
	(5.130)	(4.921)	(2.712)	(5.731)
M2	−0.026	0.008	−0.013	−0.020
	(−0.661)	(0.682)	(−0.661)	(−1.300)
常数项	−0.021***	−0.006**	−0.005	−0.011***
	(−2.821)	(−2.561)	(−1.270)	(−3.552)
样本量	1963	1963	1963	1963
调整 R^2 值	0.387	0.352	0.219	0.459

（二）渠道检验

根据上文的理论分析，参与国际循环的垂直专业化分工可能会使得发展中国家（地区）通过减少科研投入或者挤出人力资本两条渠道，削弱自身的科技创新能力。基于此，本部分将尝试对上述潜在渠道进行检验，具体过程如下：首先，检验核心解释变量是否作用于中介变量（M）；其次，进一步检验 M 对被解释变量的影响，从而为相关的因果效应提供证据支撑。利用以下计量模型来检验影响渠道：

$$Channel_{it} = c + \beta_1 VSS_{int} + \beta_2 VSS_{dom} + \sum \beta_k Contrls_{it} + Year + City + \varepsilon_{it} \qquad (12)$$

式中，$Channel_{it}$ 为相关城市的人均教育经费支出（PEDU）或人均科学技术支出（PRD），其他变量定义不变。本文之所以选择以上变量进行渠道分析，是因为在中国特色社会主义市场经济体系中，地方政府扮演着极其重要的角色，当地在国际分工体系和国内分工体系中所处的位置，会影响到地方政府的财政收入和支出，从而对科学研究和教育经费支出产生影响，最终影响到本地的技术创新能力。

表 9 中第（1）~（4）列给出了相关的渠道检验结果。从第（1）列和第（3）列可以发现，对于人均教育经费支出（*PEDU*）和人均科学技术支出（*PRD*）而言，参与国际循环的垂直分工的回归系数分别为 -1.692 和 -1.441，相反，参与国内循环的垂直专业化分工的回归系数分别为 0.807 和 0.574，且均在 1% 的水平上显著，说明某地区参与国际循环的垂直专业化分工在对该地区人力资本积累和科研活动产生负面影响的同时，参与国内循环的垂直专业化分工将有效促进该地区的人力资本积累和科研活动。第（2）列和第（4）列进一步给出人均教育经费支出和人均科学技术支出对于专利授权数量的影响，发现相关系数分别为 0.167 和 0.203，且均在 1% 的水平上显著，从而为参与国际循环和国内循环垂直专业化分工通过影响人力资本积累和科学技术活动两条渠道来进一步影响本地区科技创新能力的因果效应提供了有力的证据。

表9　渠道检验的相关结果

变量	(1)	(2)	(3)	(4)
	PEDU	*Patent*	*PRD*	*Patent*
VSS_{int}	-1.692***		-1.441***	
	(-7.310)		(-7.410)	
VSS_{dom}	0.807***		0.574***	
	(6.390)		(5.400)	
PEDU		0.167***		
		(39.910)		
PRD				0.203***
				(43.891)
控制变量	是	是	是	是
时间固定效应	是	是	是	是
城市固定效应	是	是	是	是
样本量	3895	3895	3888	3888
调整 R^2 值	0.844	0.642	0.500	0.664

六　结论与政策建议

经济全球化以来，大量文献关注发展中国家参与国际分工对自身创新发展带来的影响，较少有学者针对国内地区间分工是否促进创新展开深入的分析。本文利用 2003~

2018年中国地级市层面的数据，探索各地区参与国际循环和国内循环的垂直专业化分工水平对其创新的影响，得到以下结论。第一，各地区参与国际循环的垂直专业化分工水平的提高，对其创新有显著的阻碍，相反，参与国内循环的垂直专业化分工水平的提高，会显著提升其技术创新能力。第二，对于中西部地区和大量的中小城市而言，参与国际循环的垂直专业化分工对其创新的抑制效应较为明显，但同时参与国内循环的垂直专业化分工对其创新的促进效应较为显著。对于东部地区和大中型城市而言，参与国际循环的垂直专业化分工对于其创新的抑制效应要小些，参与国内循环的垂直专业化分工对其创新的促进效应并不明显。第三，调节检验表明，参与国际循环的垂直专业化分工对创新的抑制效应随着地区工业增加值占比的提高而有所增强，即工业增加值占比越高的城市，就越有可能被锁定在全球价值链的低端位置而难以升级。此外，无论是参与国际循环的垂直专业化分工对创新的抑制效应，还是参与国内循环的垂直专业化分工对创新产生的促进效应，都会随着地区FDI规上工业总产值占比的提高而有所增强。第四，中介效应表明，参与国际分工和国内分工主要通过人力资本积累和科学技术活动两条渠道对地区的科技创新产生影响。

基于本文所得出的研究结论，提出以下政策建议。

第一，充分发挥中国超大市场规模优势和内需潜力。在改革开放过程中，由于市场分割现象长期存在，市场信号失真，无法实现生产要素最优配置，制约企业科技创新能力的提升，对此，具体建议包括：一是通过全国统一大市场的建设，消除地方保护和市场分割，清除制约生产要素流通的体制机制障碍，地方政府要减少对经济活动的直接干预，从"运动员"角色向市场秩序监管者和公共服务提供者角度转变。二是在新一轮科技革命背景下，地方政府要通过共建科技资源数字平台，促进科技资源在不同地区间的流动，提升科技资源配置效率，同时加强企业与科研院所的互动，提高科技成果转化率。三是随着经济进入新的发展阶段，人民生活水平大幅提高，市场需求也发生了明显的改变，鼓励企业顺应市场的多样化、个性化需求，精准把握市场变化趋势，在满足市场需求的过程中持续提升自身创新能力。

第二，要通过提升自主创新助力国内国际双循环畅通。国内国际双循环是一个相互促进、相互影响的经济体系。在参与国际分工过程中，以中国为代表的发展中国家虽然能够实现由工艺创新到产品创新的升级，但是在功能创新升级或链条升级方面受到发达国家的打压。因此，必须通过自主创新，加快关键环节的进口替代，在提升产业链安全性的同时，推动企业在全球价值链中转型升级，具体措施包括：一是充分发挥新型举国体制优势，加强对关键技术研究的支持，通过设立国家科技重大专项基金，支持集成电路、人工智能、生物医药等关键领域的研发，在此过程中要引导企业加大研发投入，鼓励社会资本参与。二是要充分发挥我国市场规模巨大、科技应用场景丰富的优势，在新一轮科技竞争中率先取得突破，实现功能创新升级和链条升级。三是鼓励企业在科技创新过程中"引进来、走出去"。所谓"引进来"，就是指吸引跨国企业来华设立研发中心，促进国内外创新资源的对接和融合；所谓"走出去"，就是鼓励中国企业积极参与全球科技创新合作，共同开展前沿技术研究和关键技术攻关。

第三，进一步扩大开放并在国际舞台上承担更重要的角色。随着经济发展进入新的阶段，资源禀赋和比较优势已经发生变化，原先"两头在外"的贸易方式已不能适应创新驱动发展战略要求。因此，中国要通过国内分工体系的构建培育新的国际竞争优势，提高自身在全球经济循环体系中的话语权和主导权，具体建议包括：一是抓住新一轮科技革命带来的机遇，在新质生产力导向下加强现代产业体系建设，利用本土市场规模优势，培育具有世界影响力的科技领军企业，并以点带面，带动中国企业整体向全球价值链"微笑的曲线"两端攀升。二是在当前全球化出现波动的背景下，积极扩大对外开放，打造透明稳定可预期的制度环境，增强国际投资者的信心，吸引更多外资和先进技术进入，同时鼓励更多的中国企业"走出去"，优化产业链供应链的国际布局。三是积极维护以世界贸易组织为核心的多边贸易体系，反对各种形式的贸易保护主义，在全球安全治理、气候变化等重大问题上贡献中国智慧和方案，推动构建人类命运共同体。

参考文献

［1］陈爱贞、陈凤兰、何诚颖，2021，《产业链关联与企业创新》，《中国工业经济》第 9 期。

［2］陈全润、许健、夏炎、季康先，2022，《国内国际双循环的测度方法及我国双循环格局演变趋势分析》，《中国管理科学》第 1 期。

［3］曹希广，2021，《全球价值链下的产业集聚：机理及效应研究》，上海财经大学博士学位论文。

［4］戴翔、金碚，2021，《构建双循环新发展格局的理论逻辑——基于全球分工演进视角》，《开放导报》第 5 期。

［5］葛扬、尹紫翔，2021，《我国构建"双循环"新发展格局的理论分析》，《理论问题》第 4 期。

［6］葛和平、吴福象，2017，《垂直专业化、核心技术创新与自主品牌创建——基于产业集群中我国本土企业创新行为视角》，《济南大学学报（社会科学版）》第 3 期。

［7］黄群慧，2021，《"双循环"新发展格局：深刻内涵、时代背景与形成建议》，《北京工业大学学报（社会科学版）》第 1 期。

［8］江艇，2022，《因果推断经验研究中的中介效应与调节效应》，《中国工业经济》第 5 期。

［9］李静、楠玉，2016，《垂直专业化"挤出效应"与技术进步迟滞》，《国际贸易问题》第 11 期。

［10］刘瑞翔、徐瑾，2022，《国内外双循环体系下的贸易核算：一种新型框架及其应用》，《统计研究》第6期。

［11］刘志彪、张杰，2007，《全球代工体系下发展中国家俘获型网络的形成、突破与对策——基于GVC与NVC的比较视角》，《中国工业经济》第5期。

［12］刘志彪、张少军，2008，《中国地区差距及其纠偏：全球价值链和国内价值链的视角》，《学术月刊》第5期。

［13］刘志彪，2020，《重塑中国经济内外循环的新逻辑》，《探索与争鸣》第7期。

［14］吕越、包雅楠，2019，《国内价值链长度与制造业企业创新——兼论中国制造的"低端锁定"破局》，《中南财经政法大学学报》第3期。

［15］倪红福，2020，《构建新发展格局，保障经济行稳致远》，《时事资料手册》第5期。

［16］沈春苗，2016，《垂直专业化分工对技能偏向性技术进步的影响——基于我国制造业细分行业的实证研究》，《国际贸易问题》第2期。

［17］沈国兵、于欢，2017，《中国企业参与垂直分工会促进其技术创新吗?》，《数量经济技术经济研究》第12期。

［18］姚志毅、张亚斌、李德阳，2010，《参与国际分工对中国技术进步和技术效率的长期均衡效应》，《数量经济技术经济研究》第6期。

［19］王俊，2013，《跨国外包体系中的技术溢出与承接国技术创新》，《中国社会科学》第9期。

［20］张小蒂、孙景蔚，2006，《基于垂直专业化分工的中国产业国际竞争力分析》，《世界经济》第5期。

［21］王直、魏尚进、祝坤福，2015，《总贸易核算法：官方贸易统计与全球价值链的度量》，《中国社会科学》第9期。

［22］张亚雄、齐舒畅主编，2012，《2002年、2007年中国区域间投入产出表》，中国统计出版社。

［23］张杰、陈志远、刘元春，2013，《中国出口国内附加值的测算与变化机制》，《经济研究》第10期。

［24］张杰、郑文平，2017，《全球价值链下中国本土企业的创新效应》，《经济研究》第3期。

［25］赵坚，2023，《创新与分工推动经济增长的内在机制——兼评Romer和杨小凯的分工模型》，《北京交通大学学报（社会科学版）》第2期。

［26］Amiti Mary, OlegItskhoki, Jozef Konings. 2014. "Importers, Exporters, and Exchange Rate Disconnect." *American Economic Review* 104(7).

［27］Cruz A., Newman C., Rand J. 2017. "Learning by Exporting: The Case of Mozambican Manufacturing." *Journal of African Economics* 26(1):93-118.

［28］Fritsch Ursula, Holger Gorg. 2015. "Outsourcing , Importing and Innovation: Evidence from Firm-leval Data for Emerging Economies." *Review of International Economics* 23(4):687-714.

［29］Gibbon P., Bair J., Ponte S. 2008. "Governing Global Value Chains: An Introduction." *Economy and Society* 37(3):315-338.

［30］Grossman G. M., Helpman E. 2002. "Integration versus Outsourcing in Industry Equilibrium." *Quarterly Journal of Economics* 117:85-120.

［31］ Humphrey J.,Schmitz H. 2002."How Does Insertion in Global Value Chains Affect Upgrading in Industrial Clusters?"*Regional Studies* 36:1017-2017.

［32］ Hummels David,Ishii Jun,Yi Kei-Mu.2001."The Nature and Growth of Vertical Specialization in World Trade." *Journal of International Economics* 86: 224-236.

［33］ Koopman R., Wang Zhi Wei, Shang-Jin. 2014. "Tracing Value-added and Double Counting in Gross Exports." *American Economic Review* 104(2):459-494.

［34］ Romer P. M.1986."Increasing Returns and Long-Run Growth."*Journal of Political Economics* 94:1002-1037.

［35］ Romer P. M.1990."Endogenous Technological Change."*Journal of Political Economics* 98(5): 71-102.

［36］ Schmitz H. 2004. "Local Upgrading in Global Chains: Recent Findings." Paper to be Presented at the DRUID Summer Conference.

［37］ Wang Zhi Wei,Shang-Jin,Zhu Kunfu.2018."Quantifying International Production Sharing at the Bilateral and Sector Levels."NEBR Working Paper No. 19677.

［38］ Upward R., Wang Z., Zheng J. 2012. "WeighingChina's Export Basket: The Domestic Content and Technology Intensity of Chinese Exports."*Journal of Comparative Economics*.

（责任编辑：李兆辰）

银行聚类竞争行为与企业杠杆调整速度：信息假说视角

欧阳红兵　刘晓军　赵　玥　黄　亢*

摘　要： 在中国经济高质量发展背景下，防范化解金融风险、优化企业资本结构已成为政策重点，而商业银行作为企业外部融资的主要渠道，其日益激烈的竞争行为对企业杠杆调整速度的影响尤为关键。本文基于资本结构动态权衡理论，从商业银行分支机构的地理聚类分布视角刻画了企业所面临的银行竞争水平，并实证检验了其对企业杠杆调整速度的影响及其作用机制。研究发现，商业银行竞争加剧显著减缓了企业杠杆调整速度，特别是融资不足的企业。此外，去杠杆政策通过商业银行竞争路径进一步放大了这一负面影响。机制检验支持了信息假说观点，即银行竞争加剧使企业的外部融资约束趋紧，从而增加了杠杆调整成本。异质性分析表明，在银行竞争日益激烈的背景下，企业的信息成本对杠杆调整速度起到了关键作用，特别是在文本信息操纵和盈余管理方面。而国有企业由于在银企信贷过程中的潜在信用优势，相较于民营企业受到的负面影响较小。本文的研究不仅为商业银行竞争加剧背景下的银企信贷行为及其对杠杆调整的影响提供了新的经验证据，也为优化我国金融市场资源配置、提升银企信贷质量提供了重要的政策参考。

关键词： 杠杆调整速度　银行竞争　去杠杆政策　地理分布　信息假说

一　引言

在中国经济高质量发展背景下，防范化解金融风险、优化企业资本结构成为政策制定者和学术界关注的焦点。党的二十大报告明确提出，深化金融体制改革，健全资本市场功能，提高直接融资比重，而2024年中央经济工作会议进一步强调了要有效防范化解重点领域风险，统筹好经济增长与债务风险的关系。在这一政策背景下，企业杠杆调整问题显得尤为重要。一方面，部分企业杠杆水平过高，导致财务风险不断积累，亟须通

---

*　欧阳红兵，教授，华中科技大学经济学院，电子邮箱：ouyanghb@126.com；刘晓军，讲师，江西财经大学金融学院，电子邮箱：kulxj4710@outlook.com；赵玥，硕士研究生，华中科技大学经济学院，电子邮箱：m202274395@hust.edu.cn；黄亢，博士，华中科技大学经济学院，电子邮箱：huangkang@hust.edu.cn。感谢匿名审稿专家的宝贵意见，文责自负。

过去杠杆实现资本结构优化；另一方面，大多数中小企业杠杆水平偏低，制约了融资能力和发展潜力。这使得企业杠杆调整问题不仅直接影响微观层面的资源配置效率，还关系到宏观层面的金融风险防范与经济结构转型。在资本结构动态权衡理论的框架下，企业通常寻求最优杠杆水平以实现自身价值最大化。然而，受摩擦和调整成本的制约，企业的资本结构往往偏离这一目标，需要通过动态调整以恢复平衡。在这一过程中，杠杆调整速度成为关键因素：过快的调整可能导致企业流动性压力骤增，过慢的调整则可能延缓资本结构优化进程，进而影响企业价值创造与金融风险防控。商业银行作为企业外部融资的主要渠道，其竞争水平对企业杠杆调整速度的影响不容忽视。在中国银行业竞争日益激烈以及去杠杆政策不断推进的背景下，探讨银行竞争与企业杠杆调整的关系，不仅有助于优化信贷资源配置、提升企业经营效率，也能够为推动金融体系稳定与经济高质量发展提供重要参考。

自加入 WTO 以来，我国政府积极采取措施提升银行竞争的市场化程度，特别是银保监会于 2006 年和 2009 年先后放松了对股份制商业银行和城市商业银行分支机构的市场准入条件，以提升银行业竞争水平。如图 1 所示，2005~2023 年，我国各地级市商业银行分支机构数量显著增加，从 2005 年末的 116504 家（平均每市 398 家）增长至 2023 年末的 241800 家（平均每市 825 家）。然而，随着经济的持续发展，商业银行分支机构的增速逐渐放缓，尤其是 2009~2012 年增长率稳定在每年 5% 左右，2012 年之后的增速进一步降低。这一趋势与 2015 年底我国政府推出的去杠杆政策密切相关，该政策旨在抑制企业过高的杠杆水平并促进合理的负债结构。尽管银行分支机构数量增长趋缓，但激烈的市场竞争导致银行争夺优质客户的压力加大，预示着银行业竞争已进入新的动态平衡阶段。

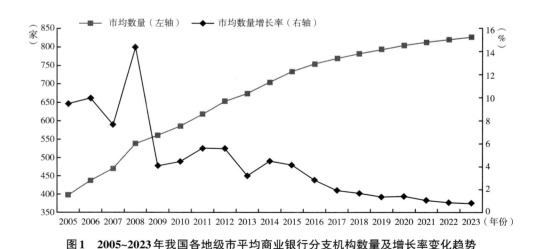

图1　2005~2023 年我国各地级市平均商业银行分支机构数量及增长率变化趋势

数据来源：中国银保监会金融许可证信息数据库，基于批准日期手工整理所得，不同统计口径下可能存在差异。

已有多项研究探讨了商业银行竞争水平与企业融资约束、债务获取及杠杆调整速度之间的关系（Jiang等，2017；边文龙等，2017；姜付秀等，2019；李志生等，2020）。研究普遍支持"市场力假说"，认为银行竞争加剧有助于企业获得更多的信贷资源，从而加快杠杆调整速度。然而，"信息假说"则指出，激烈的银行竞争可能加剧银企之间的信息不对称，削弱关系型借贷业务，进而加剧企业的融资约束。实际上，银行竞争的加剧对企业和银行而言都具有"双刃剑"效应：对于企业而言，银行竞争可以增加市场信贷资源供给，有助于部分企业缓解融资难题；但在激烈的竞争环境下，银行为规避风险可能会更加谨慎地选择优质客户，信用等级较低的企业仍然面临融资困境。此外，银行间争夺市场资源的成本上升，可能通过提高贷款利率的方式转嫁给企业，使其融资成本增加。对于银行而言，竞争环境下客户的质量尤为重要，过度争夺市场份额可能引发"赢家诅咒"，即为了争取客户而降低审核标准，从而吸引高风险客户，导致信用损失风险上升。特别是在杠杆调整过程中，银行对不同杠杆水平企业的信贷偏好会影响其信贷政策：对于杠杆过高的企业，银行可能出于规避风险考虑而减少信贷支持，企业出于流动性压力可能会选择其他方式（如资产出售、减少投资等）去杠杆，由此增加了其调整成本；而对于杠杆过低的企业，信息成本和逆向选择问题会导致更高的融资成本，抑制其杠杆水平提升（邓超等，2010；左月华等，2022）。在此背景下，银行竞争对企业杠杆调整速度的影响仍存在显著的不确定性。通过深入探讨银行竞争在动态权衡过程中的作用，本文旨在揭示信息不对称与政策变化条件下银行信贷资源配置机制，并为金融资源的优化分配、企业高效杠杆调整及政策制定提供理论依据与实践指导。

本文从商业银行分支机构的地理聚类分布特征出发，结合银行竞争行为的特点，更为精准地衡量了商业银行竞争水平，并检验其对企业杠杆调整速度的影响。以2007~2019年A股上市公司为研究样本，结合中国银保监会金融许可证信息数据库中的商业银行分支机构地理信息，构建具有明确经济含义的银行竞争测度指标。基于局部调整模型，本文检验了商业银行竞争对企业杠杆调整速度的影响机制。研究发现，商业银行竞争加剧会显著减缓上市公司的杠杆调整速度，特别是融资受限的企业，这反映出我国商业银行倾向于"锦上添花"而非"雪中送炭"。同时，进一步考虑了去杠杆政策的作用，发现该政策整体上有助于企业更快向最优杠杆水平调整，但通过加剧银行竞争也间接减缓了杠杆调整速度。为了深入探究这一影响机制，在动态权衡理论框架下验证了商业银行竞争并未有效缓解融资约束，支持了信息假说的观点。异质性检验显示，随着银行竞争日趋激烈，传统的商业信用信号逐渐失效，企业更可能通过操纵财务或文本信息进行次优决策，导致银企信贷关系中的囚徒困境。在市场化程度较高的地区，银行竞争对杠杆调整速度的负面影响更加显著，反映出中国银行业竞争进入"赢家诅咒"阶段。此外，国有企业由于在信贷市场中的信用优势，相较于民营企业受银行竞争影响对杠杆调整的负面效应较弱。本文还发现，银行竞争加剧客观上推动了企业杠杆水平整体提升，这与李志生等（2020）的结论一致。然而，去杠杆政策通过银行竞争抑制了实际融资不足企业的杠杆水平，使其更偏离最优杠杆，这与杠杆调整速度减缓相呼应，进一步佐证了商业银行较少"雪中送炭"的观点。

本文的贡献主要体现在以下三个方面。第一，从信息假说的视角探讨了银行竞争与企业杠杆调整速度之间的关系，进一步拓展了资本结构动态调整的理论框架。已有研究关注影响企业杠杆调整速度的多种因素，包括外部宏观环境（Öztekin，2015；Halling等，2016）、内部公司治理（Elsas等，2014；Dang等，2019）和股票市场因素（Warr等，2012；An等，2021）。相较之下，本文将银行竞争行为纳入资本结构动态权衡理论，重点分析其如何通过信息不对称和融资成本上升来影响企业杠杆调整速度。通过对银行竞争的深入分析，本文发现，银行竞争加剧会减缓企业的杠杆调整速度，尤其是融资约束较强的企业。这一发现为理解银行竞争对企业资本结构调整行为的影响提供了新的理论支持，并丰富了对杠杆决策的研究。以往文献往往将杠杆决策与杠杆操纵视为相对独立的过程，而本文揭示了银行竞争作为外部因素对这些决策的影响，凸显了银行在企业杠杆操纵行为中的潜在角色。此外，结合中国特色的去杠杆政策背景，本文探讨了政策对企业杠杆调整速度的影响及其与银行竞争之间的互动效应。研究发现，去杠杆政策不仅直接促进企业加快杠杆调整速度，还通过增加银行在竞争中的信贷筛选成本，间接加剧企业的融资约束，进一步减缓杠杆调整速度。这揭示了政策实施与银行竞争之间的复杂互动效应，为金融监管政策的制定提供了重要启示。

第二，本研究借助较为外生的商业银行分支机构地理分布信息，基于地理聚类分布特征视角，结合商业银行分支机构竞争行为特点，构建商业银行竞争指标。这一指标不仅具备理论创新性，还具有重要的实践意义。与以往相似情景下的研究方法不同，比如采用省级层面市场化程度指标刻画银行竞争（Jiang等，2017）、赫芬达尔-赫希曼指数（HHI）（姜付秀等，2019）或单纯考虑银行分支机构数量（李志生等，2020），本文通过识别上市公司企业—年维度的时变微观指标，能够更为精准地捕捉到企业所面临的银行竞争差异。这种微观视角的变化使得研究更为贴近实际，有助于从个体企业的角度理解银行竞争对融资环境的影响。此外，本文的指标还考虑了银企空间距离对企业信贷的影响（Petersen 和 Rajan，2002；Alessandrini 等，2009；Zhao 和 Jones-Evans，2017；钱雪松等，2017），提供了更为全面的视角。当企业周边不同银行的混乱程度越高，且与企业的距离越短时，商业银行竞争程度对企业信贷融资的影响越大。这一发现表明，地理位置与竞争程度的结合在理解信贷供给的动态变化中发挥了重要作用，为金融机构和政策制定者提供了新的思考框架。该指标的建立和应用不仅丰富了银行竞争的研究，也为后续研究提供了启发。

第三，本研究具有显著的现实指导意义。基于中国新兴市场的发展经验，结合当前中国金融市场的阶段性特征，本文深入分析了银行竞争加剧对企业杠杆调整速度的影响，特别是在去杠杆政策背景下的作用机制。与发达国家的相关研究不同，本研究结果揭示了中国市场的独特性，尤其是在中小企业普遍面临融资难、融资贵问题的背景下，银行竞争加剧不仅未能有效缓解企业的融资约束，反而在某些情况下增加了杠杆调整的困难。这部分解释了中国金融体系在服务实体经济时效率不足的原因。银行竞争与企业杠杆调整的关系陷入了"两难"境地：一方面，随着我国商业银行竞争日益激烈，单个银行面临更大的经营压力。为了避免"赢家诅咒"，银行需要更加慎重地放贷，并依赖更复杂的企业信息搜集和挖掘。另一方面，企业在应对外部激烈的银行竞争时，可能通过操纵文本信息和财务信息来获得信贷资源，这也增加了违约的潜在风险，从而进一步加剧了银行的经营风险。为避免银企信贷关系中可能出现的"囚徒困境"，本文建议当前政策应优先向融资不足的企业，尤其是中小企业和民营企业倾斜，以缓解其融资约束。同时，改进企业信息披露规则，加强银行对企业信息的甄别能力，这将有助于银行更加科学的做出信贷决策，缓解企业在杠杆调整中的困境，并有效应对激烈的竞争带来的潜在风险。

二 文献回顾与研究假设

（一）文献回顾

1.企业杠杆调整的影响因素

基于资本结构的动态权衡理论，企业会围绕最优杠杆水平进行调整，但实际操作中受各种摩擦和调整成本的影响，杠杆调整速度不尽相同。现有研究从多角度探讨了企业杠杆调整速度的影响因素。Strebulaev（2007）提出，较高的交易成本会降低企业调整资本结构的频率。其他研究则从外部宏观环境和内部企业特征出发，分析了对杠杆调整速度的影响。外部宏观因素包括宏观经济条件、商业周期、制度环境、国家监管的有效性等（Öztekin 和 Flannery，2012；Öztekin，2015；Halling 等，2016；谭小芬等，2022）。内部因素则包括企业财务赤字或盈余、现金流状况、融资方式、公司治理以及信息不对称（De Angelo 等，2011；Faulkender 等，2012；Elsas 等，2014；Dang 等，2019）。此外，股票市场因素如股票定价偏差、股票崩盘风险及信息透明度等也被证实影响杠杆调整（Warr 等，2012；An 等，2015；An 等，2021）。

基于中国经济背景和经验数据，诸多研究从动态权衡理论视角出发，得到了中国企业存在最优杠杆水平、具有银行关联背景的企业杠杆调整速度较快、银行市场化程度提升有助于加快企业杠杆调整等结论（Tao 等，2017；Li 等，2017；Jiang 等，2017）。国内诸多研究也讨论了企业杠杆调整速度的影响因素，包含但不限于市场化进程（姜付秀和黄继承，2011）、经济政策不确定性（王朝阳等，2018）、产业政策（巫岑等，2019）、融资融券制度（黄俊威和龚光明，2019）、经济金融化（刘贯春等，2019）等宏观环境及制度背景因素，以及融资约束（闵亮和邵毅平，2012）、投资活动（甘丽凝等，2015）、高管激励（黄继承等，2016；陈志红和李宏伟，2019）等企业层面的影响因素。

然而，现有文献大多基于发达市场的经验研究，而中国的资本市场由于历史发展及制度背景与欧美国家存在显著差异。20 世纪 90 年代现代企业制度在中国逐步推行后，中国企业的资本结构逐步完善，但仍受限于市场化进程较晚、金融市场尚不成熟等因素。企业在外部债务融资时常面临信贷歧视、融资难和融资贵的问题（邓超等，2010；尹志超等，2015；钱雪松等，2017；左月华等，2022），这直接影响了企业的杠杆调整行为。例如，关系型借贷在中国仍是获得银行信贷的主要方式，但银企信息不对称加剧了企业融资约束。这些问题在发达市场中并不普遍，因此，已有研究的结论在中国市场的适用性仍需进一步验证。此外，中国企业杠杆调整的另一个显著特征是企业杠杆率的非均衡性。He 和 Wei（2022）指出，中国大企业杠杆率普遍较高，而中小微企业则因融资渠道受限，杠杆水平偏低。因此，如何在中国特定的经济与金融环境下分析企业杠杆调整速度及其影响因素，是本文进一步探讨的重点。

2. 银行竞争行为及经济后果

关于商业银行竞争对企业贷款可获得性的影响，已有研究从银行机构的地理分布特征展开探讨，发现银企之间的信贷关系存在空间歧视。具体而言，公司与贷款银行之间的距离会通过增加信息成本、影响贷款合同条款等多个方面影响信贷授予（Degryse 和 Ongena，2005；Berger 等，2005；Knyazeva 和 Knyazeva，2012；Hollander 和 Verriest，2016）。国内研究则发现，关系型贷款在小微企业中仍较为常见（邓超等，2010；孙会霞等，2013），但随着银行分支机构的扩展和市场竞争的加剧，关系型借贷的优势可能会逐渐减弱。从市场力假说的角度来看，银行之间的竞争水平越高，理论上借贷成本越低，贷款可获得性越高，从而有助于提升企业的投资效率（尹志超等，2015；姜付秀等，2019；李志生等，2020）。然而，信息假说则指出，过度竞争会加剧信息不对称，恶化银企之间的信贷关系，反而加剧融资约束。蔡庆丰等（2020）的研究进一步表明，信贷资源过度充裕可能促使企业进行过度投资，尤其是在房地产等高杠杆行业，从而增加杠杆风险。

总体而言，尽管银行竞争加剧通常被认为有助于降低融资成本，但企业的杠杆调整行为还受到信贷歧视、信息不对称等多重因素的影响。因此，在当前经济发展阶段，银行竞争对企业融资和杠杆调整的实际影响及其作用机制尚不明确。现有研究虽然分析了银行竞争与企业杠杆调整之间的关系，但对银行地理分布特征在中国经济背景下的作用关注不足。特别是在中国的商业银行体系中，上市公司周边往往聚集着多个银行分支机构，这种地理分布的聚集性（姜付秀等，2019；蔡庆丰等，2020；李志生等，2020；吴心泓和吴心湄，2024）需要得到更精确的刻画。只有通过更细致地测量企业所面临的银行竞争水平，才能有效检验并分析其与杠杆调整行为的关系。

（二）研究假设

根据动态权衡理论，企业杠杆调整是企业在内部决策后的一种反应行为，假设企业获取外部融资时不存在摩擦。然而，实际中，企业主要依赖银行贷款进行债务融资，而银企之间普遍存在的信息不对称问题（Stiglitz 和 Weiss，1981），使得商业银行的竞争行为在很大程度上影响企业的融资获取和杠杆调整速度。对于银行竞争行为的研究，主要存在"市场力假说"和"信息假说"两种解释。

基于"市场力假说"，银行竞争加剧会促使银行通过提供更多贷款、更低利率等方式吸引企业客户，从而降低企业获取外部债务融资的摩擦。这种情况下，企业能够更容易获得外部融资，杠杆调整成本也会降低，从而杠杆调整速度加快。许多研究发现，银行竞争对企业的外部融资具有积极影响，有助于缓解融资约束（Chong 等，2013；Lin等，2015；Jiang 等，2017；孙会霞等，2013；姜付秀等，2019；李志生等，2020）。然而，"信息假说"则提出了相反的观点，认为银行竞争加剧会增加银企之间的信息不对称，银行为了抢占市场而减少对关系借贷的依赖，反而会损害企业获取贷款的能力（Petersen 和 Rajan，1995）。这一假说在中国的研究中得到了扩展，邓超等（2010）构建了基于中国银企关系的理论模型，指出在我国的金融市场中，关系型贷款依然是大银行和小企业之间的重要融资渠道。当银行竞争加剧时，信息获取成本上升，银行对企业的信贷支持可能会减少，进而增加杠杆调整难度。

综合来看，商业银行竞争加剧对企业融资的影响并非简单的单向关系，而是取决于多个复杂的因素，尤其是在不同发展阶段下银行的个体行为存在差异。银行竞争的初期，为了吸引更多的企业客户，银行通常会放松贷款条件，如降低贷款利率或放松信贷审查要求，这可能会减少企业获取外部债务融资的摩擦，提升杠杆调整速度（Rajan，1992）。然而，随着竞争进一步加剧，银行可能面临"赢家诅咒"的困境，即竞争激烈的环境下，为了争夺市场份额，银行可能被迫向质量较低的客户提供贷款，最终导致违约风险上升。个别银行在贷款质量下降的情况下，利润空间会逐步压缩，甚至可能面临被市场淘汰的风险（Dahiya 等，2003；姜付秀等，2019）。

在这种不完全的信贷市场环境中，银企之间的信息不对称问题进一步加剧。银行为了规避潜在风险，可能会更加谨慎地对待那些财务状况较差的企业，从而限制其信贷获取（De Guevara 和 Maudos，2011）。这一过程不仅可能导致企业融资难度加大，还会恶化其杠杆调整的灵活性和速度。此外，银行在竞争压力下需要甄别高风险客户的信息，这就要求银行具备更强的信号甄别能力，以避免潜在的利益损失（姜付秀等，2019；左月华等，2022）。然而，企业也可能采取某些信息操纵手段（如过度夸大资产或盈利能力）来误导银行，进一步增加了银行的审贷成本和风险（Ertugrul 等，2017；Fungáčová 等，2017），这使得银行在面对激励竞争时往往更加谨慎，从而限制贷款的发放。此外，尽管商业银行竞争客观上增加了信贷市场的整体贷款供给，但企业融资约束的缓解仍然取决于信贷资源分配情况。在实际操作中，银行并不总是按照"雪中送炭"的原则为资金紧缺的企业提供贷款，反而更倾向于为风险较低、信息透明度更高的企业（如国有企业或与银行有密切关系的企业）提供信贷支持（Kysucky 和 Norden，2016；尹志超等，2015；钱雪松等，2017）。这使得即便在银行竞争加剧的情况下，中小企业的融资约束仍然难以得到有效缓解。研究表明，在中国的信贷市场中，银行往往优先向风险较低的企业提供信贷支持，从而导致杠杆调整速度较快，而信息不对称问题较严重的中小企业，则可能面临融资成本上升的问题（Li 等，2017）。

因此，在竞争加剧的环境下，银行为了控制风险，往往会对信息不对称的企业提高贷款门槛，增加信贷成本，从而抑制企业进行快速杠杆调整的能力。尤其是在融资难、融资贵问题的突出背景下，这种现象更为明显。商业银行倾向于通过向信誉更高、风险更低的企业提供信贷支持来保障自身的利益，而对中小企业的支持相对有限，这可能进一步延缓其杠杆调整速度。基于信息假说，本文认为随着商业银行竞争的加剧，企业可能面临更高的融资成本和更严峻的信贷环境，进而减缓杠杆调整速度。为检验这一推论，提出以下研究假设。

假设H1：商业银行竞争加剧会减缓企业杠杆调整速度。

我国中小企业普遍存在融资不足问题，但与此同时，许多大型企业尤其是结构性重大企业杠杆率过高，影响了我国整体经济的良性循环与可持续发展（许晓芳等，2020）。面对这一现象，2015年底中央提出了去杠杆政策，明确强调对高负债率企业进行管控，防止其负债率进一步攀升，从而促进企业达到合理、最优的杠杆水平。去杠杆政策的实施标志着我国金融市场在风险控制和企业债务管理上的重要转变。从政策效果上看，去杠杆政策通过直接限制企业过度债务融资，有助于推动企业向最优杠杆水平调整。因此，政策客观上能够加快企业的杠杆调整速度，特别是对那些负债率过高的企业，这将迫使其通过削减债务或增加股权融资来实现杠杆的优化。

然而，去杠杆政策在限制企业债务融资的同时，也不可避免地对银行的信贷行为产生影响。商业银行作为企业获取外部融资的主要来源，其放贷行为与企业杠杆调整速度密切相关。当去杠杆政策施压于高负债企业时，银行的授信成本可能会随之增加。这是因为去杠杆政策在客观上限制了部分企业的债务融资能力，特别是负债水平较高的企业，使得银行在竞争过程中面临更高的违约风险。在这种情况下，银行需要更加严格地筛选客户，从而增加了信贷甄别成本。这一现象与商业银行的竞争行为相结合，进一步加剧了企业的融资约束。特别是对于那些杠杆率较高的企业，银行出于风控考虑，可能更倾向于向财务健康状况较好的企业提供信贷支持，抑制了高负债企业的杠杆调整。这意味着，去杠杆政策不仅通过直接的监管作用影响企业杠杆调整，还可能通过增加银行的信贷压力，间接影响企业获取外部融资的能力。

因此，在去杠杆政策背景下，银行竞争与企业杠杆调整速度之间的关系将更加复杂。一方面，去杠杆政策促使企业加速向最优杠杆水平调整；另一方面，银行在竞争环境中面临的信贷成本上升，对高负债企业的贷款更加谨慎，从而加剧了企业的融资约束，进而减缓企业的杠杆调整速度。两者相互作用下，去杠杆政策实际上加强了银行竞争对企业杠杆调整速度的影响。这种影响表现为，去杠杆政策通过对信贷市场的进一步管控，间接加剧银行竞争对企业融资的限制，从而放大银行竞争对企业杠杆调整速度的作用。基于此，提出以下假设。

假设H2：去杠杆政策会增强银行竞争与企业杠杆调整速度之间的作用关系。

三　研究设计

（一）数据来源

本文以2007~2019年所有沪深A股上市公司作为研究样本，并且剔除了当年存在ST、ST*的样本观测值。考虑到我国2006年放宽银行分支机构设立管制（李志生等，2020）和2020年重大医疗卫生事件给实体经济造成了巨大冲击，面向企业的相关适应性贷款政策优惠可能会影响企业债务融资情况，选取2007~2019年的相关经验数据展开实证分析。本文仅考虑商业银行的分支机构情况，商业银行是我国上市公司进行贷款举债的主要来源，商业银行分支机构的设立情况会直接影响上市公司的负债融资，进而影响企业杠杆调整。

本文上市公司财务及其他相关特征数据来源为CSMAR、Wind数据库，商业银行分支机构数据来源于中国银保监会金融许可证信息数据库（姜付秀等，2019；李志生等，

2020）。本研究从商业银行分支机构的地理聚类分布特征视角出发，结合商业银行分支机构竞争行为特点，计算上市公司所面临的外部银行竞争程度，并与上市公司其他特征数据进行匹配。对样本进行了以下处理：一是剔除金融业上市公司样本；二是剔除企业层面相关特征数据缺失的样本；三是对涉及的所有企业层面连续变量，在 1% 和 99% 水平上进行缩尾处理以排除极端值的影响。经过上述处理后得到了 26415 个公司—年度观测值。

（二）变量定义

1. 银行竞争程度

参考前人研究思路（Chong 等，2013；Shakya，2022；姜付秀等，2019；蔡庆丰等，2020；李志生等，2020），从银行分支机构的地理聚类分布视角出发，构建银行竞争程度代理变量。首先，借鉴信息熵概念来衡量不同商业银行分支机构之间的竞争行为（Gemba 和 Kodama，2001），定义企业周边一定地理范围内不同商业银行分支机构的竞争程度为：

$$Entropy = -\sum P_i \log(P_i) \tag{1}$$

其中，用银行 i 的分支机构银行数占总银行分支机构数的比重来衡量银行 i 对应的信息概率 P_i。这一指标的直接经济含义在于，当企业周边不同商业银行分支机构分布较为混乱时（即熵值越大时），企业面临的银行竞争更加激烈。

进一步地，为考虑银行分支机构总体数量、银行内部分支机构竞争水平及银企空间距离的影响，对式（1）进行如下修正：

$$BC = \frac{\log\left(\dfrac{Total\_banks}{Bank\_cate}\right) \times Entropy}{Average\_distance} \tag{2}$$

其中，$Total\_banks$ 为该区域内商业银行分支机构总数，$Bank\_cate$ 为该区域内包含的商业银行种类数量。这一调整项能够基于数量维度反映商业银行内部分支机构的竞争程度（李志生等，2020）。考虑到银企空间距离对企业贷款可获得性及融资约束的直接影响（Berger 等，2005；Degryse 和 Ongena，2005；Alessandrini 等，2009；Hollander 和 Verriest，2016），采用该范围内所有商业银行分支机构与上市公司的平均地理距离（$Average\_distance$）进行标准化处理，以反映银行竞争与银企距离之间的关系（Degryse 和 Ongena，2005）。

2. 企业杠杆调整速度

参考 Faulkender 等（2012）、Jiang 等（2017）、Li 等（2017）、黄俊威和龚光明

（2019）、巫岑等（2019）、李志生等（2020）的研究，基于局部调整模型测度上市公司的杠杆调整速度，具体模型如下：

$$L_{i,t} - L_{i,t-1} \equiv \frac{D_{i,t}}{A_{i,t}} - \frac{D_{i,t-1}}{A_{i,t-1}} = \lambda\left(L_{i,t}^* - L_{i,t-1}\right) + \tilde{\epsilon}_{i,t} \tag{3}$$

其中，i 代表企业，t 代表年份，D 为企业负债额，A 为企业资产总额，其比率 L 为对应的企业杠杆（即资产负债率），λ 为企业向最优杠杆目标的调整速度。L^* 表示企业在当期时间的最优杠杆目标，受到企业、行业层面特征的影响：

$$L_{i,t}^* = \beta' X_{i,t-1} \tag{4}$$

将式（4）带入式（3），可得：

$$L_{i,t} = \lambda\beta' X_{i,t-1} + (1 - \lambda)L_{i,t-1} + \epsilon_{i,t} \tag{5}$$

通过对式（5）进行估计后，求得 $\hat{\beta}$，代入式（4）可得企业的最优杠杆 $\hat{L}_{i,t}^*$，进而对式（3）进行估计可得杠杆调整速度。

参考前人研究，在式（5）中同时引入企业、年份固定效应，并采用系统 GMM 方法进行估计。[①]其中，$X_{i,t-1}$ 包括以下变量：企业规模（$Size$）、息税前利润（$EBIT$）、企业成长性（$TobinQ$）、固定资产占比（FA）、资产折旧摊销（Dep）、研发支出（RD）、研发支出虚拟变量（$RDdummy$）、行业资产负债率（Ind_Lev），相关变量定义详见表1。

采用内生变量2-4阶滞后项作为工具变量进行参数估计，最终估计结果的扰动项检验不存在二阶自相关（p=0.150），满足 GMM 估计的前提条件。根据 Hansen 统计量检验结果，无法强烈拒绝"所有工具变量均有效"的原假设（p=0.412），即认为选择的工具变量合理。因此，系统 GMM 估计是有效的。

（三）模型设定

基于前述讨论，基于以下模型识别商业银行分支机构的聚类竞争行为对企业杠杆调整速度的影响：

$$\Delta L_{i,t} = \left(\alpha + \beta BC_{i,t-1}\right)\Delta L_{i,t}^* + \varepsilon_{i,t} \tag{6}$$

其中，i 代表上市公司个体，t 代表年份，$\Delta L_{i,t}$ 为 $L_{i,t} - L_{i,t-1}$，$\Delta L_{i,t}^*$ 为 $L_{i,t}^* - L_{i,t-1}$，$\varepsilon_{i,t}$ 为扰动项。BC 为基于银行分支机构地理聚类分布特征视角识别的银行竞争行为。借鉴 Chong 等（2013）、Shakya（2022）、姜付秀等（2019）、蔡庆丰等（2020）和李志生等

[①] 企业杠杆调整必然受到上期杠杆水平的影响，且考虑到动态面板模型自身滞后项导致的内生性问题，采用系统 GMM 进行估计，相关估计结果备索。此外，更改估计方式如 LSDV 估计、误差修正 LSDV 估计等并不影响本文结论。

（2020）的思路，采用上市公司周边10km半径范围内的商业银行分支机构数量测度对应的银行竞争水平 BC，并在后续稳健性检验中使用不同半径范围测度的银行竞争程度。

在识别过程中，考虑到商业银行分支机构在批准成立后对上市公司的影响存在滞后性，同时为了在一定程度上排除反向因果带来的内生性问题，关注第 $t-1$ 期商业银行竞争水平 BC 对企业第 t 期杠杆调整速度的影响。因此该模型设定反映了 2007~2018 年的商业银行竞争情况，对滞后一年（即 2008~2019 年）企业杠杆调整速度的影响。本文采用地级市—年维度聚类的稳健标准误进行参数检验，以缓解同地区截面相关对参数检验带来的影响。式（6）中的系数 α 反映了上市公司向最优杠杆水平调整的基准速度，估计系数 β 反映了 $t-1$ 期的商业银行竞争对第 t 期杠杆调整速度的影响。当 $\beta>0$ 时，表明其提升了上市公司向最优杠杆目标的调整速度，反之则降低。

本文涉及的所有相关变量定义详见表1。

表1　变量定义

变量	定义及计算
BC	银行竞争程度，基于上市公司周边10km半径范围内的商业银行分支机构地理信息构建
$BC5km$	银行竞争程度，基于上市公司周边5km半径范围内的商业银行分支机构地理信息构建
$BC20km$	银行竞争程度，基于上市公司周边20km半径范围内的商业银行分支机构地理信息构建
$BC30km$	银行竞争程度，基于上市公司周边30km半径范围内的商业银行分支机构地理信息构建
$Banknum$	上市公司周边10km半径范围内的商业银行分支机构总数量，取自然对数
$BankHHI$	上市公司周边10km半径范围内的商业银行分支机构赫芬达尔–赫希曼指数，详见姜付秀等（2019）
Lev	资产负债率，总负债/总资产
Lev^*	企业最优杠杆水平
$Size$	企业规模，总资产（单位：元），取自然对数
$EBIT$	息税前利润
$TobinQ$	托宾Q值，（年末市值+负债市值）/企业账面价值
FA	固定资产/总资产
Dep	资产折旧摊销，固定资产折旧、摊销/总资产
RD	研发支出，上市公司该年度的研发投入费用/总资产
$RDdummy$	研发投入虚拟变量，当该年度不存在研发费用时取值为1，否则为0
Ind_Lev	行业资产负债率，以该行业所有上市公司的资产负债率中位数衡量
$Others'\ environment$	非邻近地级市区的同行业其他上市公司面临的平均银行竞争水平
$Loancost$	企业银行贷款成本，（利息支出+手续费支出）/总资产
$SAindex$	企业融资约束，详见 Hadlock 和 Pierce（2010）

变量	定义及计算
Deleveraging	去杠杆政策实施虚拟变量，年份处于2015年之后时取值为1，否则为0
Ret	股票收益率，考虑分红再投资的股票年收益率
Sigma	收益率波动，该年度基于日分红再投资收益率计算的标准差
Trade_credit	商业信用水平，应付账款/总资产
Positive	年报情感倾向，基于台湾大学《中文情感极性词典》识别计算上市公司该年度年报的积极、消极词语数，并采用（积极词语数量−消极词语数量）/（积极词语数量+消极词语数量）衡量
EMDA	企业盈余操纵，基于修正Jones模型并结合企业实际业绩（ROA）分年度和行业计算所得
Market	虚拟变量，当上市公司办公地所在省份市场化程度较高时取值为1，否则为0。该变量为非时变指标，分别计算各个省份2008~2016年的市场化均值，以此为依据对各省的市场化指数按照由高到低排序，当所在省份位于前16名（含16名）取值为1，否则为0
SOE	虚拟变量，当上市公司为国有企业时取值为1，否则为0
Background	虚拟变量，当该年度上市公司管理层内部人员中有银行从业经历背景时取值为1，否则为0，同Li等（2017）
Year	年份，2007~2019年
Industry	上市公司所属行业，参照证监会《上市公司行业分类指引（2012年修订）》，其中制造业二级，非制造业一级

四 实证结果与分析

（一）变量描述性统计

表2报告了主要变量的描述性统计结果。其中，企业的资产负债率*Lev*的最小值为0.050，均值为0.449，最大值为0.988，标准差为0.216，这表明我国不同上市公司之间的杠杆水平存在较大差异。此外，通过估算企业最优杠杆水平，发现样本中*Lev**的最小值为−0.534，均值为0.509，最大值0.828，低于实际资本负债率最大值，其余分位数亦与实际杠杆值具有可比性。实际样本中约4.90%样本上市公司过度举债（即最优杠杆水平为负），这些公司严重偏离了自身资产、折旧及研发等各项企业生产活动所需的理论值，进而导致下一年需要大幅下调其负债水平，甚至停止举债并使用自身资产对外放债，这一结果与Li等（2017）基于中国上市公司数据计算所得的最优杠杆水平相吻合。本文使用的其他控制变量的统计结果与已有文献基本一致。

在此基础上，计算企业杠杆调整的实际差额*ΔLev*，最小值为−0.938，均值为0.009，最大值为0.873，标准差为0.091，这说明平均而言企业的杠杆调整程度较小，但仍然存在部分企业需要进行较大程度的调整。进一步发现，企业向最优杠杆水平调整的差额 ΔLev^* 在整体分布上相较于 ΔLev 左移，这一定程度上说明我国上市公司整体存在杠杆过高的现象。此外，本研究构建的银行竞争程度 BC 的均值为 1.168，最小值为 0.304，最大值为 2.293，标准差为 0.465，这直观地反映出不同上市公司面临的银行竞争水平程度存在较大差异。本研究样本中，上市公司 10km 范围内的平均商业银行分支机构数量为 486家，最少为 6 家，最多为 2157 家，标准差为 493.5，这反映出不同上市公司面临的外部商业银行分支机构数量存在较大差异。

表2　主要变量描述性统计

变量	(1) 样本	(2) 均值	(3) 标准差	(4) 最小值	(5) p25	(6) p50	(7) p75	(8) 最大值
Lev	26415	0.449	0.216	0.050	0.279	0.442	0.608	0.988
Lev^*	26415	0.509	0.248	−0.534	0.465	0.542	0.634	0.828
ΔLev	26415	0.009	0.091	−0.938	−0.026	0.008	0.046	0.873
ΔLev^*	26415	0.069	0.322	−1.523	−0.056	0.111	0.273	0.778
BC	26415	1.168	0.465	0.304	0.772	1.158	1.534	2.293
$BC5km$	26415	1.474	0.765	0.143	0.806	1.452	2.160	2.990
$BC20km$	26415	0.850	0.319	0.270	0.589	0.828	1.070	1.734
$BC30km$	26415	0.680	0.251	0.235	0.474	0.668	0.855	1.379
$Banknum$	26415	485.6	493.5	6.000	109	287.0	683.0	2157
$Banknum(log)$	26415	5.596	1.186	2.639	4.691	5.659	6.526	7.564
$Background$	26415	0.293	0.455	0.000	0.000	0.000	1.000	1.000
$EBIT$	26415	0.041	0.057	−0.162	0.015	0.040	0.069	0.211
$TobinQ$	26415	2.557	1.984	0.847	1.345	1.921	2.988	12.920
$Size$	26415	22.080	1.313	19.288	21.160	21.920	22.829	25.990
FA	26415	0.222	0.169	0.002	0.090	0.186	0.319	0.724
Dep	26415	0.020	0.015	0.001	0.009	0.017	0.029	0.071
RD	26415	0.016	0.018	0.000	0.000	0.011	0.024	0.089
$RDdummy$	26415	0.250	0.433	0.000	0.000	0.000	1.000	1.000
Ind_lev	26415	0.430	0.117	0.115	0.346	0.409	0.504	0.734

（二）银行竞争、去杠杆政策与杠杆调整速度

1. 商业银行分支机构竞争对企业杠杆调整的影响

表3的 Panel A 为基于式（6）的回归结果。第（1）列为直接对式（3）进行参数估

计的结果，其中 ΔLev^* 的系数为0.046，在1%的水平下显著。第（2）列为引入银行竞争程度 BC 的参数估计结果，对应估计系数为–0.017且在1%的水平下显著，说明当企业面临的外部商业银行分支机构竞争程度较高时会引起其杠杆调整速度减缓，支持了信息假说的观点。

参考前人研究，进一步将企业杠杆调整区分为不同方向，当企业实际杠杆高于最优杠杆水平时，需要向下进行杠杆调整（杠杆过度），反之则向上调整（杠杆不足）。如表3中 Panel A 第（3）（4）列所示，通过分组估计的方式比较了在不同调整方向下银行竞争对企业杠杆调整速度的影响，发现：约1/3的企业样本存在杠杆率过高的情形，对应 ΔLev^* 的系数为0.091且在1%的水平下显著，低于另一种情形下的杠杆调整速度，后者系数为0.247且在1%的水平上显著，这反映出低于目标杠杆水平的上市公司更加积极地进行杠杆调整；杠杆不足的样本中，$\Delta Lev^* \times BC$ 估计系数为–0.015且在1%的水平下显著，说明受到银行竞争加剧的影响，融资不足的企业的杠杆调整速度更为缓慢。

以上研究结果与李志生等（2020）的研究情形相似但有着相反的结论。李志生等（2020）的研究发现在2000~2012年工业规模以上企业周边的银行分支机构（包含非商业性银行）数量越多时会对杠杆调整速度起到正向影响。本文发现商业银行竞争主要会对融资不足的企业的杠杆调整带来负面影响，这也与银行往往倾向于"锦上添花"而很少"雪中送炭"的经济现实相呼应。

一方面杠杆过度的企业需要向下调整杠杆水平，但是基本不受银行分支机构竞争的影响。正如李志生等（2020）的研究发现，更强的银行竞争会提升企业杠杆水平。这些杠杆过度的企业并不会因银行竞争加剧而更加有效地降低杠杆、朝最优杠杆水平靠拢，因而在表3的 Panel A 中第（3）列表现出了不显著的交互项系数。另一方面杠杆不足的企业需要向上调整杠杆水平，然而在关系型借贷背景下，银行竞争加剧增加了银企信贷过程中的信息成本，为避免陷入"赢家诅咒"的银行反而难以提供有效的融资支持，因而在表3的 Panel A 中第（4）列系数显著为负。综合来看，整体样本的回归结果则是由这些杠杆不足的企业样本驱动的，即平均意义而言我国银行分支机构的竞争加剧导致了企业杠杆调整速度减缓。

通俗来说，杠杆过度的企业对银行竞争并不敏感，而那些杠杆不足的企业本身难以受到商业银行"青睐"，因而更表现出杠杆不足的现实，而银行竞争加剧也进一步要求银行重视绩效、规避风险，这反过来让那些本身杠杆不足的企业状况更糟。这种情形更加符合信息假说的观点，即银行更多地参与竞争会破坏银企之间的关系，导致企业债务融资获取难度更大，并由此引起杠杆调整速度减缓。

2.银行竞争与去杠杆政策的影响

2015年底我国提出"三去一降一补"，在此之后去杠杆成为十分重要的议题。基于前述讨论，本文认为去杠杆政策也会影响企业融资与商业银行分支机构扩张，采用分组估计的方式考察去杠杆政策对商业银行竞争与杠杆调整之间关系的影响。具体而言，根据去杠杆政策首次提出的时间点（即2015年12月）对样本进行划分，并删除2015年的观测样本以缓解上市公司对去杠杆政策的预期效应，对应的估计结果如表3中的Panel B所示。对比第（1）（3）列的回归结果，发现去杠杆政策会对企业内部杠杆调整带来积极影响。然而第（2）（4）列结果显示，去杠杆政策实施之后商业银行竞争对杠杆调整速度的负面影响也更加明显。这说明商业银行分支机构的扩张也受到了去杠杆政策的影响，特别是考虑到商业银行扩张中出现的"赢家诅咒"问题，这会增加银行竞争过程中的信息成本，进而对企业杠杆调整速度产生更大的负面影响。

表3　商业银行竞争与企业杠杆调整速度

Panel A： 商业银行竞争与杠杆调整			
	(1)	(2)	(3)	(4)
变量			$Lev > Lev^*$	$Lev < Lev^*$
	ΔLev	ΔLev	ΔLev	ΔLev
ΔLev^*	0.046***	0.067***	0.091***	0.247***
	(11.330)	(9.430)	(7.340)	(25.290)
$\Delta Lev^* \times BC$		−0.017***	−0.010	−0.015***
		(−3.600)	(−1.320)	(−2.670)
样本量	26415	26415	8954	17461
调整 R^2 值	0.026	0.027	0.077	0.181
Panel B： 去杠杆政策的影响			
	Year <2015		Year >2015	
	(1)	(2)	(3)	(4)
	ΔLev	ΔLev	ΔLev	ΔLev
ΔLev^*	0.026***	0.032***	0.098***	0.129***
	(9.030)	(4.720)	(19.380)	(10.860)
$\Delta Lev^* \times BC$		−0.005		−0.027***
		(−1.080)		(−2.650)
样本量	12445	12445	11618	11618
调整 R^2 值	0.015	0.015	0.054	0.055

注：*、**和***分别表示估计系数在10%、5%和1%的水平上显著，括号内为地级市—年层面的聚类标准误修正后的t值。

　　尽管去杠杆政策的实行在客观上有助于上市公司整体朝最优杠杆目标靠拢，但是也影响了商业银行分支机构的竞争。特别是在我国商业银行扩张即将进入稳定阶段的背景下，去杠杆政策可能会通过影响商业银行分支机构竞争水平，从企业银行信贷路径影响上市公司内部的杠杆调整。因此，去杠杆政策会对企业债务融资带来直接的积极效应，还可能通过影响商业银行竞争对企业融资带来间接的负面效应。

　　上述实证结果支持了本文假设 H1 和 H2，过度的商业银行竞争会减缓企业杠杆调整速度，且去杠杆政策会经由商业银行竞争路径增大这种负面影响。

（三）内生性问题讨论

　　现有研究中有关银行竞争的刻画往往伴随着内生性问题，进而使得估计结果存在偏误，本文基于上市公司与商业银行分支机构地理特征构建的指标相对外生，但仍然受到潜在的内生性问题影响。一方面，由于上市公司相较于非上市企业有着更好的信息披露、投资者外部监督等机制，便于商业银行考察企业贷款信用情况，并且上市公司往往需要大量的外部资金支持，商业银行更倾向于在上市公司周边设立分支机构；另一方面，企业自身的杠杆调整速度以及周边的商业银行竞争水平可能受到其所处区域不可观测因素的共同影响，进而影响本文的识别结果。在模型设定中采用滞后一期的银行竞争 BC 对杠杆调整速度进行 OLS 估计，这在一定程度上能够缓解可能的因果倒置问题。在此基础上，本文还使用工具变量进行两阶段最小二乘估计来缓解识别模型时的内生性问题。

　　借鉴姜付秀等（2019）的思路，采用上市公司所属地级市区及其邻近地级市之外的其他地区中与当前上市公司属于同一行业的其他上市公司面临的商业银行竞争水平来构建工具变量。具体而言，构建上市公司层面的银行竞争水平指标时，采用上市公司 10km 半径范围内商业银行分支机构进行刻画。除了包含该上市公司所在地级市的商业银行分支机构外，还可能包含邻近地级市的商业银行分支机构，因此采用非邻近地级市区的同行业上市公司面临的商业银行竞争水平构建工具变量 *Others' environment*。在指标构建的基础上，由于所处行业相同，其他上市公司面临的平均银行竞争水平可能会与当前上市公司具有相似性。但其他上市公司面临的银行竞争水平不会直接影响该上市公司内部的杠杆调整，尚无相关证据表明其他上市公司面临的商业银行竞争会通过其他路径（如行业溢出效应）影响该上市公司下一年度的杠杆调整速度。因此，选择以此构建工具变量进行 2SLS 估计。

　　表4列示了对应的 2SLS 估计结果。第一阶段弱工具变量检验的 F 统计量为 734.12，显著拒绝了弱工具变量的原假设，说明选取的工具变量是有效的。第二阶段估计结果显示，在使用了工具变量进行 2SLS 估计后，对应的估计系数为−0.090且在 1% 的水平下显著，说明银行竞争加剧确实减缓了企业的杠杆调整速度。

表 4　两阶段最小二乘估计结果

变量	(1) First step $\Delta Lev^* \times BC$	(2) Second step ΔLev
$\Delta Lev^* \times Others' environment$	0.841***	
	(27.090)	
ΔLev^*	0.190***	0.154***
	(4.970)	(10.790)
$\widehat{\Delta Lev^* \times BC}$		−0.090***
		(−7.810)
样本量	26415	26415
Kleibergen−Paap rk LM statistic：166.890		
Kleibergen−Paap rk Wald F statistic：734.120（Critical value of 10%：16.380）		

注：*、**和***分别表示在10%、5%和1%的水平上显著，括号内为地级市—年层面的聚类标准误修正后的t/z值。由于2SLS估计的R²值不具备统计意义，不再汇报。

此外，还采用与李志生等（2020）相同的方式构建工具变量（即BC的变动率）进行两阶段最小二乘（2SLS）估计，相关结论一致。由于本研究变量构建的特殊性，需要额外说明的是：一是若采用增量指标替换式（6）进行参数估计，对应的经济含义发生了较大变化；二是若直接采用1937年的城市银行分支机构数量刻画金融市场基础水平，这可能是同时影响杠杆调整速度和商业银行分支机构的因素，应当作为控制变量纳入式（6）中进行估计；三是若考虑2006年2月和2009年4月银保监会放宽分支机构设立管制作为外生冲击，本文难以找到合适的前人研究参考以区分实验组、对照组进行DID估计。

（四）稳健性检验

对主要结果进行稳健性检验，相关变量定义详见表1。本文在稳健性检验中首先考虑了已有研究的影响。诸多研究表明银企关系对企业信贷获取有重要影响（Petersen 和 Rajan，1995；Degryse 和 Ongena，2005；Li 等，2017；尹志超等，2015；边文龙等，2017），特别是Li 等（2017）基于中国2004~2012年A股上市公司相关数据检验了银企关系对企业杠杆调整速度的影响，发现银企关联对杠杆调整速度有积极影响。由于银企关系背景可能是同时与商业银行竞争、杠杆调整速度相关的变量，通过对式（6）引入相应变量进行控制。借鉴Li 等（2017）的做法，定义虚拟变量Background，该年度上市公司管理层内部人员中有银行从业经历背景时取值为1，否则为0。对应的估计结果如表5中Panel A所示，得到与Li 等（2017）一样的研究结论，并且在控制了银行关联背景的情况下前述研究结论仍然成立。

本文还改变了对商业银行竞争程度的衡量方式，重新衡量企业周边5km、20km及30km范围内对应的商业银行竞争程度，相应的估计结果如表5中Panel B第（1）~（3）

列所示，研究结论仍然成立。此外，还采用蔡庆丰等（2020）、李志生等（2020）的做法，使用企业周边范围内的商业银行分支机构数量替代本文指标进行参数估计，对应结果如表5中Panel B第（4）列所示，对应系数不显著为负且接近于0。但是本研究构建的商业银行竞争指标具有更为明确的经济含义，能够识别出当前商业银行竞争激烈情况下，银行竞争对企业杠杆调整速度的实际影响。由于可能面临与信息熵相似的经济含义问题，且该指标为负向指标难以替换本文指标中的参数熵，本文不考虑使用姜付秀等（2019）构建的商业银行竞争程度指标。基于以上结果，本文的研究结论是稳健的。

表5　稳健性检验

Panel A：考虑前人研究			
变量	（1）		（2）
	ΔLev		ΔLev
ΔLev^*	0.038***		0.059***
	(9.900)		(8.410)
$\Delta Lev^* \times Background$	0.053***		0.053***
	(8.590)		(8.680)
$\Delta Lev^* \times BC$			−0.017***
			(−3.670)
样本量	26415		26415
调整 R^2 值	0.031		0.032

Panel B：更改变量衡量方式				
变量	（1）	（2）	（3）	（4）
	ΔLev	ΔLev	ΔLev	ΔLev
ΔLev^*	0.063***	0.063***	0.059***	0.047***
	(11.670)	(8.800)	(8.920)	(4.180)
$\Delta Lev^* \times BC5km$	−0.011***			
	(−4.010)			
$\Delta Lev^* \times BC20km$		−0.020***		
		(−2.930)		
$\Delta Lev^* \times BC30km$			−0.019**	
			(−2.190)	
$\Delta Lev^* \times Banknum$				−0.000
				(−0.060)
样本量	26415	26415	26415	26415
调整 R^2 值	0.027	0.027	0.027	0.026

注：同表3。

五 拓展性分析

（一）潜在机制：银行竞争与融资约束

本文研究结论支持银行竞争的信息假说观点。为验证这一点，首先考虑从融资约束视角进行实证检验和分析。尽管诸多文献发现银行竞争会增强银行向个别公司放贷的意愿并且能够接受较低的贷款利息来吸引贷款客户，但研究集中于讨论快速增长阶段的商业银行竞争情况（Leon，2015；Jiang 等， 2017；尹志超等，2015；边文龙等，2017；姜付秀等，2019；李志生等，2020）。部分研究则指出在商业银行过度竞争阶段银行竞争可能会对企业信贷带来负面影响，特别是当商业银行面临"赢家诅咒"时，激烈的竞争要求商业银行支付更高的成本来识别、判断企业信用（Petersen 和 Rajan，1995；姜付秀等，2019），否则出现贷款违约时反而会给商业银行带来负面影响。考虑到本研究期间处于商业银行竞争激烈阶段，我们认为商业银行竞争会直接通过影响企业的负债端来影响杠杆调整成本，并主要表现在企业的外部融资约束上。

为验证本文潜在假设，参考 Ertugrul 等（2017）、左月华等（2022）的研究，计算企业的借贷成本 $Loancost$，这一指标能够反映银企信贷授信过程中的成本。基于式（7）检验银行竞争对企业贷款成本的影响：

$$Loancost_{it+1} = \alpha + \beta BC_{it} + \gamma' X_{it} + \mu_i + \lambda_t + \varepsilon_{it} \tag{7}$$

其中，i 代表上市公司个体，t 代表年份，μ_i 为企业固定效应，λ_t 为年份固定效应，X 为对应的控制变量，包括：企业规模（$Size$）、资产负债率（Lev）、息税前利润（$EBIT$）、固定资产占比（FA）、研发支出（RD）、研发投入对应虚拟变量（$RDdummy$）、托宾 Q 值（$TobinQ$）、股票收益率（Ret）、收益波动率（$Sigma$），详细变量定义见表 1。对应的估计结果如表 6 第（1）列所示，BC 的系数为 0.012 且在 1% 的水平下显著，说明银行竞争加剧会增加企业的贷款成本，支持了信息假说观点。

此外，参考 Hadlock 和 Pierce（2010）、姜付秀等（2019）的研究，计算我国上市公司的融资约束指数 $SAindex$，并替换式（7）中的被解释变量以检验商业银行竞争水平对企业融资约束的影响。对应的参数估计结果如表 6 中第（2）列所示，BC 估计系数为 0.007 且在 1% 的水平上显著，说明企业周边更高的银行竞争程度可能会加剧企业融资约束，这与第（1）列关于企业贷款成本的估计结果相对应。进一步考虑去杠杆政策的影响，见表 6 中第（3）列，引入对应的虚拟变量 $Deleveraging$，当年份处于 2015 年之后时取值为 1，否则为 0（控制年份固定效应时该变量系数会被吸收），以及 $Deleveraging$ 与

BC的交互项。我们发现随着上市公司周边的商业银行竞争加剧，企业整体的融资约束并未得到有效缓解，而当去杠杆政策开始落实之后银行竞争对企业融资约束的负面影响更大。作为本文机制的直接证据，额外检验融资约束对杠杆调整速度的影响，结果如表6中第（4）列所示，对应的估计系数为-0.011且在1%的水平下显著，这说明较高的企业融资约束会导致杠杆调整速度减缓。

表6 机制检验：银行竞争与企业融资约束

变量	（1） *Loancost*	（2） *SAindex*	（3） *SAindex*	（4） *ΔLev*
BC	0.012***	0.007***	0.005**	
	(3.010)	(2.760)	(2.070)	
$BC×Deleveraging$			0.026***	
			(10.170)	
$ΔLev^* ×SAindex$				−0.011***
				(−4.650)
$ΔLev^*$				0.051***
				(12.320)
Other Variables	是	是	是	
Firm FE	是	是	是	
Year FE	是	是	是	
样本量	29910	29910	29910	26415
调整 R^2值	0.861	0.938	0.939	0.028

注：同表3。

综上所述，商业银行竞争程度较为激烈时，也会加剧企业的外部融资约束，增加企业进行杠杆调整的成本并导致杠杆调整速度减缓，这支持了信息假说观点。

（二）异质性分析：企业信息质量与市场环境

本文发现商业银行竞争加剧对杠杆调整速度的影响主要体现为信息假说。在本研究期间，中国的商业银行竞争程度较激烈，银行竞争已经度过了最初的盲目扩张阶段，"赢家诅咒"更符合当前的实际情况。一方面，银行竞争加剧会导致单个银行的利润空间压缩，绩效压力增加；另一方面，在银企信息不对称背景下盲目竞争会导致银行不可避免地获得低质量客户（Stiglitz 和 Weiss，1981；Rajan，1992），不利于后续发展经营。因此，从企业信息质量与市场环境两个视角检验银行竞争对杠杆调整速度影响的截面差异，探究在银行竞争加剧的背景下，企业的信息成本如何影响银行的放贷决策。

1.商业信用与信息质量

相关研究发现商业信用反映了企业供应链融资信用质量，能够成为缓解银企间信息不对称的有效信号（Kling 等，2014；Agostino 和 Trivieri， 2014；吴娜等，2017；左月华等，2022）。此外，钱雪松和方胜（2017）借助中国 2007 年 3 月 16 日《物权法》颁布提供的准自然实验验证了商业信用这一非正规金融工具的有效性，发现担保物权制度的改革提升了贷款难企业的负债融资水平。在此基础上，首先检验银行竞争对杠杆调整速度的影响如何受到商业信用水平的影响（本研究期为 2007 年之后，因此上市公司样本都受到《物权法》的影响）。参考 Kling 等（2014）和吴娜等（2017）的做法，定义企业商业信用 Trade_credit 为上市公司的应付账款金额占总资产的比例，并在式（6）中引入与 BC 的交互项进行参数估计，估计模型如下：

$$\Delta L_{i,t} = \left(\alpha + \beta_1 Var_{i,t} \times BC_{i,t-1} + \beta_2 Var_{i,t} + \beta_3 BC_{i,t-1} \right) \Delta L_{i,t}^* + \varepsilon_{i,t} \tag{8}$$

其中，i 代表上市公司个体，t 代表年份，Var 代表引入的异质性变量，其余变量与式（6）一致。对应的估计结果详见表 7 中第（1）列，我们发现良好的商业信用便于上市公司更快地朝最优杠杆水平调整，这是由于商业信用本身是企业负债端的来源之一，且更为稳健的供应链融资能够为企业进行杠杆调整提供灵活性。对应的交互项项估计系数为 −0.102 且在 10% 的水平下显著，这说明商业信用的信号作用在较为激烈的银行竞争环境下有所下降。这一结果侧面支持了信息假说，即商业银行在竞争环境恶化时获取企业信用信息的成本可能会增加。

此外，上市公司与商业银行之间的信贷业务需要提供相关文本资料、财务信息的辅助，进一步从上市公司年报文本、财务信息质量两个角度检验商业银行竞争与杠杆调整速度影响的横截面差异。上市公司提供的年报文本包含了反映企业经营战略、发展前景的相关信息（如可读性、情感语调等），这些非结构化信息也会对银企信贷过程产生影响（Ertugrul 等， 2017）。借鉴 Ertugrul 等（2017）和左月华等（2022）的研究，刻画了上市公司年报的积极情感倾向 Positive，并基于式（8）进行参数估计，结果如表 7 中第（2）列所示，其中 Positive 的系数显著为正，说明当上市公司的年报文本情感倾向更为积极时企业杠杆调整速度较快，且对应的交互项显著为正，反映出积极的年报文本信息能够缓解商业银行竞争对杠杆调整速度的负面影响。考虑上市公司的财务信息质量，本文参考 Kothari 等（2005）的做法，基于修正 Jones 模型并结合企业实际业绩（ROA）分年度和行业计算得到了可操控性应计利润实际值 EMDA，反映了上市公司对财务信息的操纵情况。该数值大于 0 时说明上市公司有潜在的向上盈余操纵行为，反之则向下盈余操纵。对应参数估计结果如表 7 中第（3）列所示，我们发现企业向上盈余调整的程度越大时，商业银行竞争对杠杆调整速度的负面影响有所缓解。这说明在银行竞争激烈的背景下，上市公司主动释放出的积极信息可以缓解企业信息成本增加带来的消极影响。

2.银行竞争与市场环境

由于银行竞争水平与经济市场发展水平相对应，我们还考虑了区域市场化程度的影响。基于王小鲁等（2019）提供的中国分省份市场化指数，构建高市场化地区虚拟变量 *Market*，当样本所在地的市场化程度较高时取值为1，否则为0。对应的估计结果如表7中第（4）列所示，我们发现市场化程度较高的地区企业杠杆调整速度较快，但是商业银行竞争对杠杆调整速度的负面影响作用更为明显。由于市场化程度往往与商业银行竞争程度相对应（Jiang等，2017），这一结果亦侧面说明我国商业银行竞争十分激烈甚至面临"赢家诅咒"，对企业信息的获取成本上升，进而从企业的负债端制约企业朝最优杠杆靠拢。此外，我们还考虑了企业产权性质的影响，本文定义产权性质虚拟变量 *SOE*，当企业为国有企业时取值为1，为民营企业时取值为0。对应的估计结果如表7中第（5）列所示，我们发现国有企业相较于民营企业受到商业银行竞争影响对杠杆调整的负面影响较弱，这也反映出国有企业潜在的信用优势。

表7　异质性检验：企业信息质量与外部环境

变量	（1） ΔLev	（2） ΔLev	（3） ΔLev	（4） ΔLev	（5） ΔLev
$\Delta Lev^* \times BC \times Trade\_credit$	−0.102[*]				
	(−1.730)				
$\Delta Lev^* \times Trade\_credit$	0.190[***]				
	(7.190)				
$\Delta Lev^* \times BC \times Positive$		0.015[*]			
		(1.670)			
$\Delta Lev^* \times Positive$		0.018[***]			
		(4.250)			
$\Delta Lev^* \times BC \times EMDA$			0.106[*]		
			(1.790)		
$\Delta Lev^* \times EMDA$			0.047[**]		
			(2.040)		
$\Delta Lev^* \times BC \times Market$				−0.022[*]	
				(−1.800)	
$\Delta Lev^* \times Market$				0.014[*]	
				(1.750)	

续表

变量	(1) ΔLev	(2) ΔLev	(3) ΔLev	(4) ΔLev	(5) ΔLev
$\Delta Lev^* \times BC \times SOE$					0.012[*]
					(1.720)
$\Delta Lev^* \times SOE$					−0.051***
					(−11.160)
$\Delta Lev^* \times BC$	−0.014***	−0.015***	−0.018***	−0.017***	−0.017***
	(−2.750)	(−3.210)	(−3.670)	(−3.500)	(−3.420)
ΔLev^*	0.044***	0.056***	0.067***	0.055***	0.051***
	(6.310)	(7.950)	(9.150)	(6.060)	(13.440)
样本量	26391	26415	26415	26415	26415
调整 R²值	0.031	0.029	0.030	0.027	0.033

注：同表3。

综合机制检验、异质性分析结果，我们认为商业银行在实际经济运行过程中倾向于扮演"锦上添花"的角色，即信用良好、融资能力强的企业更易获得银行信贷支持，而较少对融资能力不足的企业"雪中送炭"。因此在商业银行竞争日渐激烈的背景下，商业银行为避免陷入"赢家诅咒"陷阱而谨慎放贷，这在客观上抑制了企业朝最优杠杆靠拢的速度。特别是在去杠杆政策背景下，对于本身需要获取外部融资的企业而言，商业银行竞争激烈会进一步降低这些企业的实际杠杆水平，导致其更加偏离最优杠杆。基于以上结果，我们认为商业银行竞争加剧，在去杠杆政策背景下进一步对上市公司杠杆调整带来了负面影响。因此，从经济后果看，仍然需要相关政策向融资不足的企业重点倾斜以改善其债务融资困境。

（三）银行竞争与企业实际杠杆水平

借鉴李志生等（2020）的思路，从企业银行信贷融资获取视角检验银行竞争对杠杆调整速度的潜在影响机制，进一步考察外部商业银行竞争对企业实际杠杆水平影响，模型设定如下：

$$Lev_{i,t} = \alpha + \beta_1 BC_{i,t} + \beta_2 Deleveraging_{i,t} \times BC_{i,t} + \gamma' X_{i,t} + \mu_i + \lambda_t + \epsilon_{i,t} \tag{9}$$

其中，i 代表上市公司个体，t 代表年份，Lev 为上市公司该年度的实际资产负债率。其中，引入了商业银行竞争程度变量 BC 以及去杠杆政策变量 $Deleveraging$，用以识别银行竞争及去杠杆政策如何影响上市公司的杠杆水平。同时还引入了与式（7）相同的控制变量及企业、年份固定效应进行参数估计，对应的估计结果如表8所示，第（1）列的结果说明当面临较为激烈的外部商业银行竞争时，企业的资产负债率水平较高，说明平均意义上商业银行竞争加剧仍然会使企业的杠杆水平提升，这与李志生等（2020）的研究结论一致，我国商业银行竞争持续加剧有助于企业获取外部债务融资。这是由于过度杠杆的企业更加易获得银行信贷支持，杠杆不足的企业则因信息成本的影响而难以有效调整实际融资需求。在第（2）列中引入去杠杆政策虚拟变量进行交互项估计，发现随着去杠杆政策的落实，商业银行竞争对企业整体负债水平的提升作用有所减弱，这也在一定程度上说明去杠杆政策的实行能够从商业银行路径发挥降低整体经济杠杆水平的作用，对应了本文表3中Panel B的参数估计结果。

表8　机制检验：银行竞争与企业债务融资水平

变量	(1)	(2)	(3) $Lev > Lev^*$	(4) $Lev < Lev^*$
	Lev	Lev	Lev	Lev
BC	0.009**	0.011***	0.015***	0.001
	(2.470)	(2.890)	(2.650)	(0.290)
BC×Deleveraging		−0.033***	−0.015***	−0.032***
		(−9.220)	(−3.330)	(−8.310)
Other Variables	是	是	是	是
Firm FE	是	是	是	是
Year FE	是	是	是	是
样本量	29910	29910	8451	20705
调整 R² 值	0.762	0.763	0.707	0.756

注：同表3。

通过对整体样本进行估计，我们发现银行竞争加剧整体上提升了所有企业的实际杠杆水平，而去杠杆政策使此问题有所缓解。将企业按照杠杆过度、杠杆不足进行区分，进一步分样本回归发现：一是对于实际杠杆过度的企业而言，银行竞争加剧使其杠杆水平进一步提升，而这对于实际杠杆不足的企业则不显著，即实际杠杆过度的企业样本驱动了整体样本的回归结果；二是对于本该需要降低杠杆水平的企业而言，银行竞争加剧反而进一步提升了杠杆水平，这反而偏离了企业的杠杆调整目标；三是对于需要提升杠杆水平的企业而言，银行竞争加剧没有起到显著的杠杆拉动作用，不利于这些企业进行杠杆调整；四是尽管去杠杆政策能够间接通过银行竞争抑制杠杆水平过高，但仅对于杠杆过度的企业而言是积极影响，对于杠杆不足的企业而言则是消极影响。

这些发现进一步补充了本研究的信息假说观点，当面临更为激烈的竞争时，商业银行出于对风险、绩效的考虑而谨慎放贷，银企信贷过程中的信息成本进一步上升。在这种情形下，那些有能力举债的企业（特别是杠杆过度企业），由于具有更低的信息维护成本和更可靠的信用水平，能够得到商业银行"锦上添花"的支持。反之，杠杆不足的企业则更需要证明自己具有良好的信用质量和偿债能力，但银行为避免落入"赢家诅咒"陷阱会更为谨慎放贷，表现在较少会"雪中送炭"上。

因此，从企业实际杠杆水平视角检验发现，银行竞争加剧不利于企业朝最优杠杆水平靠拢，而去杠杆政策在一定程度上加剧了这种负面影响，由此导致企业的杠杆调整速度减缓，这与表 3 Panel B 的结果相对应。

六 研究结论与启示

本研究借助较为外生的商业银行分支机构信息，从分支机构的地理聚类分布特征视角出发，结合商业银行分支机构竞争行为特点，构建了更具有经济含义的商业银行竞争指标，并检验了商业银行竞争对杠杆调整速度的影响。商业银行竞争加剧会导致上市公司的杠杆调整速度减缓，融资不足的上市公司尤为显著。去杠杆政策有助于企业更快向最优杠杆水平靠拢，但该政策也会通过加剧商业银行竞争间接减缓杠杆调整速度。进一步检验发现，商业银行竞争会加剧企业的外部融资约束，进而增加企业进行杠杆调整的成本，导致杠杆调整速度减缓。银行竞争不仅会增加杠杆过度企业的融资，还会降低杠杆不足企业的实际杠杆水平，从而阻碍企业向最优杠杆水平靠拢。而去杠杆政策也在一定程度上加剧了这种负面影响。此外，企业的信息成本也是影响杠杆调整速度的重要因素。异质性分析结果显示，商业信用的信号作用在银行激烈竞争的环境下有所减弱，从而增加了信息成本。而具有积极信息的年报文本情感倾向和向上的盈余调整能够缓解商业银行竞争对杠杆调整速度的负面影响。较高的市场化程度与银行竞争的"赢家诅咒"相对应，这会增加企业信息获取成本，进而阻碍企业向最优杠杆水平靠拢。此外，民营企业在银行竞争加剧的背景下，其杠杆调整速度会受到更大的负面影响。本研究揭示了银行竞争、企业杠杆调整速度与信息成本之间的复杂关系。在激烈的银行竞争环境下，信贷资源配置面临"两难"困境。一方面，银行为规避风险更加谨慎，导致融资成本上升，融资难问题依然存在；另一方面，企业在外部竞争压力下可能操纵信息以获取信贷支持，从而增加了潜在违约风险。在当前银行竞争加剧的背景下，银企信息不对称问题依然是制约我国信贷市场效率提升的核心问题。为优化信贷资源配置、提升银企信贷效率，在本文研究结论基础上，从银行、企业、监管机构和政策协同四个层面提出以下政策建议。

（一）银行层面

强化风险控制与精准服务。商业银行应深度整合大数据与人工智能技术（如自然语言处理），构建多维信用评估模型。通过挖掘企业非结构化数据（如舆情文本、供应链交易日志）与传统财务指标的关联性，提升对中小企业隐性风险的识别能力，破解传统财务造假的隐蔽性问题。此外，需重视建立基于客户分层的信贷服务体系，大型银行可依托资金成本优势重点服务于战略性新兴产业的融资，利用期权工具平衡风险收益。而地方性银行则需强化场景金融创新，开发"关系型信贷+场景金融"融合模式，例如基于区域产业集群的订单质押融资，以降低信息不对称成本。在风控能力建设配套措施方面可以创新审计机制，定期测试评估指标的稳定性与可解释性，与第三方数据服务商共建联合实验室，共享反欺诈黑名单库与风险预警信号。

（二）企业层面

分类施策与增加适应性融资渠道。企业需根据杠杆水平与行业特征实施差异化策略，提升对银行竞争环境的适应性。对于杠杆水平过高的企业，应主动优化资本结构，通过资产重组、股权融资等方式降低负债率，减轻银行对其信贷风险的担忧，释放银行竞争对实体企业产生的负面压力。杠杆不足的中小企业应主动提升信息披露质量，助力银行规避"赢家诅咒"。例如，构建数字化信息披露平台实现财务数据标准化，提供实时经营数据（如订单履约率、库存周转率等）与银行风控系统直连，降低银行信息搜集成本。此外，还应当探索"供应链金融+信用保险"等创新融资模式，通过与核心企业或政策性担保机构合作，提升自身信用等级，缓解融资约束。

（三）监管层面

引导健康竞争与加强信息披露。监管机构需运用市场化工具与数字技术构建新型治理框架。监管机构应致力于建立银行竞争程度的边界动态校准机制，引入"竞争强度—风险溢价"联动监管框架，通过逆周期调整存贷比、流动性覆盖率等指标阈值，抑制银行在优质客户争夺中的非理性行为。同时，建立区域性信贷集中度预警机制，防止局部区域过度竞争引发的系统性风险跨地域传染。此外，需要进一步完善信息披露机制，推动企业信息披露的标准化建设（如统一财务指标披露格式、规范非财务信息披露内容等），并加强信息披露审计和监督。同时，建立信息披露评级体系，将企业信息披露质量与其融资便利性挂钩，激励企业主动提升透明度。

（四）政策协同

结构性支持融资工具创新。推动结构性工具创新与生态体系培育。政府应针对银行竞争加剧背景下中小企业融资难的问题，设立专项贷款贴息政策或信用担保基金，降低银行对中小企业放贷的风险溢价。同时，鼓励政策性银行与地方性银行合作，开发"供应链金融+信用保险"等创新融资工具，帮助中小企业通过核心企业信用背书获得融资支持。此外，可通过"监管沙盒"试点，探索将 ESG（环境、社会与治理）表现纳入中小企业信贷评分体系，对不同类型的企业给予差异性信贷优惠，引导信贷资源向高质量企业倾斜。

总体而言，通过平衡银行竞争、企业杠杆调整速度与信息成本之间的关系，可以有效化解"双刃剑"效应带来的负面影响，优化信贷资源配置。这不仅能够推动金融资源的合理配置，还将为中国经济的转型升级和高质量发展提供有力支撑。

参考文献

［1］边文龙、沈艳、沈明高，2017，《银行业竞争度、政策激励与中小企业贷款——来自14省90县金融机构的证据》，《金融研究》第1期。

［2］蔡庆丰、陈熠辉、林焜，2020，《信贷资源可得性与企业创新：激励还是抑制？——基于银行网点数据和金融地理结构的微观证据》，《经济研究》第10期。

［3］陈志红、李宏伟，2019，《管理自主权的"掠夺"和"扶持"与资本结构动态调整》，《会计研究》第10期。

［4］邓超、敖宏、胡威、王翔，2010，《基于关系型贷款的大银行对小企业的贷款定价研究》，《经济研究》第2期。

［5］甘丽凝、武洪熙、牛芙蓉、张鸣，2015《大型投资与资本结构动态调整——基于中国上市公司的经验证据》，《会计研究》第9期。

［6］黄继承、阚铄、朱冰、郑志刚，2016，《经理薪酬激励与资本结构动态调整》，《管理世界》第11期。

［7］黄俊威、龚光明，2019，《融资融券制度与公司资本结构动态调整——基于"准自然实验"的经验证据》，《管理世界》第10期。

［8］姜付秀、蔡文婧、蔡欣妮、李行天，2019，《银行竞争的微观效应：来自融资约束的经验证据》，《经济研究》第6期。

［9］姜付秀、黄继承，2011，《市场化进程与资本结构动态调整》，《管理世界》第3期。

［10］李志生、金凌、孔东民，2020，《分支机构空间分布、银行竞争与企业债务决策》，《经济研究》第10期。

［11］李志生、金凌，2021，《银行竞争提高了企业投资水平和资源配置效率吗？——基于分支机构空间分布的研究》，《金融研究》第1期。

［12］刘贯春、刘媛媛、闵敏，2019，《经济金融化与资本结构动态调整》，《管理科学学报》第3期。

［13］闵亮、邵毅平，2012，《经济周期、融资约束与企业资本结构动态调整速度》，《中南财经政法大学学报》第6期。

［14］钱雪松、方胜，2017，《担保物权制度改革影响了民营企业负债融资吗？——来自中国〈物权法〉自然实验的经验证据》，《经济研究》第5期。

［15］钱雪松、金芳吉、杜立，2017，《地理距离影响企业内部资本市场的贷款价格吗？——来自企业集团内部借贷交易的证据》，《经济学动态》第6期。

［16］孙会霞、陈金明、陈运森，2013，《银行信贷配置、信用风险定价与企业融资效率》，《金融研究》第11期。

［17］谭小芬、姜可心、陈左宜、张文婧，2022，《地方财政压力与企业杠杆率——以财政"省直管县"改革为自然实验的研究》，《中国经济学》第4期。

［18］王朝阳、张雪兰、包慧娜，2018，《经济政策不确定性与企业资本结构动态调整及稳杠杆》，《中国工业经济》第12期。

［19］王小鲁、樊纲、胡李鹏，2019，《中国分省份市场化指数报告（2018）》，社会科学文献出版社。

［20］巫岑、黎文飞、唐清泉，2019，《产业政策与企业资本结构调整速度》，《金融研究》第4期。

［21］吴娜、于博、孙利军，2017，《商业信用融资与银行信贷融资的多重结构突变——基于面板门限的非线性关系分析》，《南开管理评论》第4期。

［22］吴心泓、吴心湄，2024，《商业银行数字化转型与企业债务融资成本——基于金融地理视角的经验证据》，《中国经济学》第1期。

［23］许晓芳、周茜、陆正飞，2020，《过度负债企业去杠杆：程度、持续性及政策效应——来自中国上市公司的证据》，《经济研究》第8期。

［24］尹志超、钱龙、吴雨，2015，《银企关系、银行业竞争与中小企业借贷成本》，《金融研究》第1期。

［25］左月华、刘晓军、代昀昊、刘博元，2022，《商业信用、年报文本与借贷成本——基于信号传递理论的实证检验》，《金融学季刊》第1期。

［26］Agostino M., Trivieri F. 2014. "Does Trade Credit Play a Signalling Role? Some Evidence from SMEs Microdata." *Small Business Economics* 42(1): 131–151.

［27］Alessandrini P., Presbitero A. F., Zazzaro A. 2009. "Banks, Distances and Firms' Financing Constraints." *Review of Finance* 13(2): 261–307.

［28］An Z., Chen C., Li D., Yin C. 2021. "Foreign Institutional Ownership and the Speed of Leverage Adjustment: International Evidence." *Journal of Corporate Finance* 68: 101966.

［29］An Z., Li D., Yu J. 2015. "Firm Crash Risk, Information Environment, and Speed of Leverage Adjustment." *Journal of Corporate Finance* 31: 132–151.

［30］Berger A. N., Miller N. H., Petersen M. A., Rajan R. G., Stein J. C. 2005. "Does Function Follow Organizational Form? Evidence from the Lending Practices of Large and Small Banks." *Journal of Financial Economics* 76(2): 237–269.

［31］Chong T. T.-L., Lu L., Ongena S. 2013. "Does Banking Competition Alleviate or Worsen Credit Constraints Faced by Small- and Medium-Sized Enterprises? Evidence from China." *Journal of Banking*

& Finance 37(9): 3412–3424.

[32] Dahiya S., Saunders A., Srinivasan A. 2003. "Financial Distress and Bank Lending Relationships." *The Journal of Finance* 58(1): 375–399.

[33] Dang T. L., Dang V. A., Moshirian F., Nguyen L., Zhang B. 2019. "News Media Coverage and Corporate Leverage Adjustments." *Journal of Banking & Finance* 109: 105666.

[34] De Guevara J. F., Maudos J. 2011. "Banking Competition and Economic Growth: Cross-country Evidence." The *European Journal of Finance*. 17(8): 739–764.

[35] De Angelo H., De Angelo L., Whited T. M. 2011. "Capital Structure Dynamics and Transitory Debt." *Journal of Financial Economics* 99(2): 235–261.

[36] Degryse H., Ongena S. 2005. "Distance, Lending Relationships, and Competition." *The Journal of Finance* 60(1): 231–266.

[37] Elsas R., Flannery M. J., Garfinkel J. A. 2014. "Financing Major Investments: Information about Capital Structure Decisions." *Review of Finance* 18(4): 1341–1386.

[38] Ertugrul M., Lei J., Qiu J., Wan C. 2017. "Annual Report Readability, Tone Ambiguity, and the Cost of Borrowing." *Journal of Financial and Quantitative Analysis* 52(2): 811–836.

[39] Faulkender M., Flannery M. J., Hankins K. W., Smith J. M. 2012. "Cash Flows and Leverage Adjustments." *Journal of Financial Economics* 103(3): 632–646.

[40] Fungáčová Z., Shamshur A., Weill L. 2017. "Does Bank Competition Reduce Cost of Credit? Cross-Country Evidence from Europe." *Journal of Banking & Finance* 83: 104–120.

[41] Gemba K., Kodama F. 2001. "Diversification Dynamics of the Japanese Industry." *Research Policy* 30(8): 1165–1184.

[42] Hadlock C. J., Pierce J. R. 2010. "New Evidence on Measuring Financial Constraints: Moving Beyond the KZ Index." *The Review of Financial Studies* 23(5): 1909–1940.

[43] Halling M., Yu J., Zechner J. 2016. "Leverage Dynamics over the Business Cycle." *Journal of Financial Economics* 122(1): 21–41.

[44] Wei He Z., 2022. "China's Financial System and Economy: A Review." Working Paper.

[45] Hollander S., Verriest A. 2016. "Bridging the Gap: The Design of Bank Loan Contracts and Distance." *Journal of Financial Economics* 119(2): 399–419.

[46] Jiang F., Jiang Z., Huang J., Kim K. A., Nofsinger J. R. 2017. "Bank Competition and Leverage Adjustments." *Financial Management* 46(4): 995–1022.

[47] Kling G., Paul S. Y., Gonis E. 2014. "Cash Holding, Trade Credit and Access to Short-Term Bank Finance." *International Review of Financial Analysis* 32: 123–131.

[48] Knyazeva A., Knyazeva D. 2012. "Does Being Your Bank's Neighbor Matter?" *Journal of Banking & Finance* 36(4): 1194–1209.

[49] Kothari S. P., Leone A. J., Wasley C. E. 2005. "Performance Matched Discretionary Accrual Measures." *Journal of Accounting and Economics* 39(1): 163–197.

[50] Kysucky V., Norden L. 2016. "The Benefits of Relationship Lending in a Cross-Country Context: A Meta-Analysis." *Management Science* 62(1): 90–110.

［51］Leon F.2015."Does Bank Competition Alleviate Credit Constraints in Developing Countries?" *Journal of Banking & Finance* 57：130–142.

［52］Li W., Wu C., Xu L., Tang Q.2017."Bank Connections and the Speed of Leverage Adjustment：Evidence from China's Listed Firms." *Accounting and Finance* 57：1349–1381.

［53］Lin J. Y., Sun X., Wu H. X.2015. "Banking Structure and Industrial Growth：Evidence from China." *Journal of Banking & Finance* 58：131–143.

［54］Öztekin Ö, Flannery M. J.2012. "Institutional Determinants of Capital Structure Adjustment Speeds." *Journal of Financial Economics* 103(1)：88–112.

［55］Öztekin Ö.2015."Capital Structure Decisions around the World：Which Factors Are Reliably Important?" *Journal of Financial and Quantitative Analysis* 50(3)：301–323.

［56］Petersen M. A., Rajan R. G.2002. "Does Distance Still Matter? The Information Revolution in Small Business Lending." *The Journal of Finance* 57(6)：2533–2570.

［57］Petersen M. A., Rajan R. G.1995."The Effect of Credit Market Competition on Lending Relationships." *The Quarterly Journal of Economics* 110(2)：407–443.

［58］Rajan R. G.1992."Insiders and Outsiders：The Choice between Informed and Arm's–Length Debt." *The Journal of Finance* 47(4)：1367–1400.

［59］Shakya S., 2022. "Geographic Networks and Spillovers between Banks." *Journal of Corporate Finance* 77：102313.

［60］Stiglitz J., Weiss A.1981."Credit Rationing in Markets With Imperfect Information." *American Economic Review* 71：393–410.

［61］Strebulaev I. A.2007. "Do Tests of Capital Structure Theory Mean What They Say?." *The Journal of Finance* 62(4)：1747–1787.

［62］Tao Q., Sun W., Zhu Y., Zhang T.2017."Do Firms Have Leverage Targets? New Evidence from Mergers and Acquisitions in China." *The North American Journal of Economics and Finance* 40：41–54.

［63］Warr R. S., Elliott W. B., Koëter–Kant J., Öztekin Ö.2012."Equity Mispricing and Leverage Adjustment Costs." *Journal of Financial and Quantitative Analysis* 47(3)：589–616.

［64］Zhao T., Jones–Evans D. 2017. "SMEs, Banks and the Spatial Differentiation of Access to Finance." *Journal of Economic Geography* 17(4)：791–824.

（责任编辑：许雪晨）

灵活就业能否促进共同富裕

张 艺 梁永福*

摘 要： 本文基于中国劳动力动态调查数据，探讨了灵活就业对收入不平等的影响及其作用机制。研究发现，灵活就业总体上有助于降低总体收入不平等、缩小城乡差距，推动共同富裕，其降低不平等的效应在城市和农村地区存在明显的异质性，且灵活就业对全国收入不平等的抑制作用主要体现在农村地区。灵活就业提升了农村地区的中低收入群体收入水平，显著缓解了农村内部收入分化，同时缩小了城乡收入差距。进一步分解影响收入不平等的因素后发现，农村地区收入改善主要归因于劳动者人力资本回报率的升高。并且，灵活就业对中低收入者、男性、农村高技能劳动者的影响更加显著。本文为理解新型就业形态的收入调节效应提供了微观证据，政府应针对城市和农村因地制宜制定政策。在农村，政府需推动平台经济与农村产业融合，扩大灵活就业机会；在城市，政府应深化户籍制度改革，消除劳动力市场制度壁垒，进而缩小收入差距，加快共同富裕进程。

关键词： 灵活就业 收入不平等 城乡差距 零工就业 收入分配

一 引言

近年来，灵活就业成为吸纳就业的"蓄水池"和缓解就业压力的"减压阀"。国务院的《"十四五"就业促进规划》明确提出，健全灵活就业劳动标准，构建灵活就业劳动权益保障机制，支持劳动者通过灵活就业增收，充分发挥其在稳定和扩大就业方面的重要作用。根据国家统计局发布的数据，我国灵活就业总体规模已超过2亿人，并且大

---

* 张艺，讲师，广东工业大学经济学院，电子邮箱：yizhang17@gdut.edu.cn；梁永福（通讯作者），副教授，广东工业大学经济学院，电子邮箱：tomeylyf@gdut.edu.cn。
本文获得国家社科基金后期资助一般项目（22FJYB045）、广东省自然科学基金面上项目（2023A1515010867）的资助。本文为《中国经济学》审稿快线参会论文，感谢点评专家和编辑部的宝贵意见，文责自负。

学毕业生群体成为灵活就业的主力军。①中国人民大学灵活用工课题组等发布的《中国灵活用工发展报告（2022）》显示（杨伟国等，2021），2021年使用灵活用工的企业比重达61%，灵活就业已成为重要的就业形式。然而，现有研究多聚焦灵活就业的社会保障（赵建国和周德水，2020）、职业风险（耿爱生，2014）等问题，缺乏对其收入分配效应的探讨。在城乡二元结构下，灵活就业既可能通过提供包容性就业机会来缩小收入差距，也可能因劳动力市场存在制度性分割而加剧收入不平等（Cao等，2020）。这种理论缺口与现实需求的矛盾，凸显了研究灵活就业对收入不平等影响的重要性。

收入不平等研究一直是经济学关注的重要问题，但已有研究多聚焦非灵活就业者，主要探讨影响收入不平等的不同因素，包括技术进步（徐舒，2010）、职业隔离（吴晓刚和张卓妮，2014）、出口（张川川，2015）、教育（杨娟和赵心慧，2018）、外出务工（方超和黄斌，2020）、农户创业（杨丹和曾巧，2021）、数字金融（斯丽娟和汤晓晓，2022；尹志超等，2023）、电子商务（周亚虹等，2024）、农业技术（罗汉祥等，2024）等。然而，对于灵活就业者的收入问题，已有研究相对匮乏。现有的关于灵活就业的研究，主要集中在就业特征方面，如灵活就业者的健康状况（耿爱生，2014）以及灵活就业者的社会保障和劳动者权益问题，如养老保险（赵建国和周德水，2020）、医疗保险（刘俊霞等，2016）、工伤保险（王天玉，2021）等。虽然有部分研究探讨了灵活就业者的工资影响因素（张艺和明娟，2022；张艺和皮亚彬，2022），但鲜有研究关注灵活就业对收入不平等的影响，特别是在促进灵活就业的政策背景下，灵活就业究竟如何影响城乡居民收入分布这一问题亟待解答。

本研究将灵活就业纳入收入不平等分析框架。灵活就业对收入不平等的影响属于行业间收入不平等问题。②已有研究表明（陈钊等，2010；吴晓刚和张卓妮，2014；聂海峰和岳希明，2016），劳动力市场分割是行业间收入不平等的主要成因。灵活就业作为区别于正规就业的选择，具有门槛低、工作时间地点灵活、包容性强等特征，能为中低收入群体创造更多就业机会，通过收入提升机制降低总体收入不平等程度（何勤等，2018）。然而，Cao等（2020）指出，灵活就业者因社会保障缺失而收入波动较大，可能加剧收入不平等。此外，在城乡二元结构下，灵活就业对收入不平等的影响存在明显差异。在农村地区，灵活就业作为相较于农业收入更高的就业方式，能缩小居民收入差距；当前我国深入推进实现共同富裕目标，但对于灵活就业与共同富裕的作用机制及效

---

① 《努力创造更多灵活就业岗位　从业人员规模达两亿左右》，http://www.gov.cn/xinwen/2020-08/08/content_5533263.htm 。

② 有文献将"灵活就业"命名为"非正规就业"或者"正典型就业"。本文统一使用国家相关政策文件中"灵活就业"的命名方式。

应仍缺乏系统研究。因此，本文试图弥补现有研究不足，从微观视角揭示灵活就业在城乡的差异化作用机制，并剖析其影响收入不平等的内在机理。

本研究从以下两方面拓展了收入分配理论。第一，关于农村地区收入不平等的相关研究。已有研究认为农户创业和非农就业是降低收入不平等程度的主要方式（杨丹和曾巧，2021，程名望等，2016），但尚未探讨灵活就业对于农村地区收入不平等的影响，本研究揭示了灵活就业对收入不平等的调节作用，灵活就业通过职业转换效应显著降低收入不平等，其根源在于农业与非农就业的收入差异。第二，关于新型就业形态与收入不平等的研究。本文区别于聚焦正规就业对收入不平等影响的传统研究，将灵活就业这一更具包容性的新型就业形态纳入分析框架，结果发现灵活就业有降低收入不平等的作用，并且灵活就业对收入不平等的抑制作用主要源于农村灵活就业的包容性增长。

本研究的边际贡献包含以下三方面。第一，弥补已有文献对灵活就业的研究不足。利用全国代表性劳动力调查面板数据，从微观视角分析了灵活就业对于收入不平等的影响。第二，运用实证方法分析灵活就业者影响收入差距的因素，并着重探讨灵活就业在农村地区对收入不平等的影响。第三，分析灵活就业影响收入不平等的作用机理，为制定促进灵活就业的政策提供理论支撑。

二 研究背景与理论假说

灵活就业是数字经济时代的新型就业形态，国家统计局数据显示，2023年末，灵活就业人员占全国就业人员的27%，占城镇就业人员的43%，[①]然而，现有研究对灵活就业影响收入不平等的作用机制关注不足。由于城乡收入差距存在，且就业结构有明显差异，农村地区以农业就业为主，城市地区以非农就业为主。在此背景下，灵活就业对收入不平等的影响机制需要区别对待，本文将分别探讨灵活就业对城市和农村收入不平等的异质性影响。图1展示了灵活就业者与非灵活就业者年收入的核密度分布，直观反映了两者收入分布的差异。城乡灵活就业者的收入呈现显著差异：农村灵活就业者收入高于非灵活就业者，城市灵活就业者收入低于非灵活就业者。这表明，灵活就业对收入不平等的影响存在城乡异质性，根源在于城乡收入与就业结构的差异。从收入分布曲线的峰度来看，农村灵活就业者的收入状况优于非灵活就业者，而城市灵活就业者的收入状况不如非灵活就业者，这反映出城乡收入分配格局的分化。

---

① 《近三成就业者灵活就业，工作稳定性、社保水平待提升》，https://www.yicai.com/news/102490802.html。

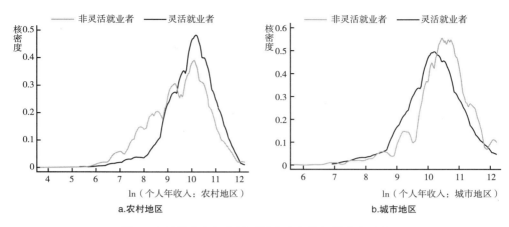

图1 灵活就业者与非灵活就业者年收入核密度对比

数据来源：中国劳动力动态调查2014年与2016年数据。

灵活就业作为新兴就业形态，对劳动收入分配的影响在城乡存在显著差异。这种异质性本质上源于行业间收入差距。行业间收入不平等理论可追溯至亚当·斯密的《国富论》，他提出工资差异源于行业培训成本、工作稳定性、工作环境等竞争性因素，以及制度性非竞争因素。行业间收入差距的定量研究始于Douglas（1930）和Slichter（1950）对美国职业工资差距的分析，但受限于数据，早期研究未能提供微观层面证据。随着人力资本理论（Mincer，1958；Becker，1962）的兴起及家庭微观数据的丰富，收入不平等研究转向聚焦个体人口特征。近年来，随着就业微观数据的丰富，研究灵活就业对收入不平等的影响成为可能。

灵活就业具有工作时间地点灵活、门槛低等特点，与传统正规就业存在显著差异（张艺和皮亚彬，2022），这些特性使其在收入形成机制和对收入不平等的影响路径上都呈现出独特性。何勤等（2018）对平台型灵活就业者的研究发现其基尼系数显著低于全国劳动者平均水平，表明灵活就业者收入分配更平等。这源于两方面原因：一是灵活就业者人力资本回报率差异较小，二是传统劳动力市场分割对其影响较小。这与对美国灵活就业者的研究发现一致，Chen等（2019）利用美国100多万名Uber司机的数据发现，美国灵活就业者收入分配较正规就业者更平等。

灵活就业能够提高中低收入群体的收入水平。研究表明，灵活就业者更易参与创新和创业（Burke和Cowling，2020），因为灵活就业可作为失业保险的替代形式，从而提升创业意愿（Barrios等，2022）。从社会保障视角看，灵活就业者倾向于通过创业提升收入水平，主要原因是缺乏劳动保障，在失业时，创业成为其维持生计的主要选择。研究表明，与正规就业相比，灵活就业的劳动保障不足，医疗保险参保比例相对较低（刘俊霞等，2016）。并且，灵活就业者的劳动权益保障制度缺乏（李坤刚，2017）。

灵活就业还通过群体包容性等来降低收入不平等。以性别为例，女性因家庭照料义务面临更严格的工作时间约束，传统正规就业参与率较低，而灵活就业的时间弹性有效缓解了其面临家庭与工作的冲突，缩小了性别收入差距。对美国网约车司机的研究显示（Cook 等，2021），其性别收入差距小于正规就业。灵活就业通过就业包容性缓解年龄收入差距。对美国老年劳动者的研究（Ameriks 等，2020）表明，灵活就业可延长老年人工作时间，缓解老年群体间的收入分化。然而，由于老年人工作强度与学习能力弱于年轻人，老年灵活就业者收入仍显著低于年轻同行（Cook 等，2019）。

灵活就业对收入不平等的影响还反映在其对收入不确定性的影响上。由于灵活就业者的收入波动高于非灵活就业者，新冠疫情所造成的收入冲击对灵活就业者的影响更加严重（Cao 等，2020）。对巴西收入波动的研究（Engbom 等，2022）表明，若 2000 年后巴西灵活就业全部转为正规就业，总体收入波动将减少一半，这源于灵活就业收入不确定性高、抗风险能力弱的特征。

灵活就业可以通过以下路径影响收入不平等。首先，就业结构优化效应。农村劳动力从低收入的农业部门转向非农部门，收入显著提升。灵活就业为低技能群体提供了获得高于传统农业部门收入的机会，通过职业转换促进收入增长（周亚虹等，2024）。农村电商作为数字经济赋能灵活就业的典型形式，为农村居民带来了创收机会（高文静等，2023）。其次，社会网络扩散效应。农村紧密的社会网络通过信息共享与示范效应，加速灵活就业经验传播，带动周边群体增收。这种社会网络扩散效应与数字经济的普惠效应具有相似的机制（陈梦根和周元任，2023）。最后，包容性就业优势。灵活就业的低门槛为物质资本或受教育水平有限的农村家庭提供了包容性就业机会。因此，灵活就业可以缓解农村地区的收入不平等。

中国收入不平等的结构性根源主要来自城乡二元结构，灵活就业通过职业转换效应使农村劳动力能够以更低门槛参与非农经济（周亚虹等，2024）。这种职业转换不仅提升了个体收入水平，更通过社会网络扩散效应形成示范作用带动周边农户收入增加（陈梦根和周元任，2023）。农村灵活就业整体上可以提升农村居民收入水平。从全国层面看，收入不平等主要是由城乡收入差距导致的，而农村灵活就业带来的收入水平提升有利于缩小城乡收入差距，这种结构性调整有效缓解了城乡二元结构的收入分化。因此，提出如下理论假说。

H1：灵活就业可以降低总体收入不平等水平。

三　研究设计

本文的研究设计包含以下三部分：第一，定量计算灵活就业对于城市和农村的收入不平等的异质性影响；第二，基于劳动者的个体特征分解灵活就业导致收入不平等的影响因素；第三，结合现有理论与实证结果，揭示灵活就业影响收入不平等的传导路径。

（一）研究方法

本文采用再中心化影响函数（Recentered Influence Function，RIF）回归与分解方法来分析灵活就业对于收入不平等的影响。RIF 回归与分解方法广泛应用于收入不平等的研究（徐舒，2010；黎蔺娴和边恕，2021）。RIF 回归在 Oaxaca—Blinder 分解方法的基础上发展而来，传统的 Oaxaca—Blinder 分解方法只针对收入的条件均值差异进行分解，无法用于分析其他统计量，而 RIF 回归分解则可以基于任何一种分布函数进行，尤其适合针对收入不平等的统计量（如方差、基尼系数和分位数差等）进行分解。该方法可以用于衡量样本中某一处微小变化对总体统计量的影响（Firpo 等，2009； Rios-Avila，2020）。

在收入不平等的研究领域，再中心化影响函数（RIF）是一种被广泛应用的研究方法，尤其是在农村收入不平等研究领域，基于 RIF 方法的研究成果丰硕。周亚虹等（2024）通过 RIF 分析发现，农村电子商务与数字金融的协同效应对农村收入不平等具有显著的抑制作用，表明其能有效缓解农村收入分化。通过 RIF 回归模型考察农业技术进步对农民收入不平等的影响，发现农业技术进步总体上加剧了收入不平等（罗汉祥等，2024）。吴彬彬等（2021）采用 RIF 方法发现，农村居民将互联网用于工作用途会加剧工资收入不平等。崔益邻等（2024）指出，农村土地确权能显著降低农户收入不平等。此外，RIF 模型在其他收入不平等研究中亦得到广泛应用。例如，李锐和贾敏雪（2024）采用微观模拟与 OAXACA-RIF 分解，量化分析了不同性别群体在延迟退休政策中的福利差异。还有研究借助 RIF 模型研究大学生劳动力就业结构变动、岗位技能工资结构变动对高等教育溢价变动的贡献率（薛欣欣和辛立国，2023）。这些研究验证了 RIF 方法在收入不平等分析中的有效性。

采用 RIF 回归方法分析灵活就业对收入不平等的影响，需定义 IF（Influence Function）影响函数：

$$IF\{y_i, v(F_y)\} = \lim_{t \to 0} \frac{v\{(1-\varepsilon)F_y + \varepsilon H_{y_i}\} - v(F_y)}{\varepsilon} = \frac{\partial F_y \to H_{y_i}}{\partial \varepsilon}$$

其中，F_y 代表 y 的分布函数，H_{y_i} 是 $y = y_i$ 处的分布，$v(F_y)$ 为衡量收入不平等的统计量，这里使用方差、基尼系数和分位数作为衡量收入不平等的统计量。IF 影响函数可以衡量当 $y = y_i$ 时，样本发生微小变化后，其统计量的变化。

在 IF 影响函数的基础上，加入 $v(F_y)$ 原分布函数的统计量，就可以构建 RIF 再中心化影响函数（Recentered Influence Function）：

$$RIF\{y_i, v(F_y)\} = IF\{y_i, v(F_y)\} + v(F_y)$$

Rios-Avila（2020）证明 RIF 的无条件期望就是其统计量本身，利用 RIF 函数的这一性质，把 RIF 函数与 OLS 回归结合起来，RIF 作为被解释变量，同时选择理论上影响 RIF 统计量的因素作为解释变量，构建 RIF-OLS 模型：

$$RIF\{y_i, v(F_y)\} = X'\beta + \varepsilon_i, E[\varepsilon_i] = 0$$

对 RIF-OLS 的回归结果两边取期望可得：

$$v(F_y) = E[RIF\{y_i, v(F_y)\}] = E[X'\beta] + E[\varepsilon_i] = \bar{X}'\beta$$

RIF-OLS 回归方程中系数 β 的经济含义为，在保持其他条件不变时，$\bar{X}'$ 的均值提高一个单位，统计量 $v(F_y)$ 提高 β。在经典收入决定方程 Mincer 方程基础上，将灵活就业纳入方程作为核心解释变量，借鉴已有研究对于收入不平等的模型设定（徐舒，2010；吴晓刚和张卓妮，2014；张川川，2015；甘犁等，2018），加入个体、城市和年份控制变量，设定收入不平等决定方程：

$$\nu(Income_{ijt}) = \beta_0 + \beta_1 Gig_{ijt} + X'_{ijt}\beta_i + \sum_{j=1}^{k}\lambda_j + \sum_{t=1}^{T}\tau_t + \mu_{ijt}$$

式中，$\nu(Income_{ijt})$ 代表个体 i 在城市 j 和时间 t 的收入变化时所导致收入不平等指标的变化。Gig_{ijt} 为核心解释变量"是否灵活就业"，灵活就业取值为 1，否则为 0。系数 β_1 反映了灵活就业对收入不平等的影响。X'_{ijt} 为控制变量，包括人力资本和社会资本两方面的因素，人力资本包含受教育水平、工作经验、年龄及其平方、性别、婚姻状况、户籍、健康状况。社会资本包含是否为共产党员、是否服兵役以及是否会英语。由于区域差异是收入不平等的重要因素（程名望等，2016），且城市层面地理、经济等因素会影响收入水平，加入城市的虚拟变量 $\sum_{j=1}^{k}\lambda_j$ 以控制城市层面的固定效应。并且，考虑到经济增长导致收入变化，加入年份的固定效应 $\sum_{j=1}^{T}\tau_t$ 以控制宏观经济形势的变化，μ_{ijt} 采用异方差稳健的标准误。

（二）模型设定

从模型设定的角度，将灵活就业视为收入不平等的原因需要保证模型满足非混淆假设。非混淆假设是指在控制其他因素之后，误差项的条件均值要独立于解释变量，称为零条件均值假设，$E[\mu|X]=0$。在非混淆假设下，核心解释变量灵活就业与误差项之间独立。但灵活就业作为劳动者主动选择的就业形式，与劳动者个体特征相关，这会导致灵活就业的选择与误差项之间不独立。如果直接使用 RIF 方法估计灵活就业对收入不平等的影响，则可能产生自选择偏误。

在 RIF 模型设定中主要的内生性来源于灵活就业导致的样本自选择问题，其他可能的内生性来源，如反向因果以及测量误差的影响较小。灵活就业作为一种职业选择是由劳动者决定的，该选择取决于劳动者的个体特征。例如劳动者的年龄、受教育水平、健康状况、性别等一系列人力资本和社会资本因素。如果劳动者的人力资本特征与灵活就业的选择正相关，即人力资本水平越高，选择灵活就业的可能性越高，则灵活就业对收入的影响可能被高估；相反，如果劳动者的人力资本特征与灵活就业的选择负相关，即人力资本水平越高，选择灵活就业的可能性越低，则灵活就业对收入的影响有可能被低估。

为解决样本自选择问题，本文采用 RIF 分组处理效应模型（Maddala，1986），其核心思路是：将灵活就业选择视为分组过程，通过估计可观测特征影响下的灵活就业参与概率，对原模型进行权重调整，以纠正自选择偏差，具体步骤为：通过 Logit 或 Probit 模型估计个体进入处理组的概率，以该概率作为权重，重新估计收入不平等指标，此过程称为分配权重调整。分组处理效应模型的适用前提是灵活就业分组基于可观测特征。大多数已有研究都支持这一前提（宁光杰，2012；阳玉香，2017），即个体的就业选择是基于劳动者的可观测特征。因此，本文基准回归采用 RIF 分组处理效应模型缓解估计偏误。

（三）不平等因素的分解模型

采用 RIF 分解方法，将灵活就业与非灵活就业的收入差异分解为两部分：第一部分为特征差异效应，也称为可解释部分，第二部分为系数效应，又称为不可解释部分。该分解需要构造反事实收入组来实现。针对自选择偏误，本文采用 RIF 重新加权调整，构造灵活就业者若不从事灵活就业的反事实收入分布：

$$F_Y^C = \int F_{Y|X,T=0}\, \mathrm{d}F_{X|T=1} \cong \int F_{Y|X,T=0}\, \mathrm{d}F_{X|T=0}\, w(\mathbf{X})$$

其中，权重 $w(\mathbf{X})$ 由 Logit 模型获得，基于灵活就业者不从事灵活就业的反事实收入分布拟合值，再进行 RIF 回归得到统计量的估计值：

$$v_c = E[RIF(y, v(F_Y^C))] = \bar{X}^C \hat{\beta}^C$$

借鉴 Rios-Avila（2020）的方法，将灵活就业造成的收入不平等分解成如下四部分：

$$\Delta v = \underbrace{\bar{X}^1(\widehat{\beta_1} - \widehat{\beta_C})}_{\Delta v_S^P} + \underbrace{(\bar{X}^1 - \bar{X}^C)\widehat{\beta_C}}_{\Delta v_S^e} + \underbrace{(\bar{X}^C - \bar{X}^0)\widehat{\beta_0}}_{\Delta v_X^P} + \underbrace{\bar{X}^C(\widehat{\beta_C} - \widehat{\beta_0})}_{\Delta v_X^e}$$

其中，Δv_S^P 是纯系数效应，Δv_S^e 是再分配误差，Δv_X^P 是纯特征效应，Δv_X^e 是模型设定误差。Δv_S^e 与 Δv_X^P 是可解释部分，而 Δv_S^P 与 Δv_X^e 是不可解释部分。

（四）数据说明

本文数据来源于中国劳动力动态调查（CLDS），样本覆盖全国（除港澳台、西藏、海南外）29 个省、自治区、直辖市。CLDS 采用多阶段、多层次、与劳动力规模成比例的概率抽样方法，具有良好的全国代表性。该调查以劳动力的教育、收入、就业和劳动权益等方面的现状和变化为核心。这与本文所关注的劳动者职业和收入问题相契合，尤其是 CLDS 数据对劳动者职业的分类，可准确地定义灵活就业者。因此，本文选取 CLDS 在 2014 年与 2016 年的数据。在剔除部分缺失数值的样本后，最终样本包含来自 29 个省份共 26526 名个体。

本文对灵活就业的定义方法与已有研究一致（张传勇和蔡琪梦，2021；何文和申曙光，2020），基于劳动者职业类型，将自由工作者（包括零散工、摊贩、无派遣单位的保姆、自营运司机、手工工匠等职业类型）定义为灵活就业者。收入指标采用个体年收入，鉴于灵活就业者收入波动较大，月工资易产生测量误差，使用年收入可有效克服这一问题。控制变量选取参考徐舒（2010）、张川川（2015）和甘犁等（2018）的研究，纳入以下影响收入的变量：年龄、受教育水平、工作经验、性别、婚姻状况、户籍、健康状况、职业培训、中共党员、服兵役、外语水平。城乡划分标准参考王佳和徐玮（2020）的做法，依据调查区域的村委会或居委会属性，将村委会辖区划分为农村地区，居委会辖区划分为城市地区。本文将在稳健性检验部分，探讨灵活就业定义与城乡划分方式的合理性，并采用其他标准验证结果的稳健性。

表 1 报告了变量分组描述性统计的结果。灵活就业者与非灵活就业者之间存在统计上显著的个体特征差异，这意味着需要考虑灵活就业者的自我选择问题。首先，比较灵活就业与非灵活就业的收入水平，农村地区灵活就业者的收入比非灵活就业者高 0.811 万元，占非灵活就业者年收入的 35%；城市地区则不然，灵活就业者比非灵活就业者的收入低 0.938 万元，占非灵活就业者年收入的 20%。其次，农村地区和城市地区的灵活就业者呈现出截然不同的人力资本特征。农村地区的灵活就业者比非灵活就业者更年轻、受教育水平更高、身体更健康，且男性比例更高。与此相反，城市灵活就业者则年龄更大、受教育水平更低、健康状况更差，且外语水平显著低于非灵活就业者。

表1　灵活就业者与非灵活就业者特征变量的描述性统计

变量	农村地区			城市地区		
	非灵活就业者	灵活就业者	组间差	非灵活就业者	灵活就业者	组间差
收入	2.314	3.125	−0.811***	4.585	3.646	0.938***
年龄	46.406	44.945	1.461***	41.383	44.785	−3.402***
受教育水平	7.570	7.956	−0.387***	11.803	9.225	2.577***
性别	0.476	0.258	0.219***	0.456	0.406	0.050***
婚姻状况	0.898	0.902	−0.004	0.820	0.851	−0.031**
户籍	0.039	0.047	−0.008	0.204	0.250	−0.045***
健康状况	0.583	0.652	−0.069***	0.703	0.670	0.033**
职业培训	0.066	0.048	0.019***	0.243	0.075	0.167***
中共党员	0.056	0.032	0.024***	0.162	0.036	0.127***
服兵役	0.024	0.027	−0.003	0.050	0.027	0.024***
外语水平	0.055	0.043	0.013**	0.256	0.089	0.168***
样本量	15108	1759		8678	981	

注：组间差是非灵活就业者与灵活就业者的变量均值之差。*、**、***分别表示在10%、5%、1%的水平上显著。

四　灵活就业对收入不平等影响的实证结果

（一）灵活就业者收入不平等的影响因素分解

描述性统计显示，灵活就业者与非灵活就业者存在显著的人力资本差异。基于此，本文在RIF模型中控制了个体特征，同时，纳入城市固定效应和年份固定效应，以排除时间趋势与地区差异的干扰。考虑到灵活就业者所具有的自我选择性，采用RIF的分组处理效应模型重新调整分配权重。表2呈现了灵活就业的RIF回归结果，第（1）~（3）列显示，RIF模型中，控制其他变量后，灵活就业对收入不平等（基尼系数、方差、第90-10分位数差）的影响均显著为负。第（4）~（6）列为RIF分组处理效应模型结果，基于可观测变量调整个体选择灵活就业的权重后，通过Probit模型估计灵活就业的选择性权重。与未加权的前三列结果相比，调整权重后，灵活就业对收入不平等的抑制效应仍显著为负，但系数绝对值有所下降，表明个体自我选择性部分解释了灵活就业对收入不平等的影响。

表2的回归结果表明，在保持个体人口特征不变且无地区迁移的情况下，个体从非灵活就业岗位转向灵活就业岗位，可显著降低整体的收入不平等水平，研究假设1得到验证。具体而言，灵活就业者占比每提高1个百分点，基尼系数减少0.008，方差减少0.277，第90与第10分位数差距缩小0.388。

表 2　灵活就业对收入不平等影响的基准回归结果

变量	未调整处理组分配权重			调整过处理组分配权重		
	（1）	（2）	（3）	（4）	（5）	（6）
	Gini	Var	RQ90-10	Gini	Var	RQ90-10
灵活就业	−0.009***	−0.290***	−0.413***	−0.008***	−0.277***	−0.388***
	(0.001)	(0.040)	(0.061)	(0.001)	(0.053)	(0.075)
城市固定效应	是	是	是	是	是	是
年份固定效应	是	是	是	是	是	是
样本量	26526	26526	26526	26526	26526	26526
R^2值	0.152	0.089	0.084	0.131	0.099	0.066

注：括号内为稳健标准误，*、**、***分别表示在10%、5%、1%的水平上显著，下同。

（二）灵活就业对农村收入不平等的影响

基于灵活就业对收入不平等影响的城乡异质性，本文将样本划分为城市与农村，分别进行 RIF 回归。表 3 汇报了灵活就业对于农村地区收入不平等的影响。第（1）~（3）列为未调整权重的 RIF 结果，第（4）~（6）列为调整权重后的 RIF 结果。结果显示，无论采用何种统计量，灵活就业均显著地降低了农村收入不平等水平。未考虑灵活就业者的选择性时，灵活就业导致农村基尼系数降低了 0.007。而采用 RIF 的分组处理效应模型调整了分配权重后，灵活就业导致农村基尼系数降低了 0.010。并且，与总体收入不平等水平相比，灵活就业对于农村地区的收入不平等影响更大，下降幅度更大。

表 3　灵活就业对农村地区收入不平等的影响

变量	未调整处理组分配权重			调整过处理组分配权重		
	（1）	（2）	（3）	（4）	（5）	（6）
	Gini	Var	RQ90-10	Gini	Var	RQ90-10
灵活就业	−0.007***	−0.162***	−0.136**	−0.010***	−0.290***	−0.625***
	(0.001)	(0.050)	(0.061)	(0.002)	(0.075)	(0.088)
城市固定效应	是	是	是	是	是	是
年份固定效应	是	是	是	是	是	是
样本量	16867	16867	16867	16867	16867	16867
R^2值	0.104	0.062	0.055	0.120	0.091	0.083

（三）灵活就业对城市收入不平等的影响

表4汇报了灵活就业对城市地区收入不平等的影响。第（1）~（3）列为未调整权重的RIF结果，第（4）~（6）列为调整权重后的RIF结果。结果显示，灵活就业不能降低城市收入不平等水平。未考虑灵活就业者的选择性时，灵活就业导致城市地区基尼系数增加0.005。而采用RIF的分组处理效应模型重新调整了分配权重后，灵活就业导致城市地区基尼系数增加0.007。这表明，考虑了职业选择性带来的内生性问题后，灵活就业对城市收入不平等的影响更大。与农村地区相比，灵活就业对城市地区收入不平等的作用是相反的，灵活就业并不能降低城市的收入不平等水平。

表4　灵活就业对城市地区收入不平等的影响

变量	未调整处理组分配权重			调整过处理组分配权重		
	（1）	（2）	（3）	（4）	（5）	（6）
	Gini	Var	RQ90-10	Gini	Var	RQ90-10
灵活就业	0.005***	0.115*	0.185***	0.007***	0.202***	0.327***
	(0.002)	(0.060)	(0.068)	(0.002)	(0.070)	(0.106)
城市固定效应	是	是	是	是	是	是
年份固定效应	是	是	是	是	是	是
样本量	9659	9659	9659	9659	9659	9659
R^2值	0.096	0.063	0.066	0.174	0.171	0.101

（四）灵活就业对于收入不平等的影响因素分解

为探究灵活就业对收入不平等的影响因素，基于RIF分解方法，将灵活就业者的收入和非灵活就业者的收入之间的差距分解成可解释部分和不可解释部分。可解释部分称为特征效应，反映个体特征差异（如受教育水平、工作年限、年龄、培训经历等）对收入差距的贡献。不可解释部分称为系数效应，灵活就业和非灵活就业在个体特征相同的情况下，其回归系数导致的收入差距无法用市场因素来解释，体现了相同特征个体因就业形式差异导致的收入差距，其根源在于非市场因素的影响，如行业隔离等。

表5汇报了灵活就业对于农村地区和城市地区的收入不平等的影响因素分解的结果，前三列是农村地区的不平等系数分解，后三列是城市地区的不平等系数分解。不平等系数分别用基尼系数、方差以及第90-10分位数差来代表，例如，第（1）列的农村地区基尼系数分解后如下：第一行表示非灵活就业的基尼系数为0.071。第二行表示的是非灵活就业者的反事实状态，即如果非灵活就业者去从事灵活就业，其基尼系数会降为0.061。第三行表示灵活就业的基尼系数为0.054。非灵活就业者与灵活就业者的基尼系

数差（0.071-0.054=0.017）表示灵活就业造成基尼系数变化的总差距，非灵活就业者反事实状态与灵活就业者的差异（0.061-0.054=0.007）表示由个体特征差异驱动的可解释部分，非灵活就业者与反事实状态的差异（0.071-0.061=0.01）表示由非市场因素导致的不可解释部分。

从贡献率看，农村灵活就业的不可解释部分（系数效应）与可解释部分（特征效应）贡献率相近。以第（1）列基尼系数为例，可解释部分贡献率为 41%（0.007/0.017），不可解释部分为 59%（0.01/0.017）。城市地区则呈现相反特征：可解释部分贡献统计上不显著，不可解释部分贡献显著。可解释部分进一步细分为纯特征效应和模型设定误差，而不可解释部分可分解为再分配误差和纯系数效应。表 5 结果显示，模型设定误差接近零且不显著，表明模型设定合理，可解释部分主要由纯特征效应解释。纯特征效应是指回归方程中的解释变量本身的数值差距，尤其是影响收入的人力资本特征的差别。这意味着农村地区的灵活就业所导致的收入差距主要是由劳动者的人力资本特征所造成的。

表 5 灵活就业对于收入不平等的影响因素分解

变量	农村地区			城市地区		
	（1）	（2）	（3）	（4）	（5）	（6）
	Gini	Var	RQ90-10	Gini	Var	RQ90-10
非灵活就业	0.071***	1.429***	3.136***	0.045***	0.749***	2.062***
	(0.002)	(0.051)	(0.058)	(0.001)	(0.039)	(0.055)
非灵活就业（反事实）	0.061***	1.198***	2.649***	0.054***	1.020***	2.309***
	(0.003)	(0.100)	(0.145)	(0.003)	(0.126)	(0.123)
灵活就业	0.054***	0.978***	2.246***	0.050***	0.845***	2.255***
	(0.002)	(0.072)	(0.091)	(0.002)	(0.058)	(0.081)
总差别	0.017***	0.451***	0.889***	-0.005**	-0.096	-0.192**
	(0.002)	(0.079)	(0.096)	(0.002)	(0.065)	(0.084)
可解释部分	0.007***	0.219***	0.402***	0.004	0.175*	0.054
	(0.001)	(0.053)	(0.094)	(0.003)	(0.105)	(0.099)
不可解释部分	0.010***	0.232**	0.487***	-0.009**	-0.271**	-0.246*
	(0.003)	(0.106)	(0.148)	(0.003)	(0.131)	(0.130)
纯特征效应	0.007***	0.205***	0.317***	0.003**	0.151***	0.181***
	(0.001)	(0.020)	(0.027)	(0.001)	(0.047)	(0.043)
模型设定误差	0.000	0.015	0.085	0.000	0.024	-0.128
	(0.001)	(0.050)	(0.087)	(0.002)	(0.068)	(0.088)

续表

变量	农村地区			城市地区		
	（1）	（2）	（3）	（4）	（5）	（6）
	Gini	Var	RQ90-10	Gini	Var	RQ90-10
再分配误差	0.001	0.006	−0.095	−0.001	−0.047	0.043
	(0.005)	(0.182)	(0.221)	(0.004)	(0.147)	(0.205)
纯系数效应	0.008	0.225	0.582**	−0.008*	−0.224	−0.290
	(0.005)	(0.197)	(0.234)	(0.004)	(0.138)	(0.223)

总体而言，灵活就业对收入不平等影响因素的分解结果表明，在农村地区，可解释部分对收入不平等的贡献接近一半。而在城市地区，可解释部分对收入不平等的影响较小且不显著，因此，灵活就业对收入不平等影响主要来自农村地区，并且农村地区灵活就业降低收入不平等的原因是灵活就业者与非灵活就业者的人力资本特征差别，人力资本高的灵活就业者获得了更高的收入。

（五）工具变量回归

在基准回归中采用分组处理效应模型，就业的自我选择问题在很大程度上可通过劳动者个体的可观测特征来解释和调整，基准回归模型能缓解可观测特征导致的估计偏误，但无法处理不可观测个体特征引发的内生性问题。参考周亚虹等（2024）选取工具变量的思路，本研究将各城市到杭州市的距离的对数乘以该城市当年灵活就业者数量的均值作为是否从事灵活就业的工具变量。这是由于城市到杭州市的距离可以衡量该城市数字经济发展程度，而数字经济平台是灵活就业的重要载体。该工具变量与灵活个体的灵活就业选择具有相关性，且该变量是地理变量，具有一定的外生性。相较于基准回归的估计结果，工具变量回归有效缓解了由不可观测个体特征导致的内生性问题。在第一阶段回归中，该工具变量与灵活就业具有显著的正相关关系。此外，弱工具变量检验的结果大于临界值，可以认为不存在弱工具变量问题；将收入回归到灵活就业和其他控制变量的残差，发现其与本文的工具变量没有显著相关性，可以在一定程度上支持工具变量具有外生性的假设。

表6汇报了灵活就业的工具变量回归结果：第（1）～（2）列为全样本工具变量回归，灵活就业系数均显著为负。与表2基准回归相比，系数符号一致，但绝对值略有下降。这说明考虑了不可观察的遗漏变量带来的内生性问题之后，灵活就业对收入不平等的影响并未出现明显变化。第（3）～（4）列和第（5）～（6）列分别汇报农村与城市样本的工具变量回归结果。与表3、表4基准结果相比，分城乡的工具变量回归未改变灵活就业对收入不平等的作用方向，仅系数绝对值因内生性修正而调整。这表明工具变量

法缓解了不可观测个体特征导致的估计偏误后，灵活就业对收入不平等的影响与基准回归的结论是一致的。

表 6　灵活就业对收入不平等的工具变量回归结果

变量	全样本		农村地区		城市地区	
	（1）	（2）	（3）	（4）	（5）	（6）
	Gini	Var	Gini	Var	Gini	Var
灵活就业	−0.111***	−4.159***	−0.163***	−5.789***	0.005***	0.115*
	(0.027)	(1.085)	(0.037)	(1.450)	(0.002)	(0.060)
城市固定效应	是	是	是	是	是	是
年份固定效应	是	是	是	是	是	是
样本量	24900	24900	15957	15957	9659	9659
R^2值	0.151	0.089	0.106	0.063	0.096	0.063

五　灵活就业对收入不平等的异质性影响

城乡收入差距、性别收入差距以及技能收入差距是收入不平等研究的重要议题，因此有必要进一步探讨灵活就业对劳动者的异质性影响，由于灵活就业降低收入不平等的效应主要来自农村地区，本部分主要探讨灵活就业在农村地区的异质性影响。

（一）灵活就业对不同收入分位数的影响

采用分位数回归分析灵活就业对不同收入群体的影响。表7汇报了灵活就业对收入第25、50、75分位点的影响，第（1）~（3）列显示，农村灵活就业显著提升中位数收入，但对第25分位数与第75分位数的影响方向相反：灵活就业提高中低收入群体收入，降低高收入群体收入。因此，灵活就业可以缩小高收入和低收入人群之间的差距，进而降低农村收入不平等水平。需要说明的是，非灵活就业样本包含农业劳动者，灵活就业的正向效应可能源于农业与非农业的收入差距。本文将在影响机制检验部分进一步剔除农业从业者样本，以检验灵活就业对非农就业者的影响。

灵活就业对于城市收入不平等水平的影响与农村地区相反，灵活就业对于城市居民收入总体呈现负向影响。从表7第（4）~（6）列可以看出，灵活就业对居民中位数收入的影响是负的，但不显著，而对于第25分位数处居民收入有显著的负向影响，对第75分位数的居民收入则具有显著的正向影响，因此，总体来看，灵活就业可以提高农村地区中低收入群体的收入水平，降低城市地区中低收入群体的收入水平，从而缩小城乡收入差距，降低总体收入不平等水平。

表7　灵活就业对不同收入分位数的影响

变量	农村地区			城市地区		
	（1）	（2）	（3）	（4）	（5）	（6）
	Q25	Q50	Q75	Q25	Q50	Q75
灵活就业	0.507***	0.185***	−0.129***	−0.103***	−0.029	0.178***
	(0.037)	(0.034)	(0.028)	(0.026)	(0.034)	(0.057)
城市固定效应	是	是	是	是	是	是
年份固定效应	是	是	是	是	是	是
样本量	16867	16867	16867	9659	9659	9659
R^2值	0.233	0.258	0.218	0.217	0.219	0.214

（二）不同性别和技能劳动力中灵活就业对收入不平等的影响

由于灵活就业对收入不平等的负面影响主要体现在农村地区，本文主要关注农村地区灵活就业对收入不平等的异质性影响，表8第（1）～（2）列检验了农村地区灵活就业对性别收入不平等的影响。结果显示，灵活就业对男性收入不平等的影响大于女性，这说明在农村地区，灵活就业使男性的基尼系数降幅大于女性。第（3）～（4）列检验了灵活就业对于不同技能者的收入不平等影响。已有研究发现，劳动力市场上高技能和低技能的劳动者受到的外部影响存在异质性（吴雨桐等，2025），将样本按技能水平分成两组，分类标准参考已有研究（梁文泉和陆铭，2016；潘丽群等，2020），以受教育水平衡量技能水平。由于大学以上学历的灵活就业者数量较少，不适合直接作为高技能组，将高中及以上学历者定义为高技能灵活就业者，初中及以下学历者定义为低技能灵活就业者。结果显示，农村地区灵活就业加剧低技能者的收入不平等，降低高技能者的收入不平等。

表8　按性别和技能分组后农村地区灵活就业对收入不平等的影响

变量	性别分组		技能分组	
	（1）	（2）	（3）	（4）
因变量：Gini	男性	女性	低技能者	高技能者
灵活就业	−0.012***	−0.008**	0.007*	−0.016***
	(0.002)	(0.003)	(0.004)	(0.002)
城市固定效应	是	是	是	是

续表

变量	性别分组		技能分组	
	（1）	（2）	（3）	（4）
因变量：Gini	男性	女性	低技能者	高技能者
年份固定效应	是	是	是	是
样本量	9220	7647	2679	14178
R²值	0.121	0.161	0.300	0.106

六 稳健性检验

基准回归的检验结果揭示了灵活就业在城市和农村地区的异质性作用，对于农村地区，灵活就业可以降低收入不平等水平，而对于城市地区，灵活就业会加剧收入不平等。为检验结果是否稳健，下文将分别对于灵活就业的定义、城乡地区的划分标准以及收入不平等统计量的指标进行稳健性检验。

（一）更换灵活就业的定义

在基准回归中，灵活就业者被定义为从事自由职业的劳动者。虽然这种灵活就业的定义方法与已有研究一致（张传勇和蔡琪梦，2021；何文和申曙光，2020），但是灵活就业的划分标准目前尚未统一，不同的定义方式可能会得出不同的结论。这里采用其他的灵活就业定义方式来检查结果的稳健性，灵活就业的本质特征是工作的灵活性，既包括工作内容的灵活性，也包括工作进度的灵活性。因此，根据问卷调查中对劳动者工作内容和时间的调查，界定两类灵活就业者：第一类为完全自主决定工作内容与进度的非农就业者，第二类为部分自主决定工作内容与进度的非农就业者。

表 9 中第（1）～（3）列的结果分别汇报了在第一种定义下灵活就业对于基尼系数、方差及第 90-10 分位数差的影响，第（4）～（6）列的结果分别汇报了在第二种定义下灵活就业对于基尼系数、方差及第 90-10 分位数差的影响。可以看出，无论采用哪种灵活就业的定义方式，得到的结果与基准回归结果一致，灵活就业能降低收入不平等水平。

表 9 不同灵活就业定义下的稳健性检验

变量	（1）	（2）	（3）	（4）	（5）	（6）
	Gini	Var	Q90-10	Gini	Var	Q90-10
灵活就业	-0.012***	-0.361***	-0.502***			
	(0.001)	(0.049)	(0.045)			

变量	(1) Gini	(2) Var	(3) Q90-10	(4) Gini	(5) Var	(6) Q90-10
灵活就业				-0.015***	-0.479***	-0.870***
				(0.001)	(0.039)	(0.037)
城市固定效应	是	是	是	是	是	是
年份固定效应	是	是	是	是	是	是
样本量	26526	26526	26526	26526	26526	26526
R^2值	0.143	0.088	0.072	0.144	0.088	0.082

(二) 更换城市与农村地区的划分标准

在基准回归中, 城乡地区的划分标准参考已有研究中定义城市与农村的方法 (王佳和徐玮, 2020), 根据所调查地区的村委会与居委会来划定, 将村委会划定为农村地区、居委会划定为城市地区。但这样做可能存在测量偏误, 由于市辖区内部的社区全部为居委会, 而县和县级市辖的社区包含居委会和村委会, 可能会错误地将县和县级市辖的村委会视为农村地区。一种纠正的方式是将县和县级市辖的村委会划为城市地区, 但这样做同样存在问题, 即在县和县级市辖的村委会中有一部分人主要从事农业劳动, 将他们也划入城市地区并不合适。事实上, 这一测量误差无法完全消除, 因为不存在所有人都在非农部门的城市地区或者所有人都在农业部门的农村地区。另一种更合理的方法是按照所在社区非农就业人口比例来划分农村和城市地区。无论是村委会还是居委会, 如果一个社区的非农就业人口比例超过50%, 就将这一社区定义为城市地区。为检验划分标准的敏感性, 将划分标准降低到40%或者增加到60%。表10根据调查问卷中非农就业人口在调查社区总人口中的占比, 分别尝试40%、50%和60%的分界点, 将样本分为城市和农村地区, 小于分界点的社区定义为农村社区, 高于分界点的社区为城市社区。可以看出, 无论在哪种城乡划分标准下, 在小于分界点的农村地区, 灵活就业对于基尼系数均有显著的负向作用, 而对于大于分界点的城市地区, 灵活就业对于基尼系数均有显著的正向作用。这说明, 在考虑了不同的城市与农村划分标准后, 本研究的回归结果依然稳健。

表10 不同城乡区域划分标准的稳健性检验

因变量: Gini	(1) <40%	(2) >40%	(3) <50%	(4) >50%	(5) <60%	(6) >60%
灵活就业	-0.009***	0.010***	-0.009***	0.010***	-0.009***	0.008***
	(0.001)	(0.003)	(0.001)	(0.003)	(0.001)	(0.002)

续表

因变量：Gini	(1) <40%	(2) >40%	(3) <50%	(4) >50%	(5) <60%	(6) >60%
城市固定效应	是	是	是	是	是	是
年份固定效应	是	是	是	是	是	是
样本量	23634	2892	23342	3184	23074	3452
R²值	0.129	0.215	0.131	0.243	0.132	0.247

（三）更换收入不平等的统计量

前文主要采用基尼系数、方差和第 90-10 分位数差三种统计量来衡量收入不平等程度。考虑到变量的稳健性以及对不同收入水平人群的异质性影响，这里采用不同分位数差重新检验灵活就业对收入不平等的作用。如表 11 所示，前三列为农村样本，后三列为城市样本，分别使用 Q75-25、Q90-50 和 Q50-10 分位数差，发现结果依然稳健。从 Q75-25 分位数差来看，灵活就业可降低农村收入不平等水平，但对低收入群体的 Q50-10 分位数差降低作用更大，而对高收入群体的 Q90-50 分位数差的影响更小，这意味着灵活就业在农村地区主要通过提高中低收入群体的收入水平来降低收入不平等。使用不同分位数差的结论与基准回归得出的结论一致，表明采用不同的收入不平等指标并不会影响结论的稳健性。

表 11 不同分位数差的稳健性检验

变量	农村地区			城市地区		
	(1) Q75-25	(2) Q90-50	(3) Q50-10	(4) Q75-25	(5) Q90-50	(6) Q50-10
灵活就业	−0.645***	−0.178***	−0.447***	0.288***	0.157*	0.170***
	(0.043)	(0.049)	(0.076)	(0.060)	(0.089)	(0.061)
城市固定效应	是	是	是	是	是	是
年份固定效应	是	是	是	是	是	是
样本量	16867	16867	16867	9659	9659	9659
R²值	0.091	0.067	0.068	0.119	0.070	0.099

七 影响机制检验

灵活就业降低收入不平等的作用主要体现在农村地区，这可能是因为，一方面，灵活就业相对于农业而言是一种收入更高的就业方式。大量从事农业的低技能劳动者通过转向灵活就业，收入提升显著，从而缩小整体收入差距。另一方面，农村地区社会网络相对紧密，灵活就业者的成功经验会在一定程度上向周围人群扩散，带动低收入群体收入增长，进一步缩小收入差距。当农村劳动力转向灵活就业时，与农业收入相比，他们的收入提高了，灵活就业的正向作用可能反映农业与非农行业之间的收入差距，表12通过剔除农业劳动从业者，仅保留非农就业者，以检验灵活就业对于非农就业者的影响。在表12中前三列汇报了剔除农业劳动从业者的结果，可以看出灵活就业对于收入不平等的影响不再为负，而变为正，这意味着当剔除了农业人口之后，灵活就业与其他非农就业相比，并不具有优势。这说明在农村地区，灵活就业并不是就业者最佳的就业选择，但当就业者缺乏更好的非农就业机会时，灵活就业可能是其提高收入的唯一选择。

除灵活就业之外，农村地区其他非农就业是否也可以降低收入不平等呢？为回答这一问题，表12中将非农就业定义为从事除灵活就业以外的非农工作。表12的后三列汇报了非农就业对于收入不平等的影响。结果表明，与灵活就业相比，其他非农就业也可以显著地降低农村地区收入不平等程度，并且就系数的绝对值大小而言，其降低的幅度超过了灵活就业。这佐证了前文的结论，灵活就业的收入并未高于其他非农就业的收入，但灵活就业作为一种比农业收入更高的就业方式，可以降低农村地区的收入不平等水平，尤其是不存在其他收入更高的非农就业机会的情况下，灵活就业是提高收入水平、降低收入不平等的优先选项，这也反映了灵活就业具有包容性特征。

表12　农村地区非农就业对收入不平等的影响

变量	(1) Gini	(2) Var	(3) Q90−10	(4) Gini	(5) Var	(6) Q90−10
灵活就业	0.011***	0.360***	0.403***			
	(0.002)	(0.076)	(0.080)			
非农就业				−0.024***	−0.650***	−0.274**
				(0.002)	(0.064)	(0.114)
城市固定效应	是	是	是	是	是	是
年份固定效应	是	是	是	是	是	是
样本量	6989	6989	6989	15108	15108	15108
R^2值	0.197	0.191	0.129	0.144	0.089	0.094

总之，灵活就业在农村对收入不平等的缓解作用，背后存在的可能机制包括以下几方面。第一，就业结构与收入提升。在农村地区，大量劳动力从事农业劳动，农业

整体收入水平相对较低。灵活就业为农村劳动力提供了更具收入优势的就业选择，使得从事农业的低技能劳动者转向灵活就业后收入显著提升，进而缩小了农村收入差距。第二，社会网络与经验扩散。农村灵活就业的社会网络扩散效应与数字经济的普惠性特征具有相似性（陈梦根和周元任，2023），农村地区社会网络相对紧密，灵活就业者的成功经验会向周围人群扩散，带动低收入群体收入增长，进一步抑制了收入差距的扩大。第三，灵活就业带来的包容性收入增长。农村地区就业选择相对有限，部分家庭受到物质资本、社会资本和人力资本的约束，难以获得其他非农就业机会。而灵活就业门槛较低，对从业者的各方面要求相对宽松，具有更强的包容性。对于那些无法从事其他非农工作的农村居民来说，灵活就业成为其提高收入的重要途径，降低了农村收入不平等程度。

八 结论与政策启示

本文基于中国劳动力动态调查 2014 年和 2016 年的面板数据，考察灵活就业对于收入不平等的影响及其作用机理，采用基于 RIF 分组处理效应模型的分析方法，结果发现，灵活就业可以降低总体收入不平等程度，促进共同富裕。分城乡样本的分析表明，灵活就业主要通过降低农村地区的收入不平等水平来缩小总体收入差距。分解灵活就业者的收入不平等影响因素后发现，农村地区的灵活就业所降低的收入差距可以部分由劳动者的人力资本特征差距来解释，而城市地区的灵活就业所导致的收入不平等无法由市场因素来解释。异质性分析结果表明，灵活就业对于中低收入群体、男性和农村地区高技能劳动者影响更大。在对灵活就业的定义、城乡的划分以及不平等的衡量指标进行了一系列的稳健性检验之后，上述结论依然稳健。机制分析表明，农村地区收入不平等的缓解是因为灵活就业作为一种比农业收入更高的就业方式，使得从事农业的劳动者转向灵活就业后收入显著提升，进而降低农村内部的收入不平等程度，但灵活就业收入并未比其他非农就业收入更高。根据本文的研究结论，可以得出以下政策启示。

首先，灵活就业有利于降低总体收入不平等水平，并且主要是降低农村地区的不平等程度以及缩小城乡收入差距。灵活就业通过以下三重机制来改善不平等：一是职业转换，灵活就业收入显著高于农业，低技能劳动者通过职业转换实现收入跃升；二是人力资本筛选，高技能者更易进入灵活就业市场，其收入溢价缩小了农村收入差距；三是社会网络扩散，成功经验通过示范效应带动周边群体增收。而在城市地区，灵活就业受劳动力市场的制度性分割与市场排斥双重挤压，灵活就业者多集中于低技能行业。这种城乡差异凸显了政策设计的复杂性，农村需强化灵活就业的包容性，城市则需破除灵活就业者面临的制度性障碍。未来政策应建立城乡协同机制，如通过户籍改革促进农村高技能者向城市正规部门流动，同时加快推动城乡社会保障体系完善。

其次，灵活就业可作为农村包容性增收的重要路径。灵活就业帮助农村地区就业困难的劳动者提高收入，降低收入不平等。虽然灵活就业与其他非农就业相比并不具有收入上的绝对优势，但对于缺乏非农就业机会的农村地区，低门槛特征使其成为资源受限农户的就业选择，具有收入上的相对优势，成为农村居民提高收入的重要选择。建议构建"平台赋能—技能提升"的农村政策体系。第一，深化平台经济与农村产业融合。政府可以设立农村平台经济发展专项资金，用于支持农村电商平台建设，鼓励平台企业与农村合作社和农户合作，拓展农产品销售渠道，创造农产品包装、线上客服、物流配送等灵活就业岗位。第二，建立分层分类技能培训机制。开展针对农村劳动力的平台就业技能培训，联合专业培训机构，增强农村居民参与灵活就业的能力。通过创造更多的灵活就业岗位，帮助劳动力市场中处于弱势地位的就业群体从农业中转移出来，整体上提高农村地区的收入水平，缩小城乡收入差距。

与正规就业者相比，城市灵活就业者在社会保障和劳动权益保护上都明显处于劣势地位。为破解这一困局，需构建"制度改革—市场规范—社会保障"的政策体系。第一，破除劳动力市场分割。政府应通过进一步深化户籍制度改革，降低城市地区进入劳动力市场的制度壁垒，放宽城市落户条件，允许在城市累计灵活就业满一定年限且缴纳社会保险的人员落户。第二，推进户籍制度与公共服务脱钩，建立居住证与户籍衔接机制，实现灵活就业者与户籍居民享有的就业、教育、医疗等公共服务均等化。第三，创新社会保障模式，探索新就业形态的社保缴纳机制，将灵活就业纳入工伤保险和养老保险的覆盖范围。通过消除制度性障碍与完善市场环境，逐步实现灵活就业者向正规就业过渡，最终形成包容性增长格局。

最后，鉴于灵活就业对总体收入不平等的抑制作用主要依赖于农村劳动力的非农转移效应，需构建跨城乡就业市场协同机制。在供需匹配层面，政府应搭建就业服务平台，如目前政府部门大力推广的零工服务站，运用信息技术对接农村富余劳动力的技能与城市服务业、制造业的岗位需求（如家政服务、快递物流、直播带货等），降低跨区域就业的信息不对称成本，引导农村高技能灵活就业者有序进入正规部门。在就业质量层面，需规范平台经济的薪酬算法，建立灵活就业者收入动态监测机制，保护灵活就业者的合法权益，逐步缩小正规就业与灵活就业在社会保障和劳动保护上的差距。通过城乡就业市场的良性互动，构建"农村赋能+城市融合"的综合政策体系，从而缩小整体收入差距。

参考文献

［1］陈梦根、周元任，2023，《数字经济、分享发展与共同富裕》，《数量经济技术经济研究》第 10 期。

［2］陈钊、万广华、陆铭，2010，《行业间不平等：日益重要的城镇收入差距成因——基于回归方程的分解》，《中国社会科学》第 3 期。

［3］程名望、〔美〕Yanhong Jin、盖庆恩、史清华，2016，《中国农户收入不平等及其决定因素——基于微观农户数据的回归分解》，《经济学（季刊）》第 3 期。

［4］崔益邻、蒋妍、赵江萌，2024，《土地确权、要素配置与农户收入不平等——基于 CHARLS2018 年数据的实证分析》，《农村经济》第 1 期。

［5］方超、黄斌，2020，《本地务工与外出务工劳动力的工资差异——兼论迁移对教育回报率的影响》，《教育经济评论》第 5 期。

［6］甘犁、赵乃宝、孙永智，2018，《收入不平等、流动性约束与中国家庭储蓄率》，《经济研究》第 12 期。

［7］高文静、杨佳、施新政、王雨晴，2023，《数字经济红利能否惠及农村？——农村电商对农民收入的影响》，《中国经济学》第 4 期。

［8］耿爱生，2014，《灵活就业对健康的影响：基于农民工的实证分析》，《中国海洋大学学报（社会科学版）》第 2 期。

［9］何勤、王琦、赖德胜，2018，《平台型灵活就业者收入差距及影响机制研究》，《人口与经济》第 5 期。

［10］何文、申曙光，2020，《灵活就业人员医疗保险参与及受益归属——基于逆向选择和正向分配效应的双重检验》，《财贸经济》第 3 期。

［11］李坤刚，2017，《就业灵活化的世界趋势及中国的问题》，《四川大学学报（哲学社会科学版）》第 2 期。

［12］李锐、贾敏雪，2024，《性别差异、养老金福利与退休决策》，《经济理论与经济管理》第 3 期。

［13］黎蔺娴、边恕，2021，《经济增长、收入分配与贫困：包容性增长的识别与分解》，《经济研究》第 2 期。

［14］梁文泉、陆铭，2016，《后工业化时代的城市：城市规模影响服务业人力资本外部性的微观证据》，《经济研究》第 12 期。

［15］刘俊霞、帅起先、吕国营，2016，《灵活就业人员纳入基本医疗保险的逆向选择——基于逆向选择的分析》，《经济问题》第 1 期。

［16］罗汉祥、彭慧灵、田婧、王战，2024，《农业技术进步是否加剧农民收入不平等?》，《中国农业资源与区划》第 4 期。

［17］聂海峰、岳希明，2016，《行业垄断对收入不平等影响程度的估计》，《中国工业经济》第 2 期。

［18］宁光杰，2012，《自选择与农村剩余劳动力非农就业的地区收入差异——兼论刘易斯转折点是否到来》，《经济研究》第 S2 期。

[19] 潘丽群、陈坤贤、李静，2020，《城市规模工资溢价视角下流动人口工资差异及其影响路径研究》，《经济学动态》第9期。

[20] 斯丽娟、汤晓晓，2022，《数字普惠金融对农户收入不平等的影响研究——基于CFPS数据的实证分析》，《经济评论》第5期。

[21] 王佳、徐玮，2020，《城市规模扩大带来技能溢价吗？——来自CLDS数据的证据》，《财经论丛》第7期。

[22] 王天玉，2021，《试点的价值：平台灵活就业人员职业伤害保障的制度约束》，《中国法律评论》第4期。

[23] 吴彬彬、沈扬扬、卢云鹤、滕阳川，2021，《互联网使用与用途如何影响农村居民工资性收入差距》，《劳动经济研究》第4期。

[24] 吴晓刚、张卓妮，2014，《户口、职业隔离与中国城镇的收入不平等》，《中国社会科学》第6期。

[25] 吴雨桐、李军、路先锋，2025，《机器人应用、劳动就业与养老金缴费收入——基于中国四省城镇住户调查的研究》，《数量经济技术经济研究》第3期。

[26] 徐舒，2010，《技术进步、教育收益与收入不平等》，《经济研究》第9期。

[27] 薛欣欣、辛立国，2023，《高等教育溢价变动：就业结构效应还是技能价格效应？》，《教育与经济》第4期。

[28] 阳玉香，2017，《自选择、政府培训与流动人口收入提高》，《教育与经济》第4期。

[29] 杨丹、曾巧，2021，《农户创业加剧了农户收入不平等吗——基于RIF回归分解的视角》，《农业技术经济》第5期。

[30] 杨娟、赵心慧，2018，《教育对不同户籍流动人口收入差距的影响》，《北京工商大学学报（社会科学版）》第5期。

[31] 杨伟国、吴清军、张建国等，2021，《中国灵活用工发展报告（2022）：多元化用工的效率、灵活性与合规》，社会科学文献出版社。

[32] 尹志超、文小梅、栗传政，2023，《普惠金融、收入差距与共同富裕》，《数量经济技术经济研究》第1期。

[33] 张川川，2015，《出口对就业、工资和收入不平等的影响——基于微观数据的证据》，《经济学（季刊）》第4期。

[34] 张传勇、蔡琪梦，2021，《城市规模、数字普惠金融发展与零工经济》，《上海财经大学学报》第2期。

[35] 张艺、明娟，2022，《数字金融会带来更高的零工工资吗？来自网络兼职招聘大数据的证据》，《中国人力资源开发》第6期。

[36] 张艺、皮亚彬，2022，《数字技术、城市规模与零工工资——基于网络招聘大数据的实证分析》，《经济管理》第5期。

[37] 赵建国、周德水，2020，《灵活就业流动人口的养老保险覆盖率及其收入效应》，《社会保障评论》第2期。

[38] 周亚虹、邱子迅、姜帅帅、刘猛，2024，《数字经济发展与农村共同富裕：电子商务与数字金融协同视角》，《经济研究》第7期。

[39] Ameriks J., Briggs J. S., Caplin. A. 2020. "Older Americans Would Work Longer If Jobs Were Flexible."

American Eonomic Journal:Macroeconomics 12(1): 174–209.

[40] Barrios J. M., Hochberg Y. V., Yi H. 2022. "Launching with a Parachute: The Gig Economy and New Business Formation." *Journal of Financial Economics* 144(1): 22–43.

[41] Becker G. S. 1962. "Investment in Human Capital: A Theoretical Analysis." *Journal of Political Economy* 70(5): 9–49.

[42] Burke A., Cowling M. 2020. "The Role of Freelancers in Entrepreneurship and Small Business." *Small Business Economics* 55(2): 389–392.

[43] Cao X., Zhang D., Huang. L. 2020. "The Impact of COVID–19 on Labor Market and Gender Inequality: Evidence from a Gig Economy Platform." *SSRN Electronic Journal* 23(1): 228–245.

[44] Chen M. K., Rossi P. E. , Chevalier. J. A. 2019. "The Value of Flexible Work: Evidence from Uber Drivers." *Journal of Political Economy* 127(6): 2735–2794.

[45] Cook C., Diamond R., Hall. J. V. 2021. "The Gender Earnings Gap in the Gig Economy: Evidence from over a Million Rideshare Drivers." *The Review of Economic Studies* 88(5): 2210–2238.

[46] Cook C., Diamond R., Oyer P. 2019. "Older Workers and the Gig Economy." *AEA Papers and Proceedings* 109: 372–376.

[47] Douglas P. H. 1930. "Real Wages in the United States, 1890–1926." Boston, MA: Houghton Mifflin.

[48] Engbom N., Gonzagaand G., Moser C., Olivieri R. 2022. "Earnings Inequality and Dynamics in the Presence of Informality: The Case of Brazil." *Quantitative Economics* 13(4): 1405–1446.

[49] Firpo S., Fortin N., Lemieux T. 2009. "Unconditional Quantile Regressions." *Econometrica* 77(3): 953–973.

[50] Maddala G. S. 1986. *Limited–dependent and Qualitative Variables in Econometrics*. Cambridge: Cambridge University Press.

[51] Mincer J. 1958. "Investment in Human Capital and Personal Income Distribution." *Journal of Political Economy* 66(4): 281–301.

[52] Rios–Avila F. 2020. "Recentered Influence Functions (RIFs) in Stata: RIF Regression and RIF Decomposition." *The Stata Journal*, 20(1): 51–94.

[53] Slichter S. H. 1950. "Notes on the Structure of Wages." *The Review of Economics and Statistics* 32(1): 80–91.

（责任编辑：李兆辰）

投服中心试点建设能抑制企业环境信息粉饰行为吗？

廖楷贤　　陈蝶欣*

摘　要： 2025 年《政府工作报告》提出，协同推进降碳减污扩绿增长，加快经济社会发展全面绿色转型。企业作为经济活动中主要的能源消耗者和排污者，其环境信息透明度的提升是经济社会发展全面绿色转型的重要内容。为有效解决企业环境信息粉饰行为的潜在问题，本文考察了投服中心试点建设对企业环境信息粉饰行为的影响。研究发现，投服中心试点建设通过提升企业环境信息披露质量，降低外部环境的不确定和提升企业环保意识，显著抑制企业环境信息粉饰行为，独立董事比例低、融资约束较高、行业竞争激烈、未来预期悲观、媒体监督较弱以及投资者信息识别能力差的企业尤为显著。然而，企业管理层短视主义的加剧，会极大削弱甚至完全抵消投服中心试点建设的效果，导致企业的环境信息粉饰行为更加严重。本文的分析为形成市场自我约束与监管权威相辅相成的良好生态、构建绿色中国提供了有益参考。

关键词： 投服中心试点建设　环境信息粉饰行为　投资者保护

一　引言

党的二十届三中全会提出，聚焦建设美丽中国，加快经济社会发展全面绿色转型。2024 年 8 月，中共中央、国务院发布《关于加快经济社会发展全面绿色转型的意见》，从中央层面对经济社会发展全面绿色转型进行全局部署。这为企业绿色转型指明了方向，也对企业环境信息披露提出更高要求。企业作为经济活动的核心，是主要的能源消耗者和排污者（Zhang 等，2019），因此提升企业环境信息透明度是生态文明制度建设中

---

　*　廖楷贤，硕士研究生，广东工业大学经济学院，电子邮箱：1401965001@qq.com；陈蝶欣（通讯作者），硕士研究生，暨南大学经济学院，电子邮箱：cdx20001226@163.com。本文获得广东省哲学社会科学创新工程第二批特别委托项目（GD24WTCXGC11）和广东省自然科学基金项目（2024A1515110876）的资助。感谢匿名审稿专家的宝贵意见，文责自负。

的重要组成部分。真实完整的环境信息披露不仅是评估企业环境表现的必要条件，更是打好污染防治攻坚战、推进生态环境治理现代化的基础性工作。近年来，中国逐渐完善环境信息披露制度，但尚未形成统一的环境信息披露框架（孙晓华等，2023），未限制环境事项的披露范围及文本描述形式，使得企业在披露环境信息时有较大的自由裁量权（李哲，2018）。相较于设备更新、环保投资等高成本举措，企业更倾向于通过文字宣传环保理念与口号，旨在塑造正面的环保形象（李四海和李震，2023）。与此同时，在政府推行促进企业绿色转型政策的背景下，信贷资源愈发向环保形象良好的企业倾斜。基于信号传递理论，企业有动机通过增加环境相关文字信息的披露，美化环保形象以争取更多的成长机遇（沈洪涛和冯杰，2012）。

在环境信息披露尚未形成规范的背景下，企业为规避环境合规性风险、维护环境声誉、降低环境管理成本等，会策略性地丰富环境文本描述以粉饰包装对外披露的环境信息，即产生环境信息粉饰行为（Dai等，2018；张德涛等，2024）。企业试图在降低环境管理成本的同时美化环境形象，尤其在中国，信息传播高度依赖语境，相较于数字信息，非结构化的文本语言表达形式更丰富，能更富有弹性地干预信息使用者的判断。有学者指出企业存在伪社会责任行为（肖红军等，2013），具体表现为通过发布企业社会责任（Corporate Social Responsibility，CSR）报告粉饰经营问题（田利辉和王可第，2017）。研究表明，业绩越差的企业，其CSR报告印象管理程度越高，此类CSR报告不仅未能提升信息透明度（王艳艳等，2014），反而因过度披露社会责任信息而加剧了评级机构关于企业社会责任的评级分歧（Christensen等，2022）。然而，从中小投资者保护视角展开的研究仍相对不足。

为了加强对中小股东权益的保障，相关部门汲取了西方发达资本市场的先进经验，创新性地采纳了包括独立董事制度在内的多项措施，旨在维护中小股东的利益。2014年，中国证监会设立了中证中小投资者服务中心（简称"投服中心"），旨在提升中小股东在公司治理中的参与度与影响力。中国资本市场既有的治理体系传统上分为以证监会为主导的行政监管模式和依赖市场自我调节的市场自律模式，而投服中心兼具"半公共—半私人"的双重特性，称为"监管型小股东"（陈运森等，2021）。尽管全球资本市场已有诸多投资者保护机制实例，如马来西亚的少数股东监督小组、韩国的参与式民主人民团结会等，但这些机制仅在特定制度环境中发挥作用。中国的投服中心则有所不同，并非简单地复制国外模式，而是由中国证监会批准并管理的独特机构，兼具监管权威与公益属性，专注于证券金融领域的投资者保护。这一制度设计标志着中国从全面"硬监管"向灵活治理的转型，即以市场参与者角色介入监管，成为深化市场经济体制改革的关键突破，也是全球监管创新的重要实践，因而引发广泛关注。

当前，关于投服中心的研究主要聚焦评估其设立对中小投资者利益保护的具体监管实效（辛宇等，2020；陈运森等，2021；郑国坚等，2021）。此外，部分研究还考察了投服中心通过持股行使股东权利，对上市公司财务透明度提升（何慧华与方军雄，2021）与盈余管理（Ge等，2022）等方面的潜在影响。然而，作为一项制度创新，投服中心对企业环境信息披露这一投资者与监管机构共同关注的焦点领域，是否会产生深远影响，尚需进行更为细致和深入的剖析与探讨。为此，本文以中国证监会2016年启动的投服中心试点建设为背景，构建准自然实验，基于2013~2017年中国A股上市公司数据，阐明监管型小股东影响企业环境信息粉饰行为的理论机制，并从实证分析角度进行经验研究。

与现有研究相比，本文可能的边际贡献如下。第一，从企业环境信息披露视角切入，拓展了投服中心经济效应的研究维度。既有文献多是聚焦投服中心对中小投资者利益保护的积极效果（辛宇等，2020；陈运森等，2021），但缺乏对上市公司信息披露行为的关注。本文从环境信息披露质量与实际环保行为的角度，考察投服中心试点建设对上市公司的影响，揭示了投服中心试点建设抑制企业环境信息粉饰的微观机制。第二，本文借鉴Acemoglu等（2022）的模型设定，引入了投服中心试点建设、企业环境信息粉饰行为与环境、社会和治理（Environmental，Social and Governance，ESG）评级等因素，通过模型推导和实证检验探讨了投服中心试点建设对企业实施环境信息粉饰行为的影响机理，拓展了投资者与管理者的互动关系，丰富了企业环境信息粉饰行为在监管层面的影响因素研究。第三，本研究为"双碳"目标下的环境治理实践提供多重启示，不仅有助于理解投服中心试点建设在监督企业环境信息披露和提升企业环保表现上的作用，也能通过降低企业环境信息操纵动机，增强资本市场对绿色企业的识别能力，引导ESG资金流向低碳转型领域，助力"双碳"目标与高质量发展协同，对于建设人与自然和谐共生的美丽中国、实现中华民族伟大复兴的中国梦具有重要参考价值（安博文等，2024）。

本文剩余部分结构的安排如下：第二部分阐述投服中心试点建设影响企业环境信息粉饰行为的理论机制并提出相应的研究假设；第三部分介绍实证模型设定、主要变量定义以及数据来源；第四部分分析阐述投服中心试点建设对企业环境信息粉饰行为的直接影响；第五部分进一步分析投服中心试点建设影响企业环境信息粉饰行为的传导机制，并分析投服中心试点建设对不同条件企业环境信息粉饰行为的异质性影响；第六部分为研究结论与政策建议。

二　理论模型与假说

（一）模型设定

借鉴 Acemoglu 等（2022）的模型设定，构建投服中心影响企业环境信息粉饰行为的理论模型。首先假设某经济体只有一种最终消费品，代表性消费者对最终消费品的跨期效用可以表示为：

$$U_t = \rho^t \frac{C_t^{1-v} - 1}{1 - v} \tag{1}$$

其中，C_t 是在时刻 t 该经济体对最终消费品的消费量，v 是跨期替代弹性的倒数，$\rho \in (0, 1)$ 是折现系数。

假设使用劳动力和位于集合 1 的连续统的中间产品来生产最终消费品。对于任意 $j \in l$ 的中间产品，都由一个企业资金较为充足的垄断企业 j 提供。假设最终消费品的生产函数可以表示为：

$$Y_t = \frac{1}{1 - \alpha} \left(\int_l q_{jt}^\alpha k_{jt}^{1-\alpha} \mathrm{d}j \right) L^\alpha \tag{2}$$

其中，k_{jt} 表示生产过程中使用中间产品 j 的数量。q_{jt} 表示中间产品 j 的生产效率，反映中间产品 j 用于生产最终消费品时的生产效率。L 是劳动力数量，假设该经济体中劳动力数量保持不变并且劳动力供给无弹性。该经济体在时刻 t 的消费可以表示为：

$$C_t = Y_t - \int_l p_{jt} k_{jt} \mathrm{d}j \tag{3}$$

其中，p_{jt} 表示中间产品 j 的价格，该价格由企业 j 来制定，使用最终消费品作为计价物。根据式（1）～（3），在时刻 t，对于给定的价格向量 P，经济体的最优决策可以表示为：

$$\max_k \frac{\rho^t \left\{ \left[\frac{1}{1 - \alpha} \left(\int_l q_{jt}^\alpha k_{jt}^{1-\alpha} \mathrm{d}j \right) L^\alpha - \int_l p_{jt} k_{jt} \mathrm{d}j \right]^{1-v} - 1 \right\}}{1 - v} \tag{4}$$

等价于：

$$\max_k \frac{1}{1 - \alpha} \left(\int_l q_{jt}^\alpha k_{jt}^{1-\alpha} \mathrm{d}j \right) L^\alpha - \int_l p_{jt} k_{jt} \mathrm{d}j \tag{5}$$

对式（5）进行逐点最优，可得经济体对中间产品 j 的需求曲线为：

$$p_{jt} = L^{\alpha} q_{jt}^{\alpha} k_{jt}^{-\alpha}, \forall j \in l \tag{6}$$

接下来，考虑企业 j 的决策。假设企业 j 以固定的边际成本 γ 生产中间产品 j。鉴于垄断竞争厂商的性质，求解企业的利润最大化问题时将式（6）代入后再进行求解，因此最优化问题可以表示为：

$$\max_{k_{jt}} p_{jt} k_{jt} - \gamma k_{jt} = L^{\alpha} q_{jt}^{\alpha} k_{jt}^{1-\alpha} - \gamma k_{jt}, \forall j \in l \tag{7}$$

求解一阶条件，可得企业 j 的产量为：

$$k_{jt} = \left(\frac{1-\alpha}{\gamma}\right)^{\frac{1}{\alpha}} L q_{jt}, \forall j \in l \tag{8}$$

利用式（6）~（8），可得企业 j 的利润函数和收入函数为：

$$\Pi\left(q_{jt}\right) = \alpha \left(\frac{1-\alpha}{\gamma}\right)^{\frac{1-\alpha}{\alpha}} L q_{jt} = \pi q_{jt}, \forall j \in l \tag{9}$$

$$I\left(q_{jt}\right) = \left(\frac{1-\alpha}{\gamma}\right)^{\frac{1-\alpha}{\alpha}} L q_{jt} = \frac{\pi q_{jt}}{\alpha}, \forall j \in l \tag{10}$$

其中，$\pi = \alpha\left[(1-\alpha)/\gamma\right]^{\frac{1-\alpha}{\alpha}} L$ 为常数。由式（9）和式（10）可以看出，企业 j 的利润和收入可以表示为其生产效率 q_{jt} 的函数。

（二）企业投资决策

参考孟元和杨蓉（2024）的研究思路，构建如下的理论数理模型：假设模型一共持续两期。假设第一期所有企业的生产率是同质的，即 $q_{j1} \equiv \bar{q}_1$。根据式（9）和式（10），企业 j 在第一期的利润为 $\Pi\left(q_{jt}\right) = \pi \bar{q}_1$，在第一期的收入为 $I\left(q_{jt}\right) = \pi \bar{q}_1/\alpha$。假设第二期企业 j 的生产效率由下式决定：

$$q_{j2} = \tau \bar{q}_1 + \left[\theta_j \ln\left(1 + R_{j1}\right)\right] \times e^{\varepsilon_{j2}}, \forall j \in l \tag{11}$$

其中，$R_{j1} > 0$，表示企业 j 在第一期生产过程中的资金投入。随机变量 ε_{j2} 服从均值为 0、方差为 σ^2 的正态分布，用于刻画企业生产过程中的不确定性。$\tau < 1$ 用于捕捉技术资本随着时间的推移而产生的折旧。θ_j 是本文重点关注的参数，用于刻画企业投资能力的异质性。假设企业 j 的投资能力 θ_j 是私有信息，也就是说，相关评估机构等外部人无法直接观测到 θ_j 的大小。

近年来，全球范围内企业将环境、社会与治理（ESG）原则深度融入运营策略及投资决策，促使 ESG 跃升为投资界与商业界普遍遵循的关键指导原则之一。审视 ESG 实践的成效时，不难发现，现有研究成果聚焦其对企业估值增长、股东价值提升、风险缩减及股价波动性的缓和作用（Buallay，2019；Albuquerque 等，2020；Takahashi 等，2021；王琳璘等，2022）。此外，现有文献深入探讨了 ESG 绩效与企业债务融资成本之间的紧密联系，揭示了二者间存在的显著负相关性（Goss 等，2011；Ng 等，2015；李井林等，2023）。以具体实例为鉴，2021 年 10 月，穆迪信用评级机构因巴西淡水河谷公司在 ESG 领域的显著进步，将其信用评级从 Ba1 上调至 Baa3（Apergis 等，2022），这一评级的提升直接关联到债券市场的风险定价机制，进而对企业融资成本的改善产生了积极影响。

现有研究也表明了 ESG 评级会促进企业的跨区域投资、实体投资以及关系专用性投资（李颖等，2024；李思慧和徐保昌，2024；赵丽娟和何泽远，2024；张亮亮等，2024），并提高企业的定价效率以及投资效率（李增福和陈嘉滢，2023；僧建芬和张立杰，2024），抑制企业的非效率投资（赵文平和张闻功，2024），优化企业的投资策略组合（吴艳阳等，2024），即可通过企业的 ESG 等级为企业提供资金借贷等方面的便利，增强企业的投资能力（邱牧远和殷红，2019）。因此投资能力与企业 ESG 评级呈强正相关关系，在此可将 θ_j 转换为用于刻画企业 ESG 等级的异质性。

根据式（9），写出企业 j 在第二期的期望利润：$\mathrm{E}\left[\Pi\left(q_{jt}\right)\right] = \pi\left[\tau\bar{q}_1 + e^{\frac{\sigma^2}{2}}\theta_j\ln\left(1 + R_{j1}\right)\right]$。ESG 评级较高的企业在资金获取、风险控制、股票收益以及企业估值方面存在明显的优势（王海军等，2023；柳学信等，2023；田青等，2024；张慧，2024），因此鉴于在资金借贷利率、企业估值以及股票收益方面的优势，ESG 评级较高的企业的收益留存比例会高于 ESG 评级较低的企业。首先考虑当企业收益留存比例恒为 t_H 时，企业 j 的投资决策。在两期模型中，企业 j 的跨期最优化问题可以表示为：

$$\max_{R_{j1}} t_H\left(\pi\bar{q}_1 - R_{j1}\right) + t_H\rho\pi\left[\tau\bar{q}_1 + e^{\frac{\sigma^2}{2}}\theta_j\ln\left(1 + R_{j1}\right)\right] \tag{12}$$

求解一阶条件，可得：

$$R_{j1}^*\left(\theta_j\right) = e^{\frac{\sigma^2}{2}}\rho\pi\theta_j - 1, \forall j \in l \tag{13}$$

在式（13）的左右两端同时除以企业的收入，得到企业 j 的最优投资强度：

$$r_{j1}^*\left(\theta_j\right) = \frac{R_{j1}^*\left(\theta_j\right)}{\frac{\pi\bar{q}_1}{\alpha}} = e^{\frac{\sigma^2}{2}}\frac{\rho\alpha\theta_j}{\bar{q}_1} - \frac{\alpha}{\pi\bar{q}_1}, \forall j \in l \tag{14}$$

为简化起见，重新表述式（14）为：

$$r_{j1}^*\left(\theta_j\right) = A\theta_j - B, \forall j \in l \tag{15}$$

其中，$A = e^{\frac{\sigma^2}{2}}\rho\alpha/\bar{q}_1$ 和 $B = \alpha/\pi\bar{q}_1$ 为固定常数。

由式（15）可以看出，企业的最优资金投资强度取决于其ESG等级水平（θ_j），企业的ESG水平越高，企业的最优投资强度也越大。

（三）ESG评级与环境粉饰行为

ESG评估体系作为一种桥梁，有效联结了企业与市场，优化了企业的外部信息生态，弥合了企业与外界利益相关方之间的信息鸿沟，从而促进了市场正向激励效应与外部监督职能的充分发挥。此举不仅助力那些在ESG领域表现卓越的企业赢得更多利益相关者的青睐与支持，还显著减轻了其融资压力，降低了运营风险，进而推动了企业价值的全面提升。由式（15）可以看出，在未考虑ESG评级的条件下，$r^*(\theta)$关于θ严格单调递增，也就是说，企业的最优投资水平和企业的投资能力（ESG等级）正相关。因此，假如外界希望激励投资能力强的企业（例如，$\theta > \theta^*$）进行资金投入，相关评级机构可以设置高ESG等级企业的门槛条件，并规定：①只有企业的社会责任达到某个条件，才有资格评级高ESG等级，假定企业需付出的资金为$\bar{r} = A\theta^s + B$；②当企业获得ESG高评级之后，在第二期可以享受到更高的收益留存比例为$t_L(t_L > t_H)$。

资本在ESG体系的构建进程中扮演着至关重要的催化剂角色。流向ESG相关领域的资金持续增长，不仅为ESG项目注入了源源不断的活力，还成为一种外部驱动力，激励企业不断强化其ESG实践，以适应并引领这一发展潮流。因此，对于未达到高ESG等级门槛的企业来说，可以选择进行环境信息粉饰行为以期达到高ESG等级认定的门槛条件，也可以选择不进行环境信息粉饰行为。假设企业进行环境信息粉饰行为需要承担的风险成本$c^{\pi\bar{q}_1/\alpha}$，同时对于进行环境信息粉饰行为的企业来说，评定高ESG等级成功的概率为$1 - P$。

假设存在ESG等级为θ^*的企业，在进行环境信息粉饰行为和不进行环境信息粉饰行为之间无差异，有：

$$t_H\left[\pi\bar{q}_1 - \frac{\pi\bar{q}_1}{\alpha}\left(\bar{r}+c\right)\right] + (1-P)t_L\rho\pi\left[\tau\bar{q}_1 + e^{\frac{\sigma^2}{2}}\theta^*\ln\left(1 + \frac{\pi\bar{q}_1\bar{r}}{\alpha}\right)\right] + Pt_H\rho\pi\left[\tau\bar{q}_1 + e^{\frac{\sigma^2}{2}}\theta^*\ln\left(1 + \frac{\pi\bar{q}_1\bar{r}}{\alpha}\right)\right]$$

$$= t_H\left[\pi\bar{q}_1 - R^*\left(\theta^*\right)\right] + t_H\rho\pi\left\{\tau\bar{q}_1 + e^{\frac{\sigma^2}{2}}\theta^*\ln\left[1 + R^*\left(\theta^*\right)\right]\right\} \tag{16}$$

其中，根据式（13）可知：$R^*(\theta^*) = e^{\frac{\sigma^2}{2}}\rho\pi\theta^* - 1$。

接下来，证明 ESG 等级 $\theta \in (\theta^*, \theta^s)$ 的企业为了获得高 ESG 等级，将会进行环境信息粉饰行为。注意到式（16）左端是企业进行环境信息粉饰行为时享有的收益，右端是企业不进行环境信息粉饰行为时享有的收益。因此只需要证明当 $\theta \in (\theta^*, \theta^s)$ 时，式（16）左端严格大于右端；当 $\theta \in (0, \theta^*)$ 时，式（16）左端严格小于右端即可。基于此，构造函数：

$$f(\theta) = t_H\left[\pi\bar{q}_1 - \frac{\pi\bar{q}_1}{\alpha}(\bar{r} + c)\right] + (1 - P)t_L\rho\pi\left[\tau\bar{q}_1 + e^{\frac{\sigma^2}{2}}\theta\ln\left(1 + \frac{\pi\bar{q}_1\bar{r}}{\alpha}\right)\right]$$

$$+Pt_H\rho\pi\left[\tau\bar{q}_1 + e^{\frac{\sigma^2}{2}}\theta\ln\left(1 + \frac{\pi\bar{q}_1\bar{r}}{\alpha}\right)\right] - t_H\left[\pi\bar{q}_1 - R^*(\theta)\right] - t_H\rho\pi\left\{\tau\bar{q}_1 + e^{\frac{\sigma^2}{2}}\theta\ln\left[1 + R^*(\theta)\right]\right\}$$

$$\tag{17}$$

并证明当 $\theta \in (\theta^*, \theta^s)$ 时，$f(\theta)$ 严格大于零；当 $\theta \in (0, \theta^*)$ 时，$f(\theta)$ 严格小于零，对式（17）求导，可得：

$$f'(\theta) = e^{\frac{\sigma^2}{2}}(1 - P)\rho\pi\left\{t_L\ln\left(1 + \frac{\pi\bar{q}_1\bar{r}}{\alpha}\right) - t_H\ln\left[1 + R^*(\theta)\right]\right\}$$

$$+e^{\frac{a^2}{2}}P\rho\pi t_H\left\{\ln\left(1 + \frac{\pi\bar{q}_1\bar{r}}{\alpha}\right) - \ln\left[1 + R^*(\theta)\right]\right\}$$

$$\tag{18}$$

当 $\theta \in (0, \theta^s)$ 时，$\pi\bar{q}_1\bar{r}/\alpha = R^*(\theta^s) > R^*(\theta)$，因此当 $\theta \in (0, \theta^s)$ 时，$f'(\theta) > 0$。由于 $f(\theta^*) = 0$，当 $\theta \in (\theta^*, \theta^s)$ 时，$f(\theta) > 0$；当 $\theta \in (0, \theta^*)$ 时，$f(\theta) < 0$。因此，ESG 等级 $\theta \in (\theta^*, \theta^s)$ 的企业为了达到高 ESG 等级认定的门槛条件，将会进行环境信息粉饰行为。

上述分析解释了 ESG 评级如何诱使企业进行环境信息粉饰行为。评级机构进行 ESG 评级并设置高 ESG 等级认定的门槛条件，旨在筛选出 ESG 强的企业给予相关的投资资助，并激励这些企业进行资本投资以提高生产效率以及盈利能力。但是，对于 ESG 评级低的企业来说，也可以通过环境信息粉饰的方式来达到高 ESG 等级认定的门槛条件（尽管在未出现 ESG 榜单时，其 ESG 评价低于高 ESG 等级水平的门槛条件）。同时，评价机构受制于信息获取成本，很难准确识别出这些企业，因此部分环境信息粉饰企业可以浑水摸鱼，成功获得高 ESG 等级评价认定并享受相关的融资便利。

在本文的理论模型中，ESG 等级 $\theta \in (\theta^*, \theta^s)$ 的企业会进行环境信息粉饰行为，使得获得高 ESG 等级认定的企业鱼龙混杂——既包括 ESG 较强（$\theta \geqslant \theta^s$）的企业，也包括 ESG

较弱的企业（$\theta < \theta^*$）。显然，ESG较弱的企业的机会主义行为降低了高ESG评级认定的激励效果。

（四）投服中心与企业环境信息粉饰行为

本部分分析投服中心对企业环境信息粉饰行为的影响。信息披露是投服中心工作的核心焦点（郑国坚等，2021），该机构会积极与多方力量如监管机构、法律部门、金融机构等建立紧密的合作关系，形成强有力的市场警示效应，同时也助力增强上市公司信息披露的全面性与准确性，进一步弥合与外部利益相关者的信息鸿沟。投服中心的设立根植于监管机构的背书，展现出政府监管策略的灵活性与适应性（辛宇等，2020），并且其针对持股公司的维权行动，基于对中小投资者权益的坚定维护，展现出强大的市场震慑力（何慧华和方军雄，2021）。随着投服中心的建设，评级机构有更大的概率发现实施环境信息粉饰行为的企业，即式（16）中参数P的值上升。

为了便于分析，将式（16）中参数P替换为函数$P(D)$，其中D代表投服中心的建设程度，并且满足$P'(D) > 0$，重新表述式（16）为：

$$t_H\left[\pi\bar{q}_1\frac{\pi\bar{q}_1}{\alpha}(\bar{r}+c)\right]+[1-P(D)]t_L\rho\pi\left[\tau\bar{q}_1+e^{\frac{\sigma^2}{2}}\theta^*(D)\ln\left(1+\frac{\pi\bar{q}_1\bar{r}}{\alpha}\right)\right]+P(D)t_H\rho\pi\left[\tau\bar{q}_1+e^{\frac{\sigma^2}{2}}\theta^*(D)\ln\left(1+\frac{\pi\bar{q}_1\bar{r}}{\alpha}\right)\right]$$

$$=t_H\left[\pi\bar{q}_1-R^*(\theta^*(D))\right]+t_H\rho\pi\left\{\tau q_1+e^{\frac{\sigma^2}{2}}\theta^*(D)\ln\left[1+R^*(\theta^*(D))\right]\right\}$$

$$\tag{19}$$

接下来，进行比较静态分析，探讨投服中心建设（参数D的值上升）对θ^*的影响。应用隐函数定理，式（19）的左右两端同时对D求导：

$$e^{\frac{\sigma^2}{2}}[1-P(D)]t_L\rho\pi\ln\left(1+\frac{\pi\bar{q}_1\bar{r}}{\alpha}\right)\frac{d\theta^*(D)}{dD}+e^{\frac{\sigma^2}{2}}P(D)t_H\rho\pi\ln\left(1+\frac{\pi\bar{q}_1\bar{r}}{\alpha}\right)\frac{d\theta^*(D)}{dD}$$

$$+t_H\rho\pi\left[\tau\bar{q}_1+e^{\frac{\sigma^2}{2}}\theta^*(D)\ln\left(1+\frac{\pi\bar{q}_1\bar{r}}{\alpha}\right)\right]\frac{dP(D)}{dD}-t_L\rho\pi\left[\tau\bar{q}_1+e^{\frac{q^2}{2}}\theta^*(D)\ln\left(1+\frac{\pi\bar{q}_1\bar{r}}{\alpha}\right)\right]\frac{dP(D)}{dD}$$

$$=e^{\frac{\sigma^2}{2}}t_H\rho\pi\ln\left[1+R^*(\theta^*(D))\right]\frac{d\theta^*(D)}{dD}$$

化简得：

$$\rho\pi\left[t_L - t_H\right]\left[\tau\bar{q}_1 + e^{\frac{\sigma^2}{2}}\theta^*(D)\ln\left(1 + \frac{\pi\bar{q}_1\bar{r}}{\alpha}\right)\right]\frac{dP(D)}{dD}$$

$$= \left\{e^{\frac{\sigma^2}{2}}\rho\pi t_H P(D)\left[\ln\left(1 + \frac{\pi\bar{q}_1\bar{r}}{\alpha}\right) - \ln\left[1 + R^*(\theta^*(D))\right]\right]\right.$$

$$\left. + e^{\frac{\sigma^2}{2}}\rho\pi\left[1 - P(D)\right]\left[t_L\ln\left(1 + \frac{\pi\bar{q}_1\bar{r}}{\alpha}\right) - t_H\ln\left[1 + R^*(\theta^*(D))\right]\right]\right\}\frac{d\theta^*(D)}{dD} \tag{20}$$

可以注意到，在式（20）中，由于 $dP(D)/dD > 0$，$t_L > t_H$；对于 $\theta \in (0, \theta^*)$，$\pi\bar{q}_1\bar{r}/\alpha = R^*(\theta^*) > R^*(\theta)$，得到 $d\theta^*(D)/dD > 0$。

根据 $d\theta^*(D)/dD > 0$，可知，投服中心降低了企业进行环境信息粉饰行为的概率。图 1 可以更清楚地展示上述结论，图 1 横坐标表示企业投资能力/ESG 等级（θ），纵坐标表示概率密度，曲线表示企业 ESG 等级（θ）在实数空间上的概率密度函数。根据理论分析，外部希望激励投资能力强，即 ESG 水平高的企业（$\theta > \theta^*$）进行资金投资，因此，相关评定机构发布了 ESG 榜单，并设定了高 ESG 等级水平的门槛条件（$r > \bar{r}$）。在投服中心建设程度为 D_1 条件下，根据式（18）和式（19），对于 ESG 评级属于区间 $[\theta^*(D_1), \theta^s]$ 的企业来说，进行环境信息粉饰行为是有利可图的。然而，当投服中心的建设程度由 D_1 上升至 $D_2(D_2 > D_1)$，对于 ESG 评级属于区间 $[\theta^*(D_2), \theta^s]$ 的企业来说，进行环境信息粉饰行为是有利可图的。$d\theta^*(D)/dD > 0$，因此 $\theta^*(D_2) > \theta^*(D_1)$，也就是说，随着投服中心建设程度的提升，ESG 评级属于区间 $[\theta^*(D_1), \theta^*(D_2)]$ 企业的最优决策将从进行环境信息粉饰转为不进行环境信息粉饰。

综上所述，提出假说 1：投服中心建设能够抑制企业环境信息粉饰行为。

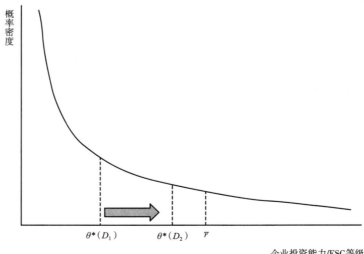

图1　监管型小股东抑制企业环境信息粉饰行为

由前文数理模型分析可知投服中心试点建设对于企业环境信息粉饰行为的抑制作用主要是通过提高环境信息粉饰行为被发现的概率，即提升P值而发挥作用的，而环境信息粉饰行为的存在主要是由于现今尚未形成统一的环境信息披露框架，使得企业在披露环境信息时有较大的自由裁量权，且样本数据中企业社会责任（Corporate Social Responsibility Report，CSR）报告经第三方独立机构审验的比例较低，这可能引发企业环境信息披露的机会主义倾向，因此若能提高企业的环境信息披露质量，即可提高企业环境信息粉饰行为被发现的概率，进而抑制该行为的发生。

信息披露的透明度与规范性一直是投服中心工作的重中之重，作为具备监管职能的小股东角色，投服中心凭借独特的地位，能够搭建起与监管机构、司法体系及金融界的紧密合作桥梁。通过高效整合多方资源，投服中心能够灵活运用持股监督、争议调解、法律诉讼等多种手段，强化其治理效能，形成强有力的监管威慑力（辛宇等，2020）。这一系列举措不仅加强了对企业信息披露行为的监督，还显著促进了上市公司在信息披露方面的全面性与准确性提升，与何慧华和方军雄（2021）的研究发现相呼应，共同强调了投服中心在优化市场环境、提升信息披露质量方面的积极作用。

当企业的环境信息披露质量提高时，它提供了更加详细、准确和全面的环境信息，使得企业难以隐藏或粉饰其真实的环境表现。投资者、监管机构和其他利益相关者能够更清楚地了解企业的环境影响和管理实践，从而降低了企业进行环境信息粉饰的动机。同时高质量的环境信息披露有助于推动市场公平竞争。当所有企业都按照相同的标准和要求披露其环境信息时，投资者和其他利益相关者可以更加公平地评估企业的价值和潜力。这种公平竞争的环境使得那些真正致力于环境保护和可持续发展的企业能够获得更多的市场机会和资源支持，而那些试图通过环境信息粉饰行为来掩盖其真实环境表现的企业将面临更大的市场压力和风险。因此本文提出假说2。

假说2：投服中心试点建设可通过提高环境披露质量进而降低企业实施环境信息粉饰行为的动机。

（五）投服中心试点建设对企业环境信息粉饰行为的机制分析

上述分析主要从外部监管视角切入，从企业进行环境信息粉饰行为被发现的概率进行阐述的，而是否进行环境信息粉饰行为是企业的自主选择，因此对于企业是否实施环境信息粉饰行为，除了外部监管外，企业自身的内部动机也是主要的影响因素，对于投服中心建设影响企业环境信息粉饰行为的机制有必要从企业自身内部动机入手进行讨论，下文将从企业外部不确定性与自身环保意识两方面入手阐述投服中心是如何降低企业实施环境信息粉饰行为的动机的。

1.投服中心试点建设、外部不确定性与企业环境信息粉饰行为

首先，投服中心作为具有政府背景的机构，由于其"半公共—半私人"的特征，能参与到公司治理中，并产生监管威慑等作用，有效降低信息不对称（Ge 等，2022；Hu 等，2022），减少由于信息不对称导致的投资决策失误，进而减少企业经营环境的外部不确定性。其次，投服中心通过"持股行权"，增强了投资者权益保护的自我保障，提高了保护效力，从而促进了企业治理的规范化，提升了公司治理水平（李海丽和沈哲，2024），进一步减少了由公司治理问题引发的外部环境不确定性。同时，投服中心的行权行为对企业管理层产生了积极的监督效应，促使管理层更加注重企业的风险管理（汤旭东等，2024），有助于企业更好地应对外部环境的变化，降低由外部环境不确定性带来的风险。最后，投服中心的试点政策，是监管与市场的深度融合，推动了资本市场的健康发展，而资本市场的健康发展可以降低企业的融资成本，提高市场效率，从而间接降低企业外部环境的不确定性。

环境不确定性的降低使得企业能够在较为稳定和可预测的外部环境下做出决策。此时，企业不需要通过粉饰环境信息来误导投资者或其他利益相关者，相比之下，在不确定性高的环境中，企业可能面临更多不可预见的风险，因此更有可能通过粉饰环境信息来掩盖潜在的问题或不利因素。而当外部环境不确定性较低时，投资者对企业未来的预测和判断更加准确和可靠，有助于增强投资者对企业的信心，企业此时无需通过粉饰环境信息来维护投资者的信心。此外，环境信息粉饰行为需要企业投入一定的资源和成本。在不确定性较低的环境中，这种行为的收益可能有限，甚至可能低于其成本。因此，从成本效益的角度出发，企业实施环境信息粉饰行为的动机将减弱。

2.投服中心试点建设、环保意识与企业环境信息粉饰行为

投服中心的设立有利于加大了公众对上市公司的监督力度，使得企业面临更大的环保压力，进而促使其更加关注环境绩效和环保责任，激发了企业提升环保意识的内在动力。同时，投服中心采用"半公共—半私人"机制，它的设立引导企业关注社会责任，提升环保意识，并促使企业从战略层面将环保纳入经营决策，提升了企业的环保意识。此外，投服中心的试点举措在目标区域内对上市公司产生了显著的影响，不仅体现在监管力度增强上，还可能催化出更积极的效应：促使企业更加深刻地认识到风险管理的重要性，进而在运营决策中更加关注并回应利益相关者的多元化需求与期望。

这一转变将激励企业加大在环境、社会和治理（ESG）领域的投入（汤旭东等，2024），开展环保教育与培训，进一步提升环保意识。当企业的环保意识提升时，它们更倾向于遵守环保法规并承担社会责任。这种道德和责任感的增强，使得企业不愿进行环境信息粉饰，因为这可能与其环保理念和价值观相违背。同时，企业意识到环境保护

对可持续发展的重要性，会主动减少污染排放、优化资源利用等，从而降低环境风险。在这一背景下，环境信息粉饰行为不仅无法降低风险，反而可能增加被曝光和处罚的风险，因此企业会自觉避免这种行为。通过开展环保教育和培训，企业员工对环保重要性和紧迫性的理解得以深化，环保意识提升，进而更关注企业的环保表现和社会责任，减少了环境信息粉饰的需求。通过上述分析，本文提出以下假说。

假说3：投服中心试点建设通过降低外部不确定性进而降低企业实施环境信息粉饰行为的动机。

假说4：投服中心试点建设通过提升企业环保意识进而降低企业实施环境信息粉饰行为的动机。

（六）短视主义抑制投服中心建设对企业环境信息粉饰行为的影响

企业短视主义和环境信息粉饰行为，均植根于企业过度追求短期利益的决策导向之中，反映了企业在面对复杂市场环境时的一种短视和功利化的经营策略。在短视主义的强烈影响下，企业决策层往往高度聚焦当前的经济利润和业绩指标，这些短期且直观的利益成为他们衡量成功与否的主要标尺。然而，这种短视的决策导向却使得企业忽视了环境和社会的长期影响，包括对环境资源的过度开采、污染排放的加剧以及对社会责任的忽视等，这些问题虽然在短期内可能不会对企业的经济利益产生直接影响，但长期来看会对企业的可持续发展和社会形象造成严重的损害。为了规避这些潜在的风险和负面影响，一些企业可能会采取环境信息粉饰行为，夸大环保成果、隐瞒或淡化环境负面影响等，以误导公众和监管机构，掩盖其真实的环境状况，从而避免因环境负面影响而遭受监管处罚、声誉损失、消费者抵制以及投资者信心下降等一系列不利后果，有利于维护短期利益，这反过来又会强化企业的短视行为。基于此，本文认为。

假说5：企业管理层短视主义的加重会削弱投服中心试点建设对企业的环境信息粉饰行为的抑制作用。

三 研究方法及数据说明

（一）计量模型构建

为了检验投服中心试点建设对企业环境信息粉饰行为的影响，将设立投服中心视为自然实验，以此构建多期双重差分法，考察投服中心试点建设对企业环境信息粉饰行为的影响，模型表示为：

$$fenshi_{it} = \alpha_0 + \beta_1 Treat_i \times Post_{it} + \theta X_{it} + \mu_j + \varphi_t + \xi_{it} \tag{21}$$

其中，i 和 t 分别表示企业个体和年份。$fenshi_{it}$ 为被解释变量，衡量企业环境信息粉饰行为；核心变量 $Treat_i$ 表示所在地区是否为投服中心试点，若是则 $Treat$ 等于 1，否则为 0；$Post$ 等于 1 表示年份大于或等于地区被定为投服中心试点建设的年份，否则为 0，$Treat \times Post$ 为本文关注的政策变量。X_{it} 表示一系列控制变量。此外，还控制了行业固定效应 μ_j 以及年份固定效应 φ_t，ξ_{it} 表示随机扰动项。估计参数 β_1，用以刻画投服中心试点建设对企业实施环境信息粉饰行为的影响，若 β_1 显著为负，则表明投服中心试点建设会抑制企业实施环境信息粉饰行为。

（二）具体变量选取

1. 被解释变量

环境信息粉饰行为（$fenshi$）是企业披露的环境信息文本量与实质性环境信息披露量的差异，测度的是企业采用文本信息包装实质性环境信息披露的程度。参考张德涛等（2024）从环境信息的可靠性和具体性层面构建了实质披露指标体系，以文本披露量（mw）与实质披露量（mr）的偏离测度环境信息粉饰行为。为消除量纲的影响，采用 Z-Score 标准化法对文本披露量和实质披露量得分标准化。环境信息粉饰行为计算如下：

$$fenshi_{it} = \frac{mw_{it} - \overline{mw_t}}{sd(mw_{it})} - \frac{mr_{it} - \overline{mr_t}}{sd(mr_{it})} = mws_{it} - mrs_{it} \tag{22}$$

其中，$\overline{mw_t}$ 和 $\overline{mr_t}$ 分别是文本披露量和实质披露量的年度均值，$sd(mw_{it})$ 和 $sd(mr_{it})$ 为相关变量的标准差；mws_{it} 和 mrs_{it} 分别为标准化的文本披露量和实质披露量。

2. 核心解释变量

投服中心试点建设（$Treat \times Post$），以投服中心试点建设作为准自然实验，当上市公司位于投服中心的试点区域，具体涵盖上海、广东（深圳除外）及湖南时，设定变量 $Treat$ 的值为 1，反之为 0。为了量化投服中心试点建设对所在省份的效应，若考察的年份紧随试点政策实施之后，即 2016 年及以后，$Post$ 变量被赋予 1；相反，若考察年份位于试点政策实施之前，即 2013 ~ 2015 年，$Post$ 赋值为 0。交乘项 $Treat \times Post$ 的估计系数可用以刻画投服中心试点建设对企业环境信息粉饰行为的影响。

3. 控制变量

企业一般特征变量，包括：有形资产占比（tar），用有形资产/总资产表示；总负债率（$leverage$），用负债合计/总资产表示；企业规模（$size$），用企业总资产的对数值表示；企业年龄（age），用企业成立年限表示；企业成长性（$grow$），用企业总营业收入增长率表示。企业治理特征变量：股东集中度（$share$），用前五大股东持股比例之和表示；高管薪酬（ec），用薪酬前 3 的高管平均薪酬的对数表示；独立董事占比（idr），用独立董事人数/董事会总人数表示；两职合一（*dual*），若总经理和董事长为同一个人时取值为1，否则取值为0。地区控制变量：产业结构高级化（*ind*），用第三产业产值/GDP表示；经济发展水平（*GDPpc*），用人均GDP表示；地区空气质量（$PM_{2.5}$），用地区$PM_{2.5}$浓度表示。主要变量描述性统计结果见表1。

表1　各变量定义（观测值：2892个）

变量名称	变量符号	平均值	标准差	最大值	最小值
环境信息粉饰行为	*fenshi*	0.000	1.098	−4.693	4.647
投服中心试点建设	*Treat×Time*	0.071	0.257	0.000	1.000
有形资产占比	*tra*	0.404	0.217	−0.118	0.875
总负债率	*leverage*	0.477	0.200	0.687	0.938
企业规模	*size*	13.834	1.365	11.136	18.574
企业年龄	*age*	18.572	5.302	3.000	51.000
企业成长性	*grow*	0.119	0.265	−0.514	1.334
股权集中度	*share*	0.541	0.162	0.190	0.928
高管薪酬	*ec*	2.789	2.700	0.390	21.586
独立董事占比	*idr*	0.383	0.073	0.250	0.600
两职合一	*dual*	0.188	0.391	0.000	1.000
产业结构高级化	*ind*	0.522	0.133	0.320	0.806
经济发展水平	*GDPpc*	7.242	3.060	2.283	13.760
地区空气质量	$PM_{2.5}$	34.935	14.537	13.698	73.845

（三）数据来源说明

考虑数据的可获得性，本文聚焦2013~2017年中国A股非金融类企业，选取这一时期作为研究样本，主要考虑到投服中心的试点项目于2016年2月正式启动，随后于2017年5月逐步扩展至全国范围。为了构建双重差分法（Difference-in-Differences，DID）的实证分析框架，参考何慧华和方军雄（2021）、Ge等（2022）、汤旭东等（2024）的研究，选取了试点政策实施前的三年（2013~2015年）、政策实施当年（2016年）以及试点后的一年（2017年）的样本数据进行分析。关于企业环境信息粉饰行为测算所需的数据主要来自巨潮资讯网的CSR报告，企业其余变量数据主要来源于国泰安和万德数据库，剔除ST（Special Treatment）、＊ST的样本；剔除指标数据严重缺失的样本；地区控制变量数据来源于中国统计年鉴。同时在1%的水平上进行双向缩尾处理，最终得到2892个观测值。

四 投服中心试点建设对企业环境信息粉饰行为的影响分析

（一）基准回归结果

在所设定的基准回归模型基础上进行逐步回归。首先仅用企业环境信息粉饰行为（fenshi）与投服中心试点建设（Treat×Post）进行回归，表2列（1）显示在控制行业固定效应以及年份固定效应考察核心解释变量与被解释变量关系下，投服中心试点建设（Treat×Post）在10%的显著性水平上有助于抑制企业实施环境信息粉饰行为。其次，在第（1）列回归基础上加入企业一般特征控制变量、企业治理特征控制变量以及地区控制变量，结果如表2列（2）所示，投服中心试点建设（Treat×Post）对企业环境信息粉饰行为的影响作用仍然显著为负，上述分析表明投服中心试点建设（Treat×Post）有助于抑制企业实施环境信息粉饰行为。同时基于所测算的环境信息粉饰行为数据，设置企业是否实施环境信息粉饰行为的哑变量，若所测算的环境信息粉饰行为数据大于0，则将该哑变量设置为1，反之为0，选用Logit模型进行回归，结果同样显示，投服中心试点建设（Treat×Post）有助于抑制企业实施环境信息粉饰行为。这表明投服中心试点建设的确有助于抑制企业的环境信息粉饰行为，对我国完善绿色治理体系、建设"绿色中国"具有重要的政策意义。

表2 基准回归结果

	（1）	（2）	（3）	（4）
	OLS模型		Logit模型	
	粉饰行为	粉饰行为	是否粉饰	是否粉饰
Treat×Post	-0.159^{*}	-0.176^{***}	-0.236^{*}	-0.247^{*}
	(0.088)	(0.057)	(0.125)	(0.139)
常数项	0.769^{***}	2.755^{***}	1.776^{***}	4.976^{***}
	(0.021)	(0.415)	(0.062)	(0.503)
年份固定效应	是	是	是	是
行业固定效应	是	是	是	是
企业一般特征控制变量	否	是	否	是
企业治理特征控制变量	否	是	否	是
地区控制变量	否	是	否	是
样本量	2892	2892	2887	2887
调整 R^2 值	0.076	0.129	0.035	0.072

注：*、**、***分别表示在10%、5%、1%的水平上显著，括号内为标准误，下同。

(二)识别性检验

1.平行趋势检验

依据平行趋势假设,如果投服中心试点事件没有发生,那么试点地区和未试点地区企业的环境信息粉饰行为会呈现相同的变化趋势。由于投服中心试点没有被取消的案例,无法通过反事实法直接验证。对此,借鉴Jacobson等(1993)的研究,通过事件研究法对平行趋势进行检验,引入投服中心试点前一年为基准年,以此来构建模型,若投服中心试点地区和未试点地区企业在开放前的环境信息分析行为变化趋势不存在显著差异,则表明平行趋势假设满足,同时通过观测图示系数显著性是否在投服中心试点设立当年便开始发生变化,进而在一定程度上排除了由于其他政策和投服中心试点在设立上存在的时间差异所引起的对系数显著性或大小的影响,在一定程度可排查是不是因为其他政策的影响。平行趋势检验模型设定为:

$$fenshi_{it} = \alpha_0 + \sum_{t=2016, k \neq 2015}^{2017} \beta_1 Treat_i \times Post_t + \theta X_{it} + \mu_j + \varphi_t + \xi_{it} \tag{23}$$

其中,β_1为双重差分系数,用于检验平行趋势,并且可以进一步衡量投服中心试点政策的动态效应。结果如图2所示,以2016年为政策介入点,将样本分为投服中心试点前和试点后。结果表明,投服中心试点前处理组和控制组的企业环境信息粉饰行为在实验组和对照组间表现出时间上的趋势一致性,投服中心试点后可看出实验组的环境信息粉饰行为被抑制。因此,可以初步判断两组间在投服中心试点前的时间趋势假定基本满足,投服中心试点年份以后趋势线差异基本判断是由试点政策发布造成的,即结果满足平行趋势假设。

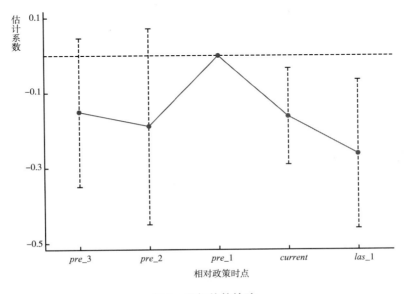

图2 平行趋势检验

2.安慰剂检验

尽管基准回归得出的结果是投服中心试点建设有助于抑制企业环境信息粉饰行为，但本文DID分析结果可能仍然受到其他干扰性因素的影响驱动。为了解决这个问题，进行安慰剂测试，基于基准回归模型中投服中心试点建设地区的分布特征，实施了1000次的随机抽样模拟，以此构建"伪政策虚拟变量"。随后，利用这一组模拟变量，再次应用模型（21）进行回归分析，并系统地检验了回归系数的分布及其对应的P值统计量，结果如图3所示。企业环境信息粉饰行为与"伪政策虚拟变量"之间回归系数的均值趋近于零，且远小于投服中心试点建设对企业环境信息粉饰行为的影响系数，估计系数的分布接近正态分布，P值大多位于0.100之上，表明投服中心试点建设对企业环境信息粉饰行为的影响并非其他随机性因素导致，以上分析表明投服中心试点建设对企业环境信息粉饰行为的抑制作用是真实存在的。

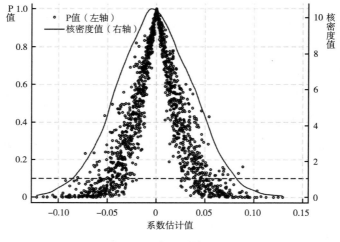

图3　安慰剂检验

（三）稳健性检验

1.剔除2017年样本

参考汤旭东等（2024）的做法，为了消除2017年5月投服中心试点建设全面推广至全国范围可能带来的外部干扰因素，将2017年的样本数据剔除后重新进行回归分析。由表3列（1）可知，在剔除了全国范围推广事件可能产生的混杂效应后，投服中心试点建设对于抑制地区内上市企业环境信息粉饰行为的积极作用依然显著存在。

2.平衡性检验

针对基准回归结果的一个潜在疑虑是政策实施前实验组与对照组样本的同质性考量

（Li等，2016），即需要关注投服中心试点建设区域选择可能蕴含的内生性问题。为了控制该问题的影响，借鉴孙天阳和成丽红（2020）、汤旭东等（2024）的研究，选取地区工业化程度（工业增加值/地区GDP）、人口密度（地区总人口数/行政区划面积）以及政府干预力度（财政支出/地区GDP）这些被视为可能影响投服中心试点选址的预先存在因素进行平衡性检验。具体而言，将这些前定变量在2015年（即政策实施前一年）与时间虚拟变量Post的乘积项引入式（21）中，结果如表3列（2）所示，在严格控制了这些前定变量与时间虚拟变量的交互作用后，所得回归结果依然稳健地支持了基准回归的结论——投服中心试点建设对于抑制企业环境信息粉饰行为具有显著的正面效应。

3.倾向得分匹配估计

若处理组与控制组的企业本身在可观测特征上存在明显差异，使得投服中心试点建设可能本身就存在自选择偏误问题，导致双重差分估计量可能因这些差异而产生偏差。为了克服这一问题，本文采用了倾向得分匹配（PSM）方法，通过最近邻匹配的方式，获取与处理组企业最为相似的对照组企业，具体而言，采用比例为1：4的有放回最邻近匹配策略来构建实验组与对照组之间的对应关系。

在进行倾向得分匹配（PSM）回归分析之前，平衡性检验中涉及的t检验结果显示，实验组与对照组之间系数的差异并未达到统计学上的显著性水平，支持了两组在匹配后特征上已无显著差异的原假设，说明所采用的匹配方法有效地消除了实验组与对照组之间的特征差异，达到了良好的匹配效果。随后基于这一匹配后得到的样本集重新进行回归，结果如表3列（3）所示。检验结果表明，投服中心试点建设对上市企业环境信息粉饰行为仍然存在显著的负向影响，这意味着投服中心试点建设确实有助于抑制企业的环境信息粉饰行为，这与本文之前的基准回归结论保持一致。

4.替换被解释变量

参考张德涛等（2024）更换解释变量的测度方法，采用极差标准化法对实质性环境信息披露量得分和环境信息文本披露量进行标准化后，计算环境信息粉饰行为。并参考李哲（2018）测度"多言寡行"的做法，依据同年度同行业的文本披露量和实质披露量的均值为基准，判断企业是否同时存在文本披露量多和实质披露量少的现象，以此判断环境信息粉饰行为。结果如表3列（4）、（5）所示，检验结果表明，在替换环境信息粉饰行为衡量标准之后，投服中心试点建设对上市企业环境信息粉饰行为仍然存在显著的负向影响，这意味着投服中心试点建设确实有助于抑制企业的环境信息粉饰行为，这与本文之前的基准回归结论保持一致。

5.排除样本期间其他重要政策的影响

（1）控制公共数据开放影响：当政府环境数据公开时，企业环境信息的透明度也随之提高，使得企业难以通过粉饰环境信息来误导公众或投资者。同时政府数据公开使得企业的环境行为受到公众和投资者的更多关注，也为公众和媒体提供了监督企业环境行为的途径。公众和媒体可以通过对比政府公开的环境数据和企业发布的环境报告，如果企业被发现存在环境信息粉饰行为，将面临严重的声誉损失和法律责任。这种潜在的违规成本会促使企业更加谨慎地处理环境信息，减少粉饰行为。而且，政府也可以依据公开数据对企业进行更有效的监管和问责。因此控制政府数据开放试点的影响，若企业所在省份在某年进行了政府数据开放试点，则将这一年及以后赋值为1，否则为0，将该变量纳入基准回归方程，重新进行回归，回归结果如表3列（6）所示，回归结果依然与基准回归保持一致，即投服中心试点建设对企业的环境信息粉饰行为的出现存在显著的负向影响作用。

（2）控制ESG评级影响：ESG评级是进行ESG投资的重要依据，能够将企业与市场连接起来，改善企业的外部信息环境，降低企业与外部利益相关者之间的信息不对称，有助于发挥市场激励机制与外部监督机制的作用，帮助ESG表现好的企业获得利益相关者更多的支持，从而为企业绿色转型提供内在动力，促进企业绿色技术创新，提升企业的环保投资水平（胡洁等，2023；宋清华等，2023；赵沁娜等，2024），因此ESG评级可能会减少企业的环境信息粉饰行为。

但管理者可能会倾向于将ESG评级视为一种策略性手段，用以掩盖企业在环境绩效上的不足或进行形象塑造（权小锋等，2015），在获得评级后减少或停止对高成本、低即时回报的环保项目的投入。从机会主义的角度出发，ESG评级可能诱发企业的逆向选择倾向，加剧了对传统粗放型发展模式的依赖，这种长期形成的路径依赖与规模效应，加之沉重的沉没成本，使得部分企业面对绿色转型的潜在风险与业绩波动时望而却步。因此企业更倾向于采取"合规导向"或"达标策略"，通过象征性地增加治理性环保投资，向市场释放"绿色友好"的信号，以迎合监管要求和市场期待，而非真正致力于通过前端控制实现深层次的绿色转型。这种策略往往表现为"表面文章"或"形象工程"，旨在利用ESG评级体系获取政策红利与融资便利，而非实质性地推动企业的绿色可持续发展。综上所述ESG评级的出现对企业环境信息掩盖行为均会产生一个外生冲击。因此在控制ESG评级外生影响的基础上，重新回归，回归结果如表3列（7）所示，结果与基准回归保持一致，即投服中心试点建设对企业的环境信息粉饰行为的出现存在显著的负向影响作用。

6.改变样本数量

考虑到观测值低于3个的样本可能是因为刚上市或未连续披露环境信息，这会对企业环境信息粉饰行为的测度产生影响，为此剔除了观测值低于3个的样本（共计

282个观测值），重新进行回归，回归结果如表3列（8）所示，回归结果依然与基准回归保持一致，即投服中心试点建设对企业的环境信息粉饰行为的出现存在显著的负向影响作用。

7.排除高铁开发的外生影响

高铁的大规模建设突破了地理区位的空间限制，显著提升了城市之间交通的便捷性和可达性，同时交通基础设施建设的外溢作用可能干扰政策效果的识别，本文将地级市是否有"高铁开通"纳入控制变量，结果如表3列（9）所示，表明在控制地级市高铁开通的干扰，即排除交通基础设施建设的外溢作用后，重新回归，结果与基准回归保持一致，即投服中心试点建设对企业的环境信息粉饰行为的出现存在显著的负向影响作用，表明本文的主要研究结论仍然稳健可靠。

8.选取不同的对照组

考虑到试点城市和非试点城市之间可能存在一定的差异，借鉴何慧华和方军雄（2021）、汤旭东等（2024）的研究设计，考量经济、文化及地理等多重维度，选取了深圳市、湖北省、浙江省、北京市、四川省、山东省等六个地区中的上市公司作为对比分析的样本集。引入了新的处理变量$Treat1$，以明确标识样本是否属于试点区域。结果如表3列（10）所示，回归结果依然与基准回归保持一致，即投服中心试点建设有助于抑制企业的环境信息粉饰行为，可知在选取不同对照组样本条件下，本文的主要研究结论仍然稳健可靠。

表3　稳健性检验

变量	(1) 剔除2017年样本的影响	(2) 平衡性检验	(3) PSM-DID估计	(4) 替换被解释变量1	(5) 替换被解释变量2
$Treat×Post$	−0.123*	−0.244***	−0.194***	−0.030***	−0.176***
	(0.064)	(0.076)	(0.056)	(0.010)	(0.057)
常数项	2.847***	2.730***	2.858***	0.613***	2.753***
	(0.473)	(0.416)	(0.413)	(0.089)	(0.413)
固定效应	是	是	是	是	是
控制变量	是	是	是	是	是
样本量	2256	2892	2675	2892	2887
调整R^2值	0.131	0.130	0.140	0.138	0.033

续表

变量	(6) 控制公共数据开放影响	(7) 控制ESG评级影响	(8) 控制样本数量	(9) 控制交通设施的影响	(10) 选取不同对照组
$Treat \times Post$	−0.189***	−0.176***	−0.176**	−0.164**	−0.122*
	(0.062)	(0.058)	(0.062)	(0.057)	(0.058)
常数项	2.799***	2.758***	2.413***	2.576***	2.703***
	(0.394)	(0.399)	(0.455)	(0.438)	(0.614)
固定效应	是	是	是	是	是
控制变量	是	是	是	是	是
样本量	2892	2892	2610	2892	1612
调整R^2值	0.129	0.129	0.136	0.133	0.170

注：同表2。

（四）无条件分位数回归检验

基准回归结果表明，投服中心试点建设能够显著抑制企业的环境信息粉饰行为，但是回归结果仅反映了投服中心试点建设对企业的环境信息粉饰行为抑制作用的平均效果。本研究关注的另一个问题是投服中心试点建设对不同环境信息粉饰行为的企业的威慑是否存在差异，即考察投服中心试点建设对不同企业环境信息粉饰水平分位样本的异质性作用。为此，基于环境信息粉饰水平分位点分布，采用无条件分位数回归模型对投服中心试点建设的边际作用展开进一步分析，为直观展示投服中心试点建设对不同分位点环境信息粉饰水平的边际影响，绘制了分位点估计系数图，具体结果如图4所示。

可以看出随着回归样本分位点的逐渐增加，投服中心试点建设系数绝对值的大小和显著性提高，一方面，通过显著性变化，可看出对于"多行寡言"企业，即不存在环境信息粉饰行为的企业，投服中心试点建设无明显影响；而对于"多言寡行"企业，即存在环境信息粉饰行为的企业，投服中心试点建设会显著的抑制企业环境信息粉饰行为。另一方面，通过系数绝对值的变化可以看出，投服中心试点建设对环境信息粉饰行为严重的企业的抑制作用更强，即可说明投服中心试点建设确实对企业的环境信息粉饰行为有明显的威慑作用。

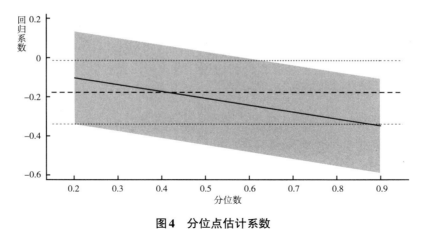

图4　分位点估计系数

注：阴影部分是分位数估计系数在95%置信度下的置信区间。黑色虚线表示线性回归的估计系数，灰色虚线代表该估计系数在95%置信度下的置信区间。

五　投服中心试点建设对企业环境信息粉饰行为的进一步分析

（一）机制检验

前文分析假定，投服中心试点建设能通过提高企业环境披露质量、降低环境不确定性以及提升企业环保意识进而抑制企业环境信息粉饰行为，这一部分将借鉴江艇（2022）的思想就投服中心试点建设抑制企业环境信息粉饰行为的机制展开讨论。

1.提高环境披露质量

本文的理论分析认为，投服中心试点建设有助于识别企业的环境信息粉饰行为，其中重要的途径便是投服中心试点建设会提高企业的环境披露质量。参考 Christensen 等（2022）的做法，用彭博发布的ESG信息披露评分中的E（环境）指标得分测度企业的环境信息披露质量。表4列（1）表明，当被解释变量为环境信息披露质量时，投服中心试点建设的回归系数为正，且在5%的水平下通过了显著性检验，该结果说明投服中心试点建设能够显著提高企业的环境信息披露质量，验证了假说2，即投服中心试点建设有助于提高企业的环境信息披露质量进而降低企业实施环境信息粉饰行为的动机。

2.降低外部不确定性

本文参考申慧慧等（2012）的研究，利用过去5年中上市公司销售收入标准差，以衡量其环境不确定性程度。表4列（2）表明，当被解释变量为环境不确定性时，投服中心试点建设的回归系数为负，且在10%的水平下通过了显著性检验，该结果说明投服中心试点建设能够显著降低企业的外部环境不确定性，验证了假说3，即投服中心试点建设有助于降低外部不确定进而降低企业实施环境信息粉饰行为的动机。

3.提升企业环保意识

本文为评判企业是否实施环保教育和培训设置虚拟变量，若有实施设置为"1"，反之则为"0"，进而衡量企业环保意识的提升，表4列（3）表明，当被解释变量为是否实施环保教育和培训时，投服中心试点建设的回归系数为正，且在1%的水平下通过了显著性检验，该结果说明投服中心试点建设能够显著促进企业的环保教育和培训的实施，提升企业环保意识，验证了假说4，即投服中心试点建设有助于提升企业环保意识进而降低企业实施环境信息粉饰行为的动机。

（二）短视主义的调节效应分析

本文借鉴胡楠等（2021）通过文本分析衡量企业管理层短视主义，通过构建交互项纳入基准回归方程，结果如表4列（4）所示，当被解释变量为环境信息粉饰行为时，发现投服中心试点建设的系数仍然显著为负，即表明投服中心试点建设有助于抑制企业环境信息粉饰行为的实施，主要关注交互项 $Treat×Post×myopia$ 的系数。本文发现交互项的系数显著为正，表明随着企业管理层短视主义的加重，会极大削弱投服中心试点建设的作用，甚至完全抵消了投服中心试点建设的作用，导致企业的环境信息粉饰行为更加严重，假说5得以验证。

表4　机制检验

	（1）	（2）	（3）	（4）
	环境信息披露质量	环境不确定性	环保教育和培训	环境信息粉饰行为
$Treat×Post$	1.473**	−0.002*	0.436***	−0.346***
	(0.615)	(0.001)	(0.113)	(0.100)
$Treat×Post×myopia$				2.345*
				(1.297)
常数项	−26.054***	0.112***	−3.730***	2.551***
	(4.947)	(0.006)	(0.637)	(0.373)
固定效应	是	是	是	是
控制变量	是	是	是	是
样本量	2319	2644	2148	2859
调整 R^2 值	0.330	0.818	0.095	0.125

注：同表2。

(三) 异质性检验

本文从股东结构、资金获取、行业竞争、未来预期、媒体监督及投资者环境信息识别能力等角度讨论投服中心试点建设对企业环境信息粉饰行为的异质性影响。选择这些角度是基于以下考虑:如果投服中心试点建设有助于抑制企业的环境信息粉饰行为,那么对于实施环境信息粉饰行为动机更强的企业,投服中心试点建设会更好地发挥作用。

1.股东结构与环境信息粉饰行为——独立董事占比

独立董事制度的设立旨在解决上市公司普遍存在的股东分散、股权流动性强导致的股东力量较弱的问题,独立董事的存在可以对管理层形成有效的监督制约。同时由于独立董事能够客观地监督经理层,维护中小股东权益,防止内部高层的独裁控制,一定程度上能抑制企业高层的短视主义,因此当独立董事比例较高时,企业实施环境信息粉饰行为的概率会变小。基于这一观点,如果投服中心试点建设提升了对企业环境信息粉饰行为的监管能力,那么对于独立董事比例较低的企业将产生更大影响。计算企业独立董事占董事总数比例,并根据中位数划分为独立董事比例高和独立董事比例低两组。与上述分析一致,由表5列 (1) ~ (2) 回归结果表明,投服中心试点建设对独立董事比例较低企业的环境信息粉饰行为的抑制作用更加显著。

2.资金获取与环境信息粉饰行为——融资约束

如前文理论分析,企业选择进行环境信息粉饰行为的原因往往源于财务困境。当面临财务危机时,企业为了规避经营风险,可能不会将有限资金用于周期长、风险大、收益不确定性高的绿色转型,企业便主动或被迫进行环境信息粉饰,以获取较高的ESG评级,试图以最小的环境成本获得最大的经济收益。而当融资约束降低则意味着有充足的资金来履行环境责任,有了更稳定的财务支持,企业不再受限于成本问题而需要通过虚假的环保声明或粉饰行为来吸引投资者或合作伙伴,因为它们已经具备了足够的资金来支持真实的环保活动和项目而加大环境保护方面的实质性投入。当面临融资约束较强时,企业选择环境信息粉饰行为的动机会较强。基于这一观点,如果投服中心试点建设提升了对企业环境信息粉饰行为的监管能力,则对于融资约束较高的企业将产生更大影响。

用企业在资产负债表上的融资比例约束强度,即FC融资约束指数衡量企业的资金获取能力,并根据中位数将样本划分为资金获取难(融资约束高)和资金获取易(融资约束低)两组。表5列 (3) ~ (4) 回归结果表明,与前述分析一致,投服中心试点建设对融资约束较高企业的环境信息粉饰行为的抑制作用更加显著。

3.行业竞争与环境信息粉饰行为——赫芬达尔指数

在竞争激烈的行业中,企业面临来自竞争者的压力,为了在市场中生存和发展,可能需要采取一些策略来提升自身竞争力。环境信息粉饰行为可能是其中的一种策略，为了向外部投资者以及消费者表明自身良好的环保业绩，通过夸大或虚构企业的环保表现，以掩盖真实的环保状况，误导投资者和消费者，从而获得更多的市场份额和竞争优势。因此当面临的行业竞争较激烈时，企业选择环境信息粉饰行为的动机较强。综上，若投服中心试点建设提升了对企业环境信息粉饰行为的监管能力，则对于行业竞争程度较高的企业将产生更大影响。

以赫芬达尔指数衡量企业所在行业的竞争强度，并根据中位数将样本划分为行业竞争程度高和行业竞争程度低两组。表 5 列（5）~（6）回归结果可知，与前述分析一致，投服中心试点建设对行业竞争激励企业的环境信息粉饰行为的抑制作用更加显著。

表 5　异质性检验 1

变量	（1）独立董事比例高	（2）独立董事比例低	（3）融资约束高	（4）融资约束低	（5）竞争程度高	（6）竞争程度低
$Treat×Post$	−0.160	−0.165**	−0.233***	−0.097	−0.226***	−0.086
	(0.124)	(0.081)	(0.046)	(0.095)	(0.052)	(0.090)
常数项	3.152***	2.848***	1.770	3.789***	1.995***	3.705***
	(0.605)	(0.411)	(1.119)	(0.755)	(0.352)	(0.763)
固定效应	是	是	是	是	是	是
控制变量	是	是	是	是	是	是
样本量	1641	1251	1522	1370	1450	1442
调整 R^2 值	0.144	0.126	0.132	0.155	0.142	0.153

注：同表 2。

4. 未来预期与环境信息粉饰行为——年报文本语气

当企业预期较为悲观消极时，为了维护企业形象、稳定投资者信心或满足外部监管要求，管理层可能会选择进行粉饰环境信息行为来掩盖真实的经营和环境状况。同时若企业对未来预期乐观积极，一方面通常意味着其业绩预期良好，能够达到或超过既定的财务和环境目标。在这种情况下，企业不需要通过粉饰环境信息来掩盖其真实的业绩状况。另一方面也意味着其面临的环境风险较低或已经得到了有效的管理和控制。在这种情况下，企业更倾向于真实、准确地披露环境信息，以展示其良好的环境管理能力和绩效，从而进一步降低潜在的环境风险。此外积极预期的企业通常具有更加完善的内部管理和监督机制。这些企业能够有效地控制内部风险，确保环境信息的真实、准确和完整。因此当对未来预期较为乐观时，企业进行环境信息粉饰行为的动机较弱。综上，如果投服中心试点建设提升了对企业环境信息粉饰行为的监管能力，则对于未来预期较为乐观企业的影响较小。

本文基于姚加权等（2021）的研究，构建适用于金融领域的中文情绪词典，统计CSR报告的积极情感词语量，以其占报告总词频量比例测度报告的语气积极程度，并根据中位数将样本划分为预期较乐观和预期较悲观两组。与上述分析一致，表6列（1）~（2）回归结果表明，投服中心试点建设对预期较悲观企业的环境信息粉饰行为的抑制作用更加显著。

5.媒体监督与环境信息粉饰行为——媒体报道

根据媒体治理理论，媒体作为公众认识世界的窗口，媒体报道提升了企业知名度（沈洪涛和冯杰，2012）。媒体对企业的报道提升了投资者对企业的关注度，进而可能会放大环境信息粉饰行为的影响。媒体具有广泛的传播力，媒体监督对企业环境信息披露起着重要的监督作用，使得企业进行环境信息粉饰的难度增大，如果企业试图粉饰环境信息，一旦被媒体揭露，将对企业形象和声誉造成严重的负面影响。这种负面影响不仅会影响企业的市场地位，还可能影响企业的长期发展。媒体报道产生的舆论压力会让管理者重视环境保护在企业可持续发展中的重要性并引起公众对企业环境表现的高度关注。这种重视将促使企业更加真实地披露环境信息，减少粉饰行为。同时媒体关注度的增加提升了投资者对企业的关注度，放大了环境信息粉饰行为的收益和损失。基于这一观点，如果投服中心试点建设提升了对企业环境信息粉饰行为的监管能力，那么对受到媒体监督较弱的企业将产生更大影响。

为此，基于网络新闻和报刊财经新闻的日度数据，用企业全年度被媒体新闻报道次数测度媒体关注度，并根据是否大于年度中位数，将样本划分为媒体关注高组和媒体关注低组。由表6列（3）~（4）所示的回归结果可见，与前述分析一致，在媒体组中，投服中心试点建设对企业环境信息粉饰行为的抑制作用更加显著。

6.信息识别与环境信息粉饰行为——环境基金持股

当投资者具备较强的环境信息识别能力时，他们能够更准确地分析和判断企业披露的环境信息，这使得企业采用粉饰手段来掩盖或美化其环境表现变得更为困难。环境信息识别能力强的投资者往往更关注企业的绿色治理和可持续发展能力，通过分析和评估企业的环境表现，推动企业采取更加环保和可持续的经营策略。这种市场导向的激励作用将促使企业减少环境信息粉饰行为，提升整体的环境表现。基于这一观点，如果投服中心试点建设提升了对企业环境信息粉饰行为的监管能力，那么对于那些投资者环境信息识别能力较弱的企业将产生更大影响。

环境保护主题基金作为专业投资者，基金管理团队具备较强的环境信息识别能力。

当持有企业股票的环境保护主题基金较多时，意味着企业投资者中存在较多具备专业环境信息分析能力的投资者。为此，参考张德涛等（2024）的研究，用企业被环境保护主题基金持股的家数衡量投资者的环境信息识别能力。并根据是否大于年度中位数，将样本划分为环境信息识别能力强组和环境信息识别能力弱组。由表6列（5）~（6）所示的回归结果可见，与前述分析一致，在环境信息识别能力弱组，投服中心试点建设对企业环境信息粉饰行为的抑制作用更加显著。

表6　异质性检验2

	(1)	(2)	(3)	(4)	(5)	(6)
	预期较乐观	预期较悲观	媒体关注高	媒体关注低	环境信息识别能力强	环境信息识别能力弱
Treat×Post	−0.056	−0.232**	−0.197	−0.208***	−0.178	−0.136**
	(0.099)	(0.089)	(0.120)	(0.061)	(0.122)	(0.053)
常数项	2.124***	2.939***	3.831***	0.398	3.311***	2.525***
	(0.298)	(0.528)	(0.692)	(0.453)	(0.448)	(0.555)
固定效应	是	是	是	是	是	是
控制变量	是	是	是	是	是	是
样本量	1446	1446	1447	1445	1092	1800
调整 R² 值	0.129	0.172	0.149	0.114	0.198	0.098

注：同表2。

六　研究结论与政策建议

本文基于2013~2017年中国A股上市公司数据，以中国证监会2016年启动的投服中心试点建设作为准自然实验，通过模型推导与实证检验考察了投服中心试点建设对企业实施环境信息粉饰行为的影响，研究发现：第一，投服中心试点建设对企业的环境信息粉饰行为存在明显的抑制效果，该结论在经过识别性处理和多种稳健性检验后依然成立。第二，机制分析表明，投服中心试点建设通过有效提升企业的环境信息披露质量、降低外部环境的不确定性以及开展环保教育和培训来提升企业环保意识，进而有效抑制企业环境信息粉饰行为。第三，企业管理层短视主义的加重会极大抑制投服中心试点建设的作用，甚至完全抵消其作用，导致企业的环境信息粉饰行为加剧。第四，对于环境信息粉饰行为动机更强的企业，即独立董事比例低、融资约束较高、行业竞争激励、未来预期悲观、媒体监督较弱以及投资者信息识别能力差的企业，投服中心试点建设的抑制作用更为显著。根据以上研究结论，提出以下的政策建议。

第一，强化环境信用制度与监督协同机制。政府可通过整合投服中心试点建设经验，推动环境信用评价与企业融资、税收优惠等政策挂钩，并通过建立动态信用评级机制，对存在环境信息粉饰行为的企业实施联合惩戒，形成"守信激励、失信受限"的制度闭环。同时，加强生态环境部门、金融监管机构与投服中心的协同监管，利用大数据技术实现环境信息披露质量的实时监测与异常预警。此外，政府可以加大对社会公众和媒体的引导力度，提高环境信息披露的社会关注度。社会公众和媒体作为外部监督的力量，对于推动企业提高环保意识具有重要作用。政府应通过加强环保教育和宣传，引导公众关注企业的环境表现，尤其是在投资、消费等行为中对环保企业的偏好，形成良好的社会舆论氛围。同时，媒体应承担起监督职责，对企业虚假环保信息进行曝光，揭露不良企业的环境行为，促使企业更加透明地披露环境信息，减少虚假披露行为。

第二，完善环境信息披露制度。当前，部分企业已自愿披露环境信息，但其披露内容的广度和深度仍存在较大差异。为了确保环境信息披露的真实、完整和透明，政府应制定更加细化的法规，要求所有规模较大的企业定期披露环境影响、资源使用、污染物排放等关键信息。通过统一的披露标准，减少信息披露的不对称性，使投资者、公众及其他利益相关方能够清晰地了解企业的环保表现，从而降低企业外部环境的不确定性。政府应修订环境信息披露技术规范，细化污染物排放、环境处罚等关键指标的披露要求，并引入第三方审计机构对披露内容进行鉴证，提升信息可信度。对于高污染行业，试点"负面清单"制度，强制披露环境风险应对措施及执行效果。同时，强化企业管理层问责机制，将环境绩效纳入高管考核体系，探索环境责任追溯制度，对因短视决策而实施环境信息粉饰行为的管理层实施终身追责。此外，要求上市公司在年报中专项说明环境治理投入与长期战略的匹配性，遏制短期主义行为。

第三，加强环保教育与能力建设，提升主体意识。政府可以通过建立绿色信用体系来激励企业主动提高环保意识和信息披露质量。绿色信用体系的核心在于通过对企业的环保表现进行评估，对企业赋予环保信用标签。政府可以根据企业的环境信息披露情况、污染物排放水平、环保措施实施情况等指标，对企业进行评级，将环保表现优秀的企业列为优先支持对象，在资金、政策等方面给予适当倾斜支持。同时，对于环保不达标的企业，应限制其获得资金和政策支持，甚至限制其参与政府采购项目。通过这种方式，政府能够有效引导企业注重环境保护，提升环保意识，减少虚假披露行为。此外，企业应当主动承担起环保社会责任。可以通过设立环保创新基金，鼓励企业投资环保技术和绿色项目，推动绿色生产转型。政府可以与企业联合开展环保技术研发，提供资金支持和政策引导，推动企业在降低排放、提高资源利用效率等方面进行创新，提升企业的环保竞争力。

第四，强化企业内部治理机制，减少短期主义决策的影响。企业的短期主义往往是由于内部治理结构不健全，缺乏对长期发展的有效管理。为此，政府应出台更加明确的公司治理规定，要求企业在其董事会结构和管理机制中加强对环境责任的重视。具体来说，可以要求企业在董事会中设立专门的环保委员会，由具有环境管理经验的独立董事担任，负责监督企业的环境信息披露和环保实践，确保环保决策不受短期经济利益的干扰。此外，对于企业内部的高层管理人员任期可以进行调整，推行更长期的职业规划，避免因高层管理人员的任期因素而影响企业围绕长期环保目标的投入和决策。

参考文献

［1］安博文、许培源、肖义等，2024，《协同推进降碳减污扩绿增长的中国绿色之治》，《中国经济学》第 4 期。

［2］陈运森、袁薇、李哲，2021，《监管型小股东行权的有效性研究：基于投服中心的经验证据》，《管理世界》第 6 期。

［3］何慧华、方军雄，2021，《监管型小股东的治理效应：基于财务重述的证据》，《管理世界》第 12 期。

［4］胡洁、于宪荣、韩一鸣，2023，《ESG 评级能否促进企业绿色转型？——基于多时点双重差分法的验证》，《数量经济技术经济研究》第 7 期。

［5］胡楠、薛付婧、王昊楠，2021，《管理者短视主义影响企业长期投资吗？——基于文本分析和机器学习》，《管理世界》第 5 期。

［6］江艇，2022，《因果推断经验研究中的中介效应与调节效应》，《中国工业经济》第 5 期。

［7］李海丽、沈哲，2024，《中小投资者法律保护与资本市场稳定——来自投服中心持股行权试点的经验证据》，《统计研究》第 3 期。

［8］李井林、阳镇、易俊玲，2023，《ESG 表现有助于降低企业债务融资成本吗？——来自上市公司的微观证据》，《企业经济》第 2 期。

［9］李思慧、徐保昌，2024，《实体突围：ESG 表现与企业实业投资》，《现代经济探讨》第 10 期。

［10］李四海、李震，2023，《企业社会责任报告特质信息含量的信号效应研究——基于自然语言处理技术的分析》，《中国工业经济》第 1 期。

［11］李颖、肖丽芳、续慧泓，2024，《ESG 表现与企业跨区域投资》，《华东经济管理》第 4 期。

［12］李增福、陈嘉滢，2023，《企业 ESG 表现与短债长用》，《数量经济技术经济研究》第 12 期。

［13］李哲，2018，《"多言寡行"的环境披露模式是否会被信息使用者摒弃》，《世界经济》第 12 期。

［14］柳学信、吴鑫玉、孔晓旭，2023，《上市公司 ESG 表现与股票收益——基于股价中企业特质信息含量视角》，《会计之友》第 10 期。

［15］孟元、杨蓉，2024，《大数据时代的政府治理：数字政府与企业研发操纵》，《世界经济》第 1 期。

［16］邱牧远、殷红，2019，《生态文明建设背景下企业 ESG 表现与融资成本》，《数量经济技术经济研

究》第3期。

[17] 权小锋、吴世农、尹洪英，2015，《企业社会责任与股价崩盘风险："价值利器"或"自利工具"?》，《经济研究》第11期。

[18] 僧建芬、张立杰，2024，《企业ESG表现与资本市场定价效率》，《现代金融研究》第11期。

[19] 申慧慧、于鹏、吴联生，2012，《国有股权、环境不确定性与投资效率》，《经济研究》第7期。

[20] 沈洪涛、冯杰，2012，《舆论监督、政府监管与企业环境信息披露》，《会计研究》第2期。

[21] 宋清华、周学琴、邓翔，2023，《ESG评级与企业环保投资：激励还是掩饰?》，《金融论坛》第11期。

[22] 孙天阳、成丽红，2020，《协同创新网络与企业出口绩效——基于社会网络和企业异质性的研究》，《金融研究》第3期。

[23] 孙晓华、车天琪、马雪娇，2023，《企业碳信息披露的迎合行为：识别、溢价损失与作用机制》，《中国工业经济》第1期。

[24] 汤旭东、张星宇、杨玲玲，2024，《监管型小股东与企业ESG表现——来自投服中心试点的证据》，《数量经济技术经济研究》第4期。

[25] 田利辉、王可第，2017，《社会责任信息披露的"掩饰效应"和上市公司崩盘风险——来自中国股票市场的DID-PSM分析》，《管理世界》第11期。

[26] 田青、付夔钰、路雅宁等，2024，《商业银行ESG表现与企业股价崩盘风险》，《管理现代化》第5期。

[27] 王海军、陈波、何玉，2023，《ESG责任履行提高了企业估值吗？——来自MSCI评级的准自然试验》，《经济学报》第2期。

[28] 王琳璐、廉永辉、董捷，2022，《ESG表现对企业价值的影响机制研究》，《证券市场导报》第5期。

[29] 王艳艳、于李胜、安然，2014，《非财务信息披露是否能够改善资本市场信息环境？——基于社会责任报告披露的研究》，《金融研究》第8期。

[30] 吴艳阳、钱立华、鲁政委，2024，《ESG对信用债定价影响与投资策略构建》，《西南金融》第3期。

[31] 肖红军、张俊生、李伟阳，2013，《企业伪社会责任行为研究》，《中国工业经济》第6期。

[32] 辛宇、黄欣怡、纪蓓蓓，2020，《投资者保护公益组织与股东诉讼在中国的实践——基于中证投服证券支持诉讼的多案例研究》，《管理世界》第1期。

[33] 姚加权、冯绪、王赞钧等，2021，《语调、情绪及市场影响：基于金融情绪词典》，《管理科学学报》第5期。

[34] 张德涛、张景静、董帅，2024，《环境信息粉饰行为的潜在影响》，《世界经济》第4期。

[35] 张慧，2024，《上市公司ESG责任履行有助于提升股票收益吗?》，《技术经济》第8期。

[36] 张亮亮、厉剑、杨京玮，2024，《客户ESG表现与企业关系专用性投资》，《财会月刊》第21期。

[37] 赵丽娟、何泽远，2024，《企业ESG表现的供应链溢出效应——基于供应商关系专用性投资视角》，《财会通讯》第21期。

[38] 赵沁娜、李航，2024，《ESG评级是否促进了企业绿色技术创新——来自中国上市公司的微观证据》，《南方经济》第2期。

［39］赵文平、张闻功，2024，《企业数字化转型、ESG 表现与非效率投资》，《会计之友》第 5 期。

［40］郑国坚、张超、谢素娟，2021，《百股义士：投服中心行权与中小投资者保护——基于投服中心参与股东大会的研究》，《管理科学学报》第 9 期。

［41］Acemoglu D., Akcigit U., Celik M. A.2022. "Radical and Incremental Innovation: The Roles of Firms, Managers, and Innovators." *American Economic Journal: Macroeconomics* 14(3): 199–249.

［42］Albuquerque R., Koskinen Y., Yang S., et al.2020. "Resiliency of Environmental and Social Stocks: An Analysis of the Exogenous COVID-19 Market Crash." *The Review of Corporate Finance Studies* 9(3): 593–621.

［43］Apergis N., Poufinas T., Antonopoulos A.2022. "ESG Scores and Cost of Debt." *Energy Economics* 112: 106186.

［44］Buallay A.2019. "Between Cost and Value: Investigating the Effects of Sustainability Reporting on a Firm's Performance." *Journal of Applied Accounting Research* 20(4): 481–496.

［45］Christensen D. M., Serafeim G., Sikochi A.2022. "Why is Corporate Virtue in the Eye of the Beholder? The Case of ESG Ratings." *The Accounting Review* 97(1): 147–175.

［46］Dai N.T., Du F., Young S.M., Tang G., 2018. "Seeking Legitimacy Through CSR Reporting: Evidence from China." *Journal of Management Accounting Research* 30(1): 1–29.

［47］Ge W., Ouyang C., Shi Z., et al. 2022. "Can a Not-for-profit Minority Institutional Shareholder Make a Big Difference in Corporate Governance? A Quasi-natural Experiment." *Journal of Corporate Finance* 72: 102–125.

［48］Goss A., Roberts G. S.2011. "The Impact of Corporate Social Responsibility on the Cost of Bank Loans." *Journal of Banking & Finance* 35(7): 1794–1810.

［49］Hu Y., Jin S., Gu Q., Tang Z.2022. "Can a Not-for-profit Minority Institutional Shareholder Impede Stock Price Crash Risk: Evidence from China." *Finance Research Letters* 47: 102961.

［50］Jacobson L. S., Lalonde R. J., Sullivan D. G. 1993. "Earnings Losses of Displaced Workers." *The American Economic Review*: 685–709.

［51］Li P., Lu Y., Wang J. 2016. "Does Flattening Government Improve Economic Performance? Evidence from China." *Journal of Development Economics* 123: 18–37.

［52］Ng A. C., Rezaee Z.2015. "Business Sustainability Performance and Cost of Equity Capital." *Journal of Corporate Finance* 34: 128–149.

［53］Takahashi H., Yamada K. 2021. "When the Japanese Stock Market Meets COVID-19: Impact of Ownership, China and US Exposure, and ESG Channels." *International Review of Financial Analysis* 74: 101670.

［54］Zhang Q., Yu Z., Kong D. 2019. "The Real Effect of Legal Institutions: Environmental Courts and Firm Environmental Protection Expenditure." *Journal of Environmental Economics and Management* 98: 102–254.

（责任编辑：焦云霞）

Table of Contents & Summaries

The History, Problems and Governance of Enterprise Group Development

CAO Chunfang MA Xiaoli LIU Wei

(School of Business,Sun Yat-sen University)

Summary: Since the international financial crisis in 2008, the supervision of systemically important financial institutions has become an important part of the global financial supervision reform. Correspondingly, the supervision of systemically important enterprises has gradually attracted more and more attention in enterprise supervision. Enterprise groups play an important role in economy, especially in resource allocation, capital flow and market competition. However, the complex structure and internal market mechanism of enterprise groups have also brought many problems, such as resource mismatch in the internal capital market, tax transfer, pollution transfer and patent transfer. These problems not only affect the efficiency of enterprises themselves, but also have a far-reaching impact on the entire economic system.

More and more attention has been paid to the development and supervision of systemically important enterprise groups. This paper discusses the development history, problems and governance of enterprise groups. First of all, this paper focuses on the policy and process of enterprise group development since China's reform and opening up, focusing on the nature of the subsidiaries of China enterprise group (off-site) and the driving factors of its off-site development; This paper discusses the internal market of enterprise groups in the context of China, including the transfer of profits, taxes, debts and earnings management in the internal capital market, as well as the pollution of the new internal market and the patent transfer. Secondly, it analyzes the development process and problems of American enterprise groups' 40-year rise and 20-year disappearance since 1888, and the subsequent academic research theories formed in academic circles, and focuses on comprehensively comparing the theoretical and practical differences between the development of Chinese and American enterprise groups. Finally, in view of the problems existing in China's enterprise groups, this paper summarizes the research direction of China's current enterprise group development and governance, focusing on internal governance, external supervision and the independent knowledge of China enterprise group research.

It is found that China enterprise groups have played a very good role in the reform and development, but there are also many problems. What needs special attention is that the management of the problems in the development of enterprise groups in China cannot learn from the United States completely, but should give full play to the advantages of enterprise groups and avoid their potential risks according to the development characteristics of enterprise groups in China. The corresponding policy suggestions are as follows.

First, internal governance: vertical and horizontal penetration of the new company law (generalization of group boundaries). The new "Company Law" further introduces horizontal penetration on the basis of vertical penetration in the protection of creditors' interests. This change will make it more difficult for vertically penetrated enterprise groups or horizontally penetrated generalized enterprise groups to transfer risks, such as debt transfer, which will be more effectively recovered and improve creditor protection. However, apart from debt transfer, it is actually more difficult to protect rights through vertical and horizontal penetration, which requires further measures by supervision or law.

Second, external supervision: unify the regional supervision standards for the construction of large markets. The Regulations on Fair Competition Review in 2024 has put forward clear requirements for the review of tax incentives and financial subsidies in different regions, but it is relatively more difficult to unify standards in different regions, such as intellectual property supervision, which leaves more room for inter-regional enterprise groups to transfer their internal markets. Therefore, it is suggested to strengthen specialized cross-regional law enforcement. At present, China has set up four intellectual property courts and 27 intellectual property courts to cover more areas of supervision professionally. At present, there are still 10 provinces and some areas in the province that have not set up intellectual property courts or tribunals. Explore the joint enforcement mechanism of cross-regional intellectual property rights. Promote cross-regional linkage law enforcement supervision, explore cross-regional filing mechanism of intellectual property cases, establish cross-regional "execution connection" mechanism, and establish multi-mediation mechanism for intellectual property disputes. Strengthen the judicial guidance on the application of unified laws, especially for the shortcomings of supervision in areas with weak intellectual property protection, and realize the substantive relative balance of intellectual property supervision in different regions.

Third, the independent intellectualization of Chinese enterprise group research. According to the needs of practice, we expect the new development of enterprise group theory will gradually transition from the United States to China and other countries. The theoretical development of

Chinese-style enterprise groups requires better open communication, active participation in global enterprise group governance, joint response to global challenges, and contribution to the theory and practice of global enterprise group development.

Keywords: Enterprise Groups; Group Internal Market; Unified Mass Market; Fair Competition Review

JEL Classification: M41; D21

The Economic Growth Effect of Digital Government Construction: Empirical Evidence from the Establishment of Provincial Government Service Integration Platforms

ZHANG Liuqin[1,2] HUANG Jingwei[3] CHEN Ziqian[1]

(1. School of Economics and Management, Guangxi Normal University; 2. Key Laboratory of Digital Empowerment Economic Development (Guangxi Normal University), Education Department of Guangxi Zhuang Autonomous Region; 3. School of Economics and Trade, Guangdong University of Foreign Studies)

Summary: Effective governance is an essential requirement for maximizing the advantages of the socialist market economic system. Over the past 40 years of reform and opening up, China's economy has experienced sustained and rapid growth. The government has served as the body that regulates the market, playing a crucial role in this process. From the market-oriented reform of the macroeconomic system to changes in the microenterprise framework, a series of institutional reforms implemented by the Chinese government have improved and standardized the social governance framework and market order. These reforms have safeguarded the fairness and efficiency of the market environment, promoting the healthy and orderly development of the economy. The government acts as the primary decision-maker behind regional institutional changes, and improvements in governance systems and capacity are critical for making rational policy decisions. In the context of the rapid advancement of global digitization, networking, and intelligence, the process of digital transformation within government is accelerating. The integrated government service platforms are not only a crucial tool for advancing the modernization of China's governance system and capacity but also an essential pathway for driving the intelligent, digital, and modern development of the economy and society. It plays a significant role in promoting high-quality regional economic development.

Based on panel data of 283 cities in China from 2009 to 2019, this paper empirically analyzes the economic growth effect of government service integration platforms using Staggered Difference-in-Differences. The results show that: i.Government service integration platforms can significantly promote the economic growth of cities, enhancing the city's GDP and total factor productivity (TFP) by about 2.8% and 1.8 percentage points, respectively, with this positive effect expected to increase over time. ii.Creating a favorable business environment, reducing institutional transaction costs, promoting the rapid flow of capital, and improving the efficiency of capital allocation are the intrinsic mechanisms through which government service integration platforms exert economic growth effects. iii.The heterogeneity results indicate that government service integration platforms have stronger economic growth effects in regions with stronger market segmentation, steeper geographical slopes, higher population concentrations, and greater degrees of public data openness. iv.Further analysis shows that government service integration platforms can effectively reduce the economic development gap between cities in the province, significantly improving the imbalance and insufficiency of regional development. They contribute to the achievement of coordinated regional economic development.

Based on the above research findings, the potential policy implications of this paper are as follows: Firstly, enhance the development of integrated service platforms to accelerate the modernization of the national governance system and enhance capacity. Secondly, broaden and diversify the application scenarios of artificial intelligence technologies, and strengthen the empowering effect of integrated government service platforms. Lastly, continuously expand the openness of public government data, improve data utilization efficiency, and fully leverage data as a production factor to foster high-quality economic development.

The main contributions of this paper are as follows. Firstly, from a research perspective, this paper leverages government service integration platforms to illuminate the digital government construction process, assessing the economic growth impact of integration platforms across two dimensions: economic "increment" and "quality." This paper not only broadens the existing research on the economic and social welfare effects of integration platforms but also serves as a valuable addition to the literature on digital government construction. Secondly, this paper establishes that enhancing the business environment, facilitating inter-regional capital flows, and improving capital allocation efficiency are key mechanisms through which integration platforms stimulate urban economic growth, contributing to a deeper understanding of the intrinsic logical relationship between digital government construction and economic development. Thirdly, this paper innovatively analyzes the impact of integration platforms on uneven economic development among cities within a province, empirically verifying the positive role of integration government services in fostering coordinated and balanced regional economic development. This paper offers robust theoretical backing and practical guidance for advancing regional economic integration.

Keywords: Integrated Government Services; Digital Government; Business Environment; Capital Flows; High-Quality Economic Development

JEL Classification: F061.3; F061.5

How Does Digital Infrastructure Affect Industrial Structural Transformation：Empirical Evidence from the "Broadband China" Strategy

Wu Maohua[1] Wang Dihai[2]

(1.School of Public Finance and Taxation, Nanjing University of Finance and Economics;

2.School of Economics, Fudan University)

Summary: China's economy is undergoing a transition from a high-speed growth phase to a high-quality development phase, with industrial structural transformation being a key feature of this process. In the early stages of reform and opening-up, the proportion of industrial added value to GDP was 47.7%. With the advancement of reform and industrialization, this proportion remained stable at around 45% for a long period. However, since 2011, as economic growth slowed, the proportion of industrial added value gradually declined from 46.5% to 38.6% in 2019. Meanwhile, the ratio of service sector output to industrial output in the non-agricultural sector has also undergone significant changes, rising from 0.52 in 1978 to 1.41 in 2019. Particularly since 2011, the acceleration in the growth rate of the service-to-industrial output ratio indicates that industrial structural transformation has entered an accelerated phase. Against this backdrop, Premier Li Qiang emphasized in the 2023 Government Work Report the need to vigorously promote innovation-driven development and facilitate the optimization and upgrading of industrial structures. The 2025 Government Work Report further proposed striving to increase the proportion of added value from core digital economy industries to around 10% of GDP, charting a course for high-quality economic development in the new era. However, the process of industrial structural transformation faces numerous challenges, such as Baumol's cost disease in the service sector, which may hinder long-term economic growth. Against this backdrop, this paper takes the "Broadband China" strategy as an entry point to explore the impact of digital infrastructure on industrial structural transformation and its mechanisms, aiming to provide theoretical and empirical support for relevant policy formulation.

This paper constructs a theoretical model and employs the Difference-in-Differences (DID) method to empirically examine the impact of digital infrastructure on industrial structural transformation and its mechanisms. The results show that digital infrastructure significantly slows down the pace of industrial structural transformation, specifically manifested in a decline in the growth rate of the service-to-industrial output ratio. Mechanism analysis further validates the hypothesis that the industrial sector has a higher capital output elasticity and indirectly confirms the important role of digital infrastructure in promoting labor-biased technological progress. Specifically, digital infrastructure enhances labor-biased technological progress by improving urban innovation levels, optimizing the business credit environment, and promoting market-oriented development, thereby slowing down the pace of industrial structural transformation towards the service sector. This study fills a gap in the existing literature on the relationship between digital infrastructure and industrial structural transformation, providing new theoretical insights into the critical role of the digital economy in high-quality economic development.

Based on the findings, this paper proposes the following policy recommendations: First, there should be an acceleration in the construction of digital infrastructure, particularly in less developed regions, to narrow the digital divide and promote balanced development of the digital economy. Second, the government should increase support for technological innovation in the service sector, fostering deeper integration between the service sector and digital technologies to enhance the sector's technological progress rate and mitigate the potential negative impact of Baumol's cost disease on economic growth. Third, policymakers should focus on optimizing the business credit environment and market-oriented development to create favorable conditions for enterprise innovation and technological investment, thereby promoting labor-biased technological progress and driving industrial structural optimization and upgrading. Fourth, there should be an emphasis on cultivating and attracting high-skilled labor to meet the new demands of the digital economy for labor skill structures, providing talent support for high-quality economic development. This research offers a scientific basis for the government to formulate more precise and effective digital economy policies, contributing to the optimization and upgrading of industrial structures and the achievement of high-quality economic growth.

Keywords: Digital Infrastructure; Structural Transformation; "Broadband China"; Quasi-natural Experiment

JEL Classification: L16; L96; O33; O38

"South-to-North Water Diversion" and Agriculture Development along the Route: Evaluation of Middle Route Project under the Regression Discontinuity Design

LIU Yaobin[1] XIAO Ting[1] GUO Na[2]

(1.School of Digital Economics, Jiangxi University of Finance and Economics;2. School of International Economics and Politics, Jiangxi University of Finance and Economics)

Abstract: The South-to-North Water Transfer Project, as a large-scale water conservancy facility to solve the problem of water shortage in northern China, has injected new vitality into the economic and social development of the regions along the route. However, since the middle route of the project was put into operation at the end of 2014, the artificial use of mountain terrain to achieve the overall goal of self-flow throughout the main canal has caused a geographical division. Due to the altitude difference on both sides of the main canal, the water extraction conditions are different, resulting in differences in agricultural production endowments. Among the three major industries, agriculture is most affected by water resources. Therefore, this paper empirically examines the changes in agricultural output capacity on both sides of the main canal after the water diversion.

This paper accurately identified the geographical locations of each county through Geographic Information System (GIS) and matched them with the "China County Statistical Yearbook" over the years to construct a panel dataset from 2008 to 2021. Based on this, the paper employed the regression discontinuity design method to examine the impact of the opening of the Middle Route of the South-to-North Water Diversion Project on the agricultural development of the areas along the route. The research results show that: Firstly, the Middle Route of the South-to-North Water Diversion Project has significantly affected the agricultural development gap between the areas on both sides of the route. Specifically, after the water diversion, the average annual growth rate of agriculture in the eastern counties was 2.2 percentage points higher than that in the western counties. This effect has been continuously accumulating over time and has been reproduced under different estimation methods, bandwidth settings, and variable definitions. Secondly, the agricultural growth performance of the eastern counties along the main canal in Hebei Province is more prominent, with its growth rate nearly twice that of Henan Province. Moreover, the construction of the Middle Route Project has not had a significant differential impact on the secondary and tertiary industries. In terms of agricultural product output, the impact of the opening of water to the Central Route Project on the differential change in the output of food and oil crops is more pronounced. In terms of the impact mechanism, the opening of the Middle Route Project mainly affects agricultural development by acting on agricultural labor and agricultural capital.

The policy recommendations contained herein have distinct guiding significance: Firstly, the Middle Route of the South-to-North Water Diversion Project has promoted the agricultural development along the route. At the same time, it is necessary to be vigilant about the non-equilibrium development of industries. Specifically, the agricultural growth rate in the eastern plain area along the canal is significantly higher than that in the western area. Therefore, a scientific and reasonable water resource allocation plan should be established. Secondly, the further north the location, the more prominent the promoting effect of the opening of the Middle Route Project on the agricultural development of the eastern plain area along the canal, while also exacerbating the non-equilibrium development of agriculture. In this case, water resource allocation should be planned more scientifically and rigorously to promote the rational utilization and sustainable development of water resources. At the same time, for the western areas with insufficient agricultural development endowments, they can optimize the industrial structure to reverse their disadvantages in agricultural development and promote economic growth through industrial structure upgrading.

Finally, the construction method of the Middle Route Project, which utilizes terrain for gravity flow to reduce water delivery costs, has important demonstration significance. However, this may lead to non-equilibrium development between the areas on both sides of the canal. Therefore, while promoting water conservancy infrastructure construction, the government should make comprehensive plans, especially for regions with relatively disadvantaged development conditions. Relevant departments should make early layouts, increase investment in supporting facilities, ensure water supply, and prevent the non-equilibrium development. This research aims to provide a reference for the pre-assessment of related engineering projects, serve the goal of common prosperity in the era, and contribute to regional coordinated development.

Keywords: South-to-North Water Diversion Project; Agriculture Development; Regression Discontinuity Design; Agricultural Capital; Agricultural Labor

JEL Classification: Q14; Q25; R11

The Impact of Fiscal and Financial Coordination on Farmer Entrepreneurship

WANG Xiuhua CHEN Qianda

（College of Finance and Statistics, Hunan University）

Summary: Supporting rural entrepreneurship is a useful measure to implement the strategy of giving priority to employment under the background of comprehensively promoting rural revitalization. Based on CFPS data, this paper empirically analyzes the impact of fiscal and financial collaboration on farmer entrepreneurship at the micro household level and its mechanism by using Probit model. The empirical study found that fiscal and financial cooperation can significantly improve the probability of farmers' entrepreneurship. Mechanism analysis shows that fiscal and financial coordination can stimulate farmers' entrepreneurial decision-making by enhancing their social capital and improving their human capital investment level. Further analysis shows that financial synergy has a stronger effect on promoting entrepreneurship in rural families with higher happiness of life, relatively weak regional economic strength and relatively high natural population growth rate. This paper provides some experience and policy enlightenment for how to effectively play the effect of fiscal and financial cooperation to promote farmers' entrepreneurship and improve the fiscal and financial policy system to support agriculture.

The possible marginal contributions of this paper mainly include the following aspects: First, this paper makes up for the relative deficiencies in the research field of the impact and mechanism evaluation of fiscal and financial synergy on farmers' entrepreneurship at the micro household level. At present, there are few historical literatures to explore whether the entrepreneurial possibility of farmer families with the collaborative support of fiscal and financial resources will be improved. This paper uses the micro-data of China Household Tracking Survey (CFPS) conducted nationwide to empirically test the effect of fiscal and financial coordination on farmers' entrepreneurship through enhancing farmers' social capital and improving their human capital investment, which provides new micro-evidence for evaluating the effectiveness of fiscal and financial coordination in supporting agricultural economy and promoting farmers' entrepreneurship. Second, the research of this paper extends the boundary of related research literature on the impact of financing constraints easing on entrepreneurship, and also enriches the relevant research on the marginal factors affecting farmers' entrepreneurship. This paper is helpful to deepen the overall understanding of the stimulus effect and transmission path of financing constraint easing on entrepreneurship from the perspective of fiscal and financial synergy. Simultaneously injecting fiscal and financial resources into rural households to synergistically support the "two-pronged approach" to alleviate their external financing constraints may have a significant positive impact on farmers' entrepreneurship. Considering that China is currently vigorously promoting the rural revitalization strategy, There is great potential for cross-sector cooperation between finance and finance to help farmers start businesses and get rich. The research conclusions of this paper can provide some experience inspiration.

The research conclusions of this paper have the following implications for the promotion of fiscal and financial cooperation to support agriculture. First of all, we should innovate the forms of fiscal and financial coordination and strengthen the application of agriculture-supporting policies with the logic of fiscal and financial coordination. This paper focuses on the micro-effects of fiscal subsidies and financial credit on peasant families at the same time. In practice, fiscal and financial cooperation has rich combination forms and innovation space, which can be manifested in the establishment of cross-departmental communication mechanism between financial departments and financial departments, and can also be reflected in the incentives and constraints of fiscal policies on financial entities. Strengthen the synergistic integration of financial resources and financial resources, "set the stage" for the production and management system of farmers' families in the form of financial support from government departments, and inject financial resources with the characteristics of agriculture-oriented and market-oriented mechanisms, so that financial and financial synergies form a synergy, and the same direction of financial and financial resources is also conducive to greater play to the integration of factors. The synergy of fiscal and financial resources also helps to lead financial capital to play a leverage role and deepen the level of rural capital supporting to achieve more ideal policy goals. Secondly, strengthen fiscal and financial coordination, and enrich the cooperation path of "proactive government" and "efficient market". Fiscal and financial resource coordination can be based on improving the efficiency of capital, labor and resource allocation. In the future, we will further explore the cooperation path of "proactive government" and "efficient market", innovate the means of fiscal and financial coordination and other areas of coordination, enrich the available toolbox of fiscal and financial coordination at the micro level, and guide different types of policy tools such as fiscal and tax subsidies, credit assessment, discount interest awards and subsidies, to help achieve multi-level policy goals and cover multiple fields. Finally, the government departments for the target group based on the precise material policies, according to local conditions. In the practice of supporting agriculture, the regional differences of endowments and factors should be fully considered, and the practical demands of groups relatively lacking in endowments and factors should be paid attention to, so that the coordination of financial and financial resources can not only stimulate the endogenous power of relatively vulnerable farmer groups to produce the effect of "delivering coal in the snow", but also mobilize the entrepreneurial enthusiasm of farmers with higher quality level to exert the effect of "icing on the top", and help realize the goal of common prosperity.

Keywords: Fiscal and Financial Coordination; Rural Entrepreneurship; Social Capital

JEL Classification: Q12; O16; P25

Specialization and Technological Innovation under the Double Cycle System

LIU Ruixiang[1] JIANG Sijia[1] LI Jie[2]

(1.School of Economics,Nanjing Audit University; 2.Jinan Investigation Team of the National Bureau of Statistics)

Summary: Innovation is the wellspring of motivation for driving the sustainable development of the economy. Since the implementation of the reform and opening-up policy, our country has fully utilized the comparative advantage of relatively low labor costs, actively participated in international division of labor, and achieved remarkable development accomplishments that have drawn worldwide attention. However, as China enters a new stage of development, both its own endowment structure and the international environment it faces have undergone tremendous changes. Against the backdrop of an external environment fraught with uncertainties, giving full play to the advantages of China's extremely large market size and the potential of domestic demand, and accelerating the establishment of a new development pattern featuring a domestic economic cycle as the mainstay and a mutually reinforcing relationship between domestic and international economic cycles has become an important measure for China's high-quality development during the 14th Five-Year Plan period. The issue this article intends to focus on is whether the shift from an international economic cycle to an economic dual cycle with a domestic economic cycle as the mainstay will be conducive to the enhancement of China's technological innovation capabilities.

Under the domestic and international double cycle system, it has important theoretical significance and practical value to analyze the influence of participating in domestic and international division of labor on technological innovation. Based on the data of prefecture-level cities in China from 2003 to 2019, this paper explores the impact of regional participation in international division of labor and domestic division of labor on technological innovation, and draws the following conclusions: First, the improvement of the level of international division of labor participation of various regions in our country has obviously hindered the technological innovation of the region. On the contrary, participation in the improvement of domestic analysis level has significantly improved the technological innovation capacity of the region; Secondly, the higher the labor productivity of a region, the more difficult it is to be locked in the low-end position of the global value chain division of labor, and the easier it is to climb to both ends of the "smile curve". In addition, the promotion effect of participating in the domestic division of labor on the improvement of scientific and technological innovation ability is more obvious. Finally, participation in international division of labor and domestic division of labor has an impact on scientific and technological innovation ability mainly through two channels: human capital accumulation and scientific and technological activities. The conclusion of this paper provides the necessary policy basis and theoretical support for China's implementation of innovation-driven development strategy under the background of international and domestic double cycles.

Keywords: Domestic-international Dual Circulation; Scientific and Technological Innovation ; Specialized Division of Labor

JEL Classification: F02; O3

Bank Clustering Competitive Behavior and the Speed of Leverage Adjustment: An Information Hypothesis Perspective

OUYANG Hongbing[1] LIU Xiaojun[1] ZHAO Yue[1] HUANG Kang[1]

(1.Huazhong University of Science and Technology)

Summary: Under the current strategic goal of high-quality economic development in China, preventing and defusing financial risks and optimizing the capital structure of enterprises have become policy priorities. Against this policy backdrop, the issue of enterprise leverage adjustment has become particularly important. As the main channel for external financing of enterprises, the increasingly intense competitive behavior of commercial banks has a particularly crucial impact on the speed of enterprise leverage adjustment. By deeply exploring the role of bank competition in the dynamic trade-off process, this study aims to reveal the allocation mechanism of bank credit resources under conditions of information asymmetry and policy changes. It also provides theoretical basis and practical guidance for the optimal allocation of financial resources, efficient leverage adjustment of enterprises, and policy formulation.

This study utilizes relatively exogenous information on commercial bank branches. Starting from the perspective of the geographical clustering distribution characteristics of branches, combined with the competitive behavior characteristics of commercial bank branches, a more economically meaningful commercial bank competition index is constructed. The competition level faced by enterprises is depicted from the perspective of the geographical clustering distribution of commercial bank branches. The impact of this competition on the speed of enterprise leverage adjustment and its mechanism are empirically tested. The study finds that intensified competition among commercial banks leads to a slower adjustment speed of leverage for listed companies, and this effect is particularly significant for companies with insufficient financing. Although the deleveraging policy helps enterprises approach the optimal leverage level more quickly, it also indirectly slows down the leverage adjustment speed by intensifying competition among commercial banks. This indicates that the deleveraging policy further amplifies this negative impact through the path of commercial bank competition. Further tests reveal that intensified competition among commercial banks worsens the external financing constraints of enterprises, thereby increasing the cost of leverage adjustment and slowing down the adjustment speed. Bank competition not only increases the financing of over-leveraged enterprises but also reduces the actual leverage level of under-leveraged enterprises, thereby hindering their approach to the optimal leverage level. Moreover, the implementation of the deleveraging policy has also exacerbated this negative impact to a certain extent. Additionally, we find that the information cost of enterprises is also an important factor affecting the speed of leverage adjustment. The results of heterogeneity analysis show that the signaling role of commercial credit weakens in an environment of intense bank competition, thereby increasing information costs. However, the positive information in the annual report text sentiment and upward earnings adjustment can alleviate the negative impact of bank competition on the speed of leverage adjustment. A higher degree of marketization corresponds to the "winner's curse" stage of bank competition, which increases the information acquisition cost of enterprises and hinders their approach to the optimal leverage level. Moreover, in the context of intensified bank competition, the leverage adjustment speed of private enterprises is more severely affected. This study reveals the complex relationship between bank competition, the speed of enterprise leverage adjustment, and information costs.

In the current context of intensified bank competition, the problem of information asymmetry between banks and enterprises remains a core bottleneck restricting the efficiency of China's credit market. Based on the research conclusions of this study, policy recommendations are proposed from four levels: banks, enterprises, regulatory authorities, and policies. This study not only provides new empirical evidence on the credit behavior between banks and enterprises and its impact on leverage adjustment under the background of intensified bank competition, but also offers important policy references for optimizing the allocation efficiency of financial resources in China's market and improving the quality of bank-enterprise credit.

Key words: The Speed of Leverage Adjustment; Bank Competition; Deleveraging Policy; Geographical Distribution Information Hypothesis

JEL Classification: G21; G30

Can Flexible Employment Promote Common Prosperity

ZHANG Yi LIANG Yongfu

(School of Economics, Guangdong University of Technology)

Summary: Under the economic downturn, flexible employment has quickly become a "reservoir" to absorb the labor force and a "relief valve" to ease unemployment. According to the data released by the National Bureau of Statistics, the overall scale of flexible employment in China reaches about 200 million in 2020. College graduates become the main force of flexible employment based on the "China Flexible Employment Development Report (2022)", the proportion of enterprises using flexible employment reached 61% in 2021. Flexible employment becomes the mainstream employment form. Therefore, from the perspective of income distribution, can flexible employment reduce the income inequality among different occupations, narrow the income gap and promote common prosperity?

Based on the panel data of the China Labor-force Dynamics Survey in 2014 and 2016, this paper examines the impact of flexible employment on income inequality and its mechanism by using the analysis method of the RIF (Recentered Influence Function) grouped treatment effect model. The results show that flexible employment can reduce the overall income inequality and promote common prosperity. The analysis by urban and rural areas indicates that flexible employment mainly narrows the overall income gap by reducing income inequality in rural areas and the income gap between urban and rural areas. After decomposing the influencing factors of income inequality among flexible employees, it is found that the reduced income gap of flexible employment in rural areas can be partly explained by the differences in workers' human capital characteristics, while the income inequality caused by flexible employment in urban areas cannot be explained by market factors. The results of the heterogeneity analysis show that flexible employment has a greater impact on low - and middle - income groups, men, and high - skilled workers in rural areas. After a series of robustness tests on the definition of flexible employment, the division of urban and rural areas, and the measurement indicators of inequality, the above conclusions remain robust. The mechanism analysis shows that the alleviation of income inequality in rural areas is because flexible employment, as a form of employment with higher income than agriculture, enables low - skilled workers engaged in agriculture to significantly increase their income after switching to flexible employment, thus reducing the income inequality within rural areas. However, the income of flexible employment is not higher than that of other non-agricultural employment.

According to the research conclusions of this paper, the following policy implications can be drawn: First, flexible employment plays a role in reducing overall income inequality, mainly reducing the inequality within rural areas and the income gap between urban and rural areas. Flexible employment improves inequality through three mechanisms: First, occupational conversion. The income of flexible employment is significantly higher than that of agriculture, and low - skilled workers can achieve an income leap through occupational conversion. Second, human capital screening. High-skilled individuals are more likely to enter the flexible employment market, and their income premium narrows the internal gap in rural areas. Third, social network diffusion. Successful experiences drive the income increase of surrounding groups through the demonstration effect. In urban areas, flexible employment is squeezed by the institutional segmentation of the labor market and market exclusion, and flexible employees are mostly concentrated in low-skilled industries. This urban-rural difference highlights the complexity of policy design. Therefore, rural areas need to strengthen the inclusiveness of flexible employment, and urban areas need to break down the institutional barriers for flexible employees to integrate into the city. Future policies should establish an urban-rural coordination mechanism. For example, through household registration reform, promote the flow of high-skilled workers from rural areas to urban formal sectors, and at the same time, accelerate the pace of covering flexible employment groups in the urban social security system.

Second, flexible employment can be an important path for inclusive income growth in rural areas. It helps workers with employment difficulties in rural areas increase their income and reduce income inequality. Although flexible employment does not have an absolute income advantage compared with other non-agricultural employment, for rural areas lacking non-agricultural employment opportunities, its low-threshold feature makes it an employment option for farmers with limited resources, with a relative income advantage, and it becomes an important choice for rural residents to get out of poverty and increase their income. It is recommended to construct a rural policy system of "platform empowerment-skill improvement": First, deepen the integration of the platform economy and rural industries. The government can set up special funds for the development of the rural platform economy to support the construction of rural e-commerce platforms, encourage platform enterprises to cooperate with rural cooperatives and farmers, expand the sales channels of agricultural products, and create flexible employment positions such as agricultural product packaging, online customer service, and logistics distribution for rural labor force. Second, establish a hierarchical and classified skill training mechanism. Carry out platform-employment skill training for rural labor force, and cooperate with professional training institutions to enhance the ability of rural residents to participate in flexible employment. By creating more flexible employment positions, help the disadvantaged employment groups in the labor market transfer from agriculture, and overall increase the income level of rural areas and reduce the urban-rural income gap.

Finally, compared with formal employees, urban flexible employees are obviously at a disadvantage in terms of social security and labor rights protection. To solve this dilemma, it is necessary to construct a policy system of institutional reform-market regulation-social security: First, break down the segmentation of the labor market. The government should further deepen the reform of the household registration system, reduce the institutional barriers to entering the labor market in urban areas, relax the urban household registration conditions, and allow those who have been engaged in flexible employment in the city for a certain number of years and paid social insurance to register for household registration. Second, promote the decoupling of the household registration system from public services, establish a connection mechanism between residence permits and household registration, and achieve equal access to public services such as employment, education, and medical care for flexible employees and local registered residents. Third, innovate the social security model, explore the social security payment mechanism for new employment forms, and include flexible employment in the coverage of work-related injury insurance and endowment insurance. By eliminating institutional barriers and improving the market environment, gradually realize the transition of flexible employees from marginal groups to formal employment, and finally form an inclusive growth pattern.

Keywords: Flexible Employment; Income Inequality; Gap between Urban and Rural Areas; Gig Workers; Income Distribution

JEL Classification: J23; D33; O15

Can the Pilot Program of Investment Service Centers Curb the Behavior of Enterprises Whitewashing Environmental Information?

LIAO Kaixian[1] CHEN Diexin[2]

(1.School of Economics, Guangdong University of Technology; 2.School of Economics, Jinan University)

Summary: Enterprises, as the core of economic activities, are the main energy consumers and polluters, so enhancing the transparency of corporate environmental information has become an important part of the construction of ecological civilization system. Truthful and complete environmental information disclosure is not only a necessary condition for assessing the environmental performance of enterprises, but also a fundamental work for fighting the battle against pollution and promoting the modernization of ecological and environmental governance. In recent years, China has gradually improved its environmental information disclosure system, but it has not yet formed a unified environmental information disclosure framework that restricts the scope of disclosure of environmental matters and the form of textual descriptions, which gives enterprises greater discretion in disclosing environmental information. At present, some scholars have pointed out the existence of pseudo-social responsibility behavior of enterprises, which is specifically manifested in the publication of Corporate Social Responsibility (CSR) reports to whitewash operational issues. Research shows that the worse the performance of enterprises, the higher the degree of impression management of their CSR reports, and such CSR reports not only fail to improve the transparency of information, but also exacerbate the differences in the ratings of rating agencies on CSR due to excessive disclosure of social responsibility information. However, there is still a relative lack of research from the perspective of small and medium-sized investor protection.

In order to strengthen the protection of the interests of small and medium-sized shareholders, the relevant authorities, drawing on the advanced experience of developed western capital markets, have innovatively adopted a number of measures, including the independent director system, aimed at safeguarding the interests of small and medium-sized shareholders, and in 2014, the China Securities Regulatory Commission (CSRC) further established the Small and Medium-sized Investor Service Centre (ISC), which is aimed at enhancing the participation and influence of small and medium-sized shareholders in corporate governance. Currently, studies on the ISC mainly focus on assessing the specific regulatory effectiveness of its establishment on the protection of small and medium-sized investors' interests. In addition, some studies have also examined the potential impact of the exercise of shareholders' rights by ISC through shareholding on the enhancement of financial transparency and surplus management of listed companies. However, as an institutional innovation, the far-reaching impact of ISC on corporate environmental information disclosure, which is a focus area for both investors and regulators, needs to be analyzed and explored in greater detail and depth. To this end, this paper constructs a quasi-natural experiment against the background of the pilot of the ISC launched by the CSRC in 2016, elucidates the theoretical mechanism of regulatory minority shareholders' influence on corporate environmental information whitewashing behaviors based on the data of China's A-share listed companies from 2013-2017, and conducts an empirical study from the perspective of empirical analysis.

Compared with the existing studies, the possible marginal contributions of this paper are as follows: firstly, it expands the research dimension of the economic effects of investment service centers by cutting from the perspective of corporate environmental information disclosure. The established literature mostly focuses on the positive effects of investment service centers on the protection of small and medium-sized investors' interests, but lacks attention to the disclosure behavior of listed companies. This paper examines the impact of the pilot investment service center on listed companies from the perspective of environmental information disclosure quality and actual environmental protection behaviors, and reveals the micro-mechanism of regulatory minority shareholders' suppression of corporate environmental information whitewashing. Secondly, this paper constructs a theoretical model, introduces the factors of investment service center pilot, corporate environmental information whitewashing and ESG rating, and explores the mechanism of the impact of the pilot construction of the investment service center on the implementation of environmental information whitewashing by enterprises through model derivation and empirical testing, which expands the interactive relationship between investors and regulators, and enriches the research on the factors influencing the environmental information whitewashing by enterprises at the regulatory level. Third, this study provides multiple insights into environmental governance practices under the "dual-carbon" goal, which not only helps to understand the role of the pilot ISC in supervising corporate environmental information disclosure and improving corporate environmental performance, but also reduces the incentives for corporate environmental information manipulation, strengthens the capacity of the capital market in identifying green enterprises, and guides the flow of ESG funds to low-carbon transition areas, thus helping to synergize the "dual-carbon" goal with high-quality development, which is an important reference value for the construction of a beautiful China in which human beings and nature coexist harmoniously and for realizing the Chinese dream of the great revival of the Chinese nation.

Keywords: Investment Service Center Pilot; Environmental Information Whitewashing Behavior; Investor Protection

JEL Classification: G38; M14

《中国经济学》"建构中国经济学自主知识体系"
专题征稿启事

　　《中国经济学》（Journal of China Economics，JCE）是由中国社会科学院主管、中国社会科学院数量经济与技术经济研究所主办的经济学综合性学术季刊，于2022年1月正式创刊，初期为集刊。《中国经济学》被评为社会科学文献出版社"优秀新创集刊"（2022年度）和"优秀集刊"（2023年度和2024年度），为中国人文社会科学学术集刊AMI综合评价期刊报告（2022）"入库"集刊。被中国科学文献计量评价研究中心评为"2024年度高影响力学术辑刊"，影响因子指数达到4.683，名列经济学学科辑刊第5位。

　　立足中华民族伟大复兴战略全局与世界百年未有之大变局，中国经济学亟须构建扎根中国实践、引领时代变革的自主知识体系。对此，本刊设置"建构中国经济学自主知识体系"专题，征集具有原创性理论贡献和实践价值的纯文字研究成果，推动形成具有中国特色、中国风格、中国气派的中国经济学自主知识体系。

　　具体征文主题包括但不限于：

　　1. 习近平经济思想的体系化研究和学理化阐释

　　2. 马克思主义政治经济学与中国特色社会主义政治经济学研究

　　3. 中国经济学自主知识体系的发展历程、关键议题与演进方向

　　4. 中国经济学重要理论成果、标识性概念的总结提炼

　　5. 中国经济学的原创性理论贡献与国际比较

　　6. 中国经济学特色学科建设的成果总结

　　7. 中国经济学相关教材的成果提炼

　　8. 国家重大发展战略的学理性研究

　　9. 中国经济学理论创新对中国经济发展的贡献

　　10. 中国重大经济问题学理分析与政策建议

　　热忱欢迎广大专家学者赐稿或荐稿，投稿论文需为尚未公开发表的纯文字研究成果，写作体例请参考《中国经济学》已发表文章和网站投稿指南，字数不少于2万字，切勿一稿多投。投稿请登录《中国经济学》网站（http：//www.jcejournal.com.cn），文章首页注明作者信息，包括作者姓名、单位、职称职务、联系电话等。本征稿启事长期有效。

图书在版编目（CIP）数据

中国经济学 .2025 年 . 第 2 辑：总第 14 辑 / 李海舰
主编 .-- 北京：社会科学文献出版社，2025.6.
ISBN 978-7-5228-5273-7

Ⅰ .F12-53

中国国家版本馆 CIP 数据核字第 2025JN3813 号

中国经济学　2025年第2辑（总第14辑）

主　　管 / 中国社会科学院
主　　办 / 中国社会科学院数量经济与技术经济研究所
主　　编 / 李海舰

出 版 人 / 冀祥德
责任编辑 / 吴　敏
责任印制 / 岳　阳

出　　版 / 社会科学文献出版社
　　　　　地址：北京市北三环中路甲29号院华龙大厦　邮编：100029
　　　　　网址：www.ssap.com.cn
发　　行 / 社会科学文献出版社（010）59367028
印　　装 / 三河市龙林印务有限公司

规　　格 / 开　本：787mm×1092mm　1/16
　　　　　印　张：16.75　字　数：328千字
版　　次 / 2025年6月第1版　2025年6月第1次印刷
书　　号 / ISBN 978-7-5228-5273-7
定　　价 / 128.00元

读者服务电话：4008918866